VOL. 46

Dados Internacionais de Catalogação na Publicação (CIP)
(Câmara Brasileira do Livro, SP, Brasil)

Simões, Roberto Porto.
    Relações públicas: função política / Roberto Porto Simões.
– 3. ed. rev. e ampl. – São Paulo: Summus, 1995. (Novas buscas
em comunicação; v. 46)

    Bibliografia.
    ISBN 978-85-323-0480-3

    1. Relações públicas I. Título. II. Série.

94-3901   CDD-659.2

Índice para catálogo sistemático:

1. Relações públicas 659.2

Compre em lugar de fotocopiar.
Cada real que você dá por um livro recompensa seus autores
e os convida a produzir mais sobre o tema;
incentiva seus editores a encomendar, traduzir e publicar
outras obras sobre o assunto;
e paga aos livreiros por estocar e levar até você livros
para a sua informação e o seu entretenimento.
Cada real que você dá pela fotocópia não autorizada de um livro
financia o crime
e ajuda a matar a produção intelectual de seu país.

Relações públicas: função política

Roberto Porto Simões

summus editorial

RELAÇÕES PÚBLICAS: FUNÇÃO POLÍTICA
Copyright © 1995 by Roberto Porto Simões
Direitos desta edição reservados por Summus Editorial

Capa: **Roberto Strauss**

Summus Editorial

Departamento editorial:
Rua Itapicuru, 613 – 7º andar
05006-000 – São Paulo – SP
Fone: (11) 3872-3322
Fax: (11) 3872-7476
http://www.summus.com.br
e-mail: summus@summus.com.br

Atendimento ao consumidor:
Summus Editorial
Fone: (11) 3865-9890

Vendas por atacado:
Fone: (11) 3873-8638
Fax: (11) 3873-7085
e-mail: vendas@summus.com.br

Impresso no Brasil

NOVAS BUSCAS EM COMUNICAÇÃO

O extraordinário progresso experimentado pelas técnicas de comunicação de 1970 para cá representa para a Humanidade uma conquista e um desafio. Conquista, na medida em que propicia possibilidades de difusão de conhecimentos e de informações numa escala antes inimaginável. Desafio, na medida em que o avanço tecnológico impõe uma séria revisão e reestruturação dos pressupostos teóricos de tudo que se entende por comunicação.

Em outras palavras, não basta o progresso das telecomunicações, o emprego de métodos ultra-sofisticados de armazenagem e reprodução de conhecimentos. É preciso repensar cada setor, cada modalidade, mas analisando e potencializando a comunicação como um processo total. E, em tudo, a dicotomia, teoria e prática, está presente. Impossível analisar, avançar, aproveitar as tecnologias, os recursos, sem levar em conta sua ética, sua operacionalidade, o benefício para todas as pessoas em todos os setores profissionais. E, também, o benefício na própria vida doméstica e no lazer.

O jornalismo, o rádio, a televisão, as relações públicas, o cinema, a edição — enfim, todas e cada uma das modalidades de comunicação —, estão a exigir instrumentos teóricos e práticos, consolidados neste velho e sempre novo recurso que é o livro, para que se possa chegar a um consenso, ou, pelo menos, para se ter uma base sobre a qual discutir, firmar ou rever conceitos. *Novas Buscas em Comunicação* visa trazer para o público — que já se habituou a ver na Summus uma editora de renovação, de formação e de debate — textos sobre todos os campos da Comunicação, para que o leitor ainda no curso universitário, o profissional que já passou pela Faculdade e o público em geral possam ser balizas para debate, aprimoramento profissional e, sobretudo, informação.

A
Joyce
Jefferson, Ingrid, Felipe e Carolina
Sidney
Norton e Justina.

SUMÁRIO

Prefácio da terceira edição 13

Introdução à terceira edição 17

Capítulo 1 — O contexto científico das Relações Públicas.... 23

Capítulo 2 — A dimensão da micropolítica 35

Capítulo 3 — Uma rede teórica... 41

Capítulo 4 — O significado da designação Relações Públicas. 45

Capítulo 5 — A causa da existência da atividade............... 51

Capítulo 6 — Os níveis do problema................................. 73

Capítulo 7 — O ser e o fazer da atividade 81

Capítulo 8 — A função organizacional política 101

Capítulo 9 — Os objetos da ciência e da atividade............. 125

Capítulo 10 — Os públicos... 131

Capítulo 11 — Comunicação: o mecanismo-meio............... 137

Capítulo 12 — Informação: a matéria-prima..................... 149

Capítulo 13 — Os instrumentos.. 159

Capítulo 14 — O objetivo das Relações Públicas 191

Capítulo 15 — A finalidade das Relações Públicas 213

Capítulo 16 — A ética e a estética 221

Capítulo 17 — A utilidade do paradigma 225

Quanto ao profissional 226
Quanto ao plano de carreira 227
Quanto ao perfil do profissional 229
Quanto à formação profissional 229
Quanto à explicação para o leigo 234
Quanto ao estudo de caso e seu papel no paradigma 237

Considerações finais 239

Referências bibliográficas 241

RELAÇÃO DOS QUADROS

I — O arcabouço básico da rede teórica 42

II — Os vários significados do termo Relações Públicas... 45

III — O processo das Relações Públicas 53

IV — Os níveis do problema 73

V — Equação do princípio essencialista 82

VI — Princípios das teorias de integração e coerção 93

VII — As características da comunicação nos diversos contextos 139

VIII — A diacronia e sincronia do processo de comunicação 141

IX — A ótica conjuntural dos instrumentos 188

X — Esquema das matérias 233

XI — Alinhamento das políticas da estrutura curricular 233

PREFÁCIO DA TERCEIRA EDIÇÃO

As Relações Públicas, em um período de menos de 50 anos, se converteram em uma das mais comentadas atividades na sociedade humana. É algo que admitimos necessitar tanto para nós mesmos quanto para as organizações das quais somos parte. Ainda assim, o cidadão comum está inseguro quanto ao que queremos dizer quando falamos de Relações Públicas e está indefinido se a sociedade estaria melhor com ou sem elas.

Roberto Porto Simões provê uma análise que permite a qualquer administrador compreender as forças que deram forma e configuram a necessidade da profissão de Relações Públicas. Sua análise permite, também, que as pessoas reconheçam como a opinião pública, como força política, ao exercer pressão sobre as organizações existentes no sistema social, está caracterizando o mandato das Relações Públicas como uma profissão.

Relações Públicas continuam sendo definidas de diversas formas nas mais diferentes partes do mundo. Algumas das definições se vinculam à perspectiva daqueles involucrados em publicidade, marketing e política. Outras se relacionam com as necessidades organizacionais. Algumas das descrições profissionais da atividade e outras refletem a sofisticação, ou a falta desta, dos sistemas de comunicação de massa e a extensão do controle de um governo central sobre os mesmos. Simões nos faz pensar sobre a competição existente no mundo para a aceitação das idéias e das forças políticas que trabalham para dar forma a essas idéias.

Evidentemente, Relações Públicas serão utilizadas na sociedade para lograr metas individuais e organizacionais. Porém, é importante lembrar que a realização de Relações Públicas eficazes depende da harmonia das metas organizacionais com as necessidades e os valores do sistema social.

DeWitt Reddick, ex-decano da Escola de Comunicação da Universidade do Texas, pouco antes de sua morte, me relatou que percebia as Relações Públicas como "o elemento harmonizador de uma ordem com o mínimo de fricção e equívocos". Simões proporciona discernimento de como e por que ocorre o processo.

Administradores, políticos, membros do negócio de entretenimento, jornalistas e o público, todos, necessitam compreender o comportamento social que harmonize, não somente a curto prazo, mas também a longo prazo o relacionamento com os públicos. A maioria das pessoas e organizações bem-sucedidas reconhece grande parte dos princípios de Relações Públicas mas, erradamente, supõe que pode manipular alguns dos aspectos e ignorar outros. Assim não deve ser, pois aqueles que assim o crêem encontram-se permanentemente vulneráveis às intempéries e danos e não praticam as Relações Públicas mas, tão-somente, alguns elementos das mesmas. Revisem comigo, por um instante, as ações sociais que sustentam eficaz relacionamento público. Elas são fáceis de enunciar:

Comunicação honesta para obter a credibilidade.
Franqueza e consistência das ações para garantir a confiança.
Tratamento justo para atingir a reciprocidade.
Comunicação contínua para evitar a alienação e para estabelecer relacionamento.
Análise constante da imagem para permitir, externamente, a correção de uma imagem equivocada ou, internamente, para apoiar a imagem desejada.

Embora as normas sociais de efetivas Relações Públicas pareçam ser princípios que todos devemos reconhecer, sua aplicação é complexa e a necessidade é permanente. A tarefa das Relações Públicas jamais será realizada de forma tão perfeita que venha a dispensar posterior realização. De maneira alguma isto acontecerá com os sistemas globais de comunicação e a interdependência sócio-econômica dos dias atuais.

Por esta razão é que as Relações Públicas estão se expandindo como uma profissão essencial, requerida globalmente, necessária e merecedora do respeito e do apoio público. O problema é que muitas organizações e figuras públicas na sociedade crêem que são capazes de manejar suas próprias Relações Públicas sem assessoria profissional, ou que não a necessitam porque, no passado, não necessitaram da mesma para funcionar eficazmente.

Se você é um leitor com esta opinião, enquanto lê o trabalho de Roberto Porto Simões, que, do meu ponto de vista, é um dos principais profissionais-educadores-pensadores das Relações Públicas na América do Sul, examine a capacidade de sua organização em despender tempo e análise necessários para assegurar que os princípios das Relações Públicas, citados nesta obra, juntamente com os que eu anteriormente identifiquei, tenham sido inteiramente implementados e estejam sendo atingidos. Então pergunte-se, se você, como administrador, e sua organização estão preparados para enfrentar um exame crítico sobre a utilização desses princípios, segundo um escrutínio público global, em conseqüência das mudanças no entorno social, nos próximos anos.

A análise poderá assegurar se você tem, ou não, o tipo de programa de Relações Públicas que realmente outorgará e manterá o apoio público necessário para o sucesso de sua organização no próximo século.

Dr. Melvin L. Sharpe, Fellow, PRSA
Professor e Diretor do
Programa de Graduação de Relações Públicas
Ball State University, Muncie, Indiana, EUA.

INTRODUÇÃO À TERCEIRA EDIÇÃO

Esta obra, em sua terceira edição, continua fiel aos propósitos de sua versão original: apresentar uma teoria para as Relações Públicas sustentada por um conjunto lógico de deduções, tanto feitas dentro do quadro de idéias já existentes quanto produzidas especialmente para ampliá-lo. Um dos objetivos deste desafio científico é criar um código comum para a comunidade de Relações Públicas, facilitando o processo ensino-aprendizagem e colocando o conhecimento e a prática profissional em seu real *status* científico-tecnológico.

A pretensão de trazer à luz esses pensamentos tem mais ou menos 17 anos e não viu enfraquecer, ao longo desse tempo, o motivo que a originou: a detecção da necessidade de se produzir um referencial teórico confiável, para tornar mais fácil a compreensão e a previsão dos fatos das Relações Públicas e da tecnologia adequada para controlá-los.

Esse imperativo fez-se mais e mais evidente, desde que a universidade atribuiu-se a incumbência da habilitação dos profissionais dessa área e passou a marcar, com o selo da cientificidade, as iniciativas para ultrapassar o estágio artesanal da aprendizagem por ensaio e erro. Apesar de todo o esforço nesse sentido, constata-se que o ensino e a prática de Relações Públicas deixam ainda a desejar e não se dispõe de uma bibliografia suficiente para eliminar todas as falhas. O material à disposição, por sua escassa definição metodológica e ideológica, não estabelece os pressupostos para uma universalização das perspectivas, nem para uma práxis transformadora.

Para melhor analisar os fatores de consulta e as intuições que surgiram em função das leituras e da vivência profissional, utilizei a estratégia do distanciamento e procurei criar um texto que integrasse os vários conceitos já existentes sobre Relações Públicas aos novos, nascidos da reflexão conferida passo a passo. Para chegar a esse resultado, precisei de certa liberdade no trato com as fontes porque, à medida que se foram reposicionando idéias, superando preconceitos, o discurso do autor deste estudo tornou-se um campo de prós e contras as palavras alheias, até o ponto em que não mais foi possível preservar, no que restou, todas as características originais das teorias revisitadas.

Apesar dos riscos dessa postura, acredito que a ciência evolui quando há refutação de proposição e teorias consagradas e jamais pela insistência obstinada numa precária certeza. Ainda que seja saudável tomarem-se as devidas precauções para evitar o delírio ou a insensatez, isso não significa que se deva controlar totalmente a inquietude das mentes mais abertas. Como bem percebeu Schelling[1]:

"O medo da especulação, a corrida ostensiva da teoria para a prática resultam aproximadamente tanto indefinição na ação como no conhecimento. Apenas estudando uma filosofia estritamente teorética, a partir de idéias, e apenas com idéias, providencia-se uma ação com energia e significado ético."

A pesquisa bibliográfica e a observação acompanhada, respectivamente junto à documentação e aos vários campos de atuação de profissionais e professores de Relações Públicas, coletam inúmeras asserções que, aparentemente, tencionam definir Relações Públicas, mas que não atingiram, técnica e culturalmente, seu desiderato. Nenhuma delas foi testada cientificamente e tampouco teve algum artigo ou estudo específico, aprofundando seu significado e o relatando à comunidade desta área científica e profissional. Apesar disto, aglutinaram seguidores em torno de si, em menor ou maior número. Formaram verdadeiras "escolas", "correntes" ou pré-paradigmas dentro das comunidades de ensino e profissional que, por várias vezes, se digladiaram (e, ainda, digladiam-se) em memoráveis polêmicas sofísticas por não possuírem, em suas argumentações, uma rede teórica concatenada, mas apenas alguns conceitos e definições tomados de outras ciências sociais.

Na fase de preparação deste texto, procurei interpretar com a maior isenção possível essas diferentes correntes do pensamento, que eu chamo de "escolas", de Relações Públicas e os contextos específicos em que, por convicção de um estudioso, por expectativas geradas numa certa conjuntura, ou por moda importada, chegou-se às Relações Públicas pela via da propaganda, do jornalismo, do marketing, da administração, da psicologia, do direito. Desse empreen-

---

1. *Apud* HABERMAS, Jürgen. *Knowledge and Human Interests.* Boston: Beacon Press, 1972, p. 301.

dimento surgiu a convicção de que, ao se conduzir a observação de um ponto fixo ou seguindo uma só diretriz, esterilmente tombava-se num *slogan* ou pré-paradigma, numa justificativa para a eleição de suportes teóricos, gerando aí a confusão entre "o que é" uma atividade e "o que ela faz".

Exemplos de tais "escolas" são: *Relações Públicas visam formar imagem, Relações Públicas são 90% R e 10% P, Relações Públicas são uma via de dupla mão*[2]. Em verdade, não são definições, mas modos especiais de perceber a atividade e de colocá-la em prática sob esquemas especiais.

Nenhuma destas "escolas" ou pré-paradigmas resolve todas as questões do ensino e da atividade de Relações Públicas. Cada uma possui uma ótica limitada, ajuda a compreender parte da ação de Relações Públicas e a solucionar, também, alguns dos seus problemas. Porém, todas, sem dúvida alguma, são insuficientes para a solução global.

Lutei para fugir dessa armadilha e posso dizer, sem falsa modéstia, que tentei descrever o clima propício à concepção e ao desenvolvimento do embrião de uma revolução científica, tal como a entende Kuhn[3]: "Um aspecto central de qualquer revolução científica é que objetos antes agrupados de determinada maneira passam a ser posicionados de modo diferente depois". Quando não existe paradigma, ou seja, de "alguns padrões aceitos da prática científica vigente — padrões que integram teoria, lei, aplicação e instrumentação — proporcionando modelos para a solução dos problemas da ciência em questão", todos os fatos são percebidos como igualmente relevantes, não havendo razões para buscar informações mais profundas, ficando-se com aqueles dados encontrados à mão.

Por esse ponto de vista, trocas de posição nas pseudoteorias atuais de Relações Públicas potencialmente desencadeariam um processo revolucionário por transformação de paradigmas. Este deslocamento ou renovação do significado das coisas demasiadamente instituídas e consagradas teve como objetivo básico levar os profissionais

---

2. Estas "escolas", na edição anterior situadas no capítulo intitulado "Estratégias para o desenvolvimento da atividade", são, além destas já citadas, mais as seguintes: Relações Públicas são: ...uma função administrativa; ...um subsistema de apoio; ...um sistema institucional; ...a administração do conflito; ...a administração da controvérsia; ...a administração de problemas emergentes; ...uma filosofia social; ...a projeção das Relações Humanas; ...uma política de "portas abertas"; ..."uma casa de vidro"; ...um instrumento de marketing; ...contato. Incluindo também aquelas que buscavam caracterizar seu objetivo, ou seja, Relações Públicas visam: ...formar imagem; ...formar conceito; ...formar atitude; ...formar a opinião pública; ...obter a boa vontade... Todas elas serão citadas e criticadas quanto às suas contribuições e deficiências para a compreensão do tema.
3. KUHN, Thomas. *The Structure of Scientific Revolutions*, Chicago: The University of Chicago Press, 1974, p. 10.

e professores de Relações Públicas à práxis. Por práxis entende-se a ação projetada, refletida, consciente, transformadora do natural, do homem e do social, nascida de uma visão crítica da teoria. Esse caminho leva às ações significativas, à interferência prudente, mas continuada, sobre a própria profissão que, ao procurar transformar ou manter a sociedade está transformando ou mantendo a si própria. Esta preocupação decorre do fato de se estar diante de uma profissão relativamente nova e de se contar com um grande contingente de profissionais cuja herança cultural tem como acervo a memória das práticas bem-sucedidas, e como perfil profissional o de aplicadores de instrumentos de comunicação, desconhecedores da eficiência e do prazer da ação refletida.

Principalmente no terreno do ensino, não se pode compactuar com essa estreiteza de pensamento. A universidade tem o dever de não abandonar o homem à mediocridade da técnica e, pior ainda, do *know how*, como tem acontecido até agora no campo das Relações Públicas. Além da habilitação técnica, instrumental, o profissional de Relações Públicas deve aprender a lidar com o universo simbólico que identifica e codifica as leis subjacentes aos fenômenos.

Em parte interessada em ocupar um desses espaços, esta obra, finalmente, pode anunciar seu objetivo maior: propor um *rationale*[4] de modo a desencadear um processo de revisão crítica:

a) da própria teoria das Relações Públicas;
b) do currículo universitário;
c) do perfil do profissional;
d) da prática da atividade;
e) da ética e da estética da atividade e das organizações.

Todo esse acervo de conhecimentos é resultado:

1) da exaustiva pesquisa bibliográfica em diversas obras, tanto das Relações Públicas como de todas as ciências sociais;
2) da criação hipotético-dedutiva da estrutura e dos modelos da rede teórica;
3) da rigorosa testagem, em nível de discussão, a que foi submetido o modelo contido nas duas primeiras edições, através de inúmeras apresentações em congressos e seminários e também de extensos debates e contestações realizadas *tête-à-tête* com professores, profissionais, empresários, políticos e cientistas sociais de todas as áreas, seja no Brasil como no exterior;

---

4. Este termo da língua latina, utilizado na documentação científica, tem o significado de *razão lógica, base lógica de qualquer coisa*. Cf. *Italian Dictionary* (Inglês-Italiano). Chicago: Follet/Zanichelli Publishing Co., 1967, p. 596.

4) de comparações empíricas durante o exercício profissional de consultor com casos ocorridos em organizações e com análise de notícias em jornais e revistas;
5) das sugestões colhidas, após a utilização das duas primeiras edições da obra, como manual didático do curso de Relações Públicas, pelo autor e vários outros professores;
6) finalmente, pelos trabalhos de elaboração e defesa da tese do doutorado em Educação — PUCRS — 1993: Relações Públicas e seus fundamentos em micropolítica — que delimitaram a idéia central da obra e colocaram em ordem a seqüência da rede teórica.

A todos esses incógnitos colaboradores deste labor científico expresso aqui palavras de agradecimentos.

Esta edição, em relação às duas anteriores, está totalmente reestruturada, seguindo uma ordem lógica segundo o critério da rede teórica.

Finalmente, esta edição mantém a ressalva da inicial: ainda se está diante de uma obra inacabada que exponho à comunidade científica das Relações Públicas e até, quem sabe, a outros interessados no tema, para a refutação de suas proposições. Da interação com o leitor, portanto, espero que resulte a continuidade deste exercício e o alargamento das fronteiras apenas divisadas.

Almejo, também, uma participação ativa e uma certa cumplicidade com esta iniciativa de redescobrir o prazer de perguntar, há muito substituído pela prescrição autoritária e estéril de receitas infalíveis.

Capítulo 1

O CONTEXTO CIENTÍFICO DAS RELAÇÕES PÚBLICAS

Grupos de estudiosos coletando, sistematizando e publicando esforços intelectuais estabeleceram, no século XII, o *studia generalis,* locais de aprendizagem que atraíram estudantes de toda a cristandade. Paris e Bolonha foram os dois locais que mais se destacaram. Em cada uma dessas cidades, as comunidades de estudiosos agruparam-se em corporações legais e adotaram, para designar essa sua empreitada, o termo *universitas.* Com o passar do tempo, já ao final da Idade Média, os locais de aprendizagem e seu designativo caracterizavam-se ao que hoje se denomina "universidade". Certamente, a evolução da universidade não foi tão suave e sem contradições. Apenas como ilustração, tem-se uma citação de Locke[1], provavelmente ao final do século XVII, ou seja, 500 anos após sua criação:

"Pode lá existir qualquer coisa mais ridícula do que um pai ter de gastar o próprio dinheiro e o tempo do seu filho preparando-o para *aprender a língua romana,* enquanto, ao mesmo tempo, o *modela para o comércio,* onde este, não tendo emprego para o latim, esquece aquele mínimo que trouxe da escola, destacando-o (isto é, em nove de cada dez casos) pelos maus-tratos que causou?"

Após todos estes séculos, tem-se hoje em dia aceito pela comunidade universitária e sedimentado pelas políticas governamentais que a universidade é uma instituição cujo objetivo é desenvolver e divulgar o *conhecimento* para trazer benefícios à sociedade, fazendo-o por meio de atividades de pesquisa, de ensino de graduação e pós-graduação e de extensão.

---

1. *Apud* MINOGUE, Kenneth. *O conceito de universidade*, Brasília: Editora Universidade de Brasília, 1981, p. 44.

O conhecimento

O conhecimento, produzido e divulgado, também sofreu alterações no seu significado e na sua estruturação. Deixou de ser aquele caracterizado pelo senso comum, acrítico e crédulo, ou organizado pela filosofia, obtido pelas deduções especulativas, entranhado pelo subjetivismo ou, ainda, impregnado pela tendenciosidade da ideologia, e passou a ser científico-empírico.

Como, sob o termo conhecimento, pode-se subtender qualquer forma de o homem acercar-se dos fenômenos, é conveniente explicitar as marcas e as características peculiares que permitem o reconhecimento do território do conhecimento científico, para que este não seja confundido com o empírico, o filosófico ou o religioso. Dentre estas, destacam-se:

a) o conhecimento científico é factual, isto é, refere-se, ao fato, a todo fenômeno manifestado de algum modo, percebido sensorialmente e descrito em um sistema de símbolos comunicáveis do conhecimento, com significado comum e com a concordância do grupo de pessoas que trata com o mesmo;

b) o conhecimento científico requer controle. O cientista, através de um processo definido de observação e decisão refletida, busca identificar e controlar as fontes de variações que atuam no fenômeno, a fim de afirmar, com maior certeza, seu conhecimento. A técnica ideal para se obter esse resultado é a experimentação; no entanto, outras técnicas também permitem reduzir as incertezas na descoberta das variações;

c) o conhecimento científico é sistêmico, isto é, gerado dentro de um quadro de referências, seguindo uma diretriz lógica, cujo início é o conceito e o final é a teoria. Descrevendo-se do todo para as partes, tem-se que a teoria é um grupo de leis dedutivamente ligadas. A lei é um conjunto de princípios que exprimem relações entre variáveis e que foram suficientemente testados. O princípio, por sua vez, é um conjunto de definições. Por fim, a definição contém vários conceitos;

d) o conhecimento científico utiliza uma terminologia precisa, ainda que se sirva da linguagem comum; para isso, por vezes cria palavras específicas para definir ou redefinir conceitos (constructos);

e) o conhecimento científico objetiva-se na produção de conclusões mais corretas e mais precisas que se obtidas por outros métodos.

Portanto, para haver conhecimento científico é necessário que fenômenos observáveis, sob metodologia controladora de variáveis, sejam descritos dentro de uma sistemática de linguagem precisa e específica que evolua dos conceitos até as teorias e sobre o que a comunidade de cientistas esteja de acordo.

A ciência

A universidade passou a buscar este novo tipo de conhecimento, demarcando os limites entre os outros três, buscando através de uma metodologia específica a lógica da prova[2], contendo os critérios de demarcação para as práticas científicas e a lógica da descoberta, inserindo o processo de produção dos objetos científicos.

A universidade passou a produzir *ciência*, um complexo orgânico e sistemático dos conhecimentos que se têm sobre uma determinada ordem de fenômenos, tendo por objetivos compreender, prever e controlar esses fenômenos da natureza e da sociedade, que se apresentam como problemas ao ser humano a fim de que ele possa sobreviver e evoluir.

A ciência, segundo Marx e Hillix[3],

"...é um *empreendimento social* multifacetado, que desafia uma descrição completa. É realizado por pessoas com *atitude científica*, utilizando *métodos e técnicas científicas* e cujo produto acabado é um corpo de *conhecimentos*... implicando o desenvolvimento de *teorias*... que sejam descrições e explicações sistemáticas do mundo"'.[4]

Esta pluralidade dificulta o tratamento do assunto mas, por outro lado, deixa evidente que o objeto da ciência é o conhecimento, um produto lógico, sociológico e histórico da atividade científica da comunidade dos cientistas.

Nesta proposição, pode-se identificar a existência de dois elementos básicos, ou sejam:

a) o aspecto concreto, que é o conjunto de pesquisadores e seus métodos, também designado por produto sociológico;

b) o aspecto abstrato, o do conhecimento, que é o produto lógico do trabalho dessa comunidade.

Estes dois elementos interligam-se em um processo histórico com o objetivo de levar o ser humano a impor-se ao mundo da natureza e ao mundo social. A compreensão, a previsão e o controle dos fenômenos sociais ligados ao campo da atividade de Relações Públicas serão alcançados desde que a mesma se ajuste aos princípios e

---

2. BRUYNE, Paul; HERMAN, Jacques & SCHOUTEETE, Marc. *Dinâmica da pesquisa em ciências sociais*, Rio de Janeiro: Francisco Alves, 1977, p. 29.
3. MARX, Melvin & HILLIX, William A. *Sistemas e teorias em psicologia*. São Paulo: Cultrix, 1976, p. 17.
4. Particularmente, coloco mais um elemento entre os constitutivos da natureza da ciência: *documentação*. Penso que sem conhecimento documentado não ocorre ciência.

à metodologia de pesquisa do conhecimento científico. Este é o pré-requisito essencial para o desenvolvimento desta atividade, tendo por suporte os fundamentos de uma ciência aplicada.

A ciência é um processo inacabado de produção de um certo tipo de conhecimento, expresso através de conceitos, constructos, proposições, hipóteses, princípios, leis e, da síntese de isto tudo, de *teorias*. O propósito da teoria na ciência contemporânea, segundo Selltiz[5]:

"...é sumariar o conhecimento existente, apresentar, a partir de princípios explicativos nela contidos, explicação para relações e acontecimentos observados, bem como predizer a ocorrência de relações e acontecimentos ainda não observados".

O quadro referencial teórico gerado por esse exercício é, pois, fundamental, quando se quer atingir o objetivo das ciências sociais, quanto a compreender, prever e controlar a ação humana. Acompanhe-se o seguinte exemplo clássico da literatura das ciências, para que melhor se possa estabelecer a relação entre teoria e ciência:

Certa tribo de selvagens, quando ia caçar ou lutar, realizava antes sua dança guerreira ao redor de uma lagoa, considerada abençoada pelos deuses, em cujo barro passava suas lanças e flechas. Fazia isto porque, historicamente, tivera experiências do efeito que produzia aquele ato. Suas armas tornavam-se mortais. Aconteceu, porém, de a lagoa secar e a tribo ter que procurar outro lugar para dançar e sujar suas armas. Os resultados, por ocasião da primeira incursão, foram desastrosos. As armas não foram mortais. A tribo atribuiu o fracasso à ausência dos favores divinos e foi em busca de outro local abençoado.[6]

Esses selvagens baseavam sua ação em dois pontos: na experiência anterior e na explicação não controlada. A explicação do fato, para eles, ficava nesse nível.

Tudo isso teria outra explicação e seria utilizado de maneira diferente por alguém com conhecimentos científicos de química e da farmacologia. Essa pessoa compreenderia que o barro da primeira lagoa possuía alguma substância venenosa, sintetizada por produtos químicos existentes na terra e na vegetação circunstante. Identificada a substância, poderia esta ser produzida em laboratório, quando o fornecedor natural se esgotasse.

---

5. SELLTIZ, Claire; JAHODA, Marie; DEUTSCH, Morton & COOK, Stuart W. *Métodos de pesquisa nas relações sociais*. São Paulo: Herder e Universidade de São Paulo, 1971, p. 540.
6. Cf. KRECH, David, CRUTCHFIELD, Richard e BALLACHEY, Egerton. *O indivíduo na sociedade*. São Paulo: Pioneira, 1969, p. 4.

A compreensão do fenômeno leva à previsão das causas do mesmo e o conhecimento das causas permite introduzir variáveis intervenientes que alterarão o processo.

A teoria

A ciência produz teorias. Esta relação é tão complementar, ou dialética, se assim se o desejar, que existe um axioma de Bunge[7], excepcionalmente conhecido e citado por inúmeros cientistas: *"Não há ciência moderna sem teoria ...sem teoria obter-se-á informação superficial e desconexa: só dentro da teoria se alcança a profundidade e a totalidade"*. Teoria e ciência são os dois lados de uma mesma moeda. O termo "teoria" possui diversos sentidos. Aquele de maior abrangência refere-se a qualquer aspecto formal ou conceitual do processo científico, em contraste com o processo empírico. Neste caso, "teoria" é freqüentemente identificada como especulação. Assim, diz-se "teoria" quando se deseja diferenciar algo elaborado mentalmente de algo feito na prática.

O sentido mais restrito do termo refere-se a proposições sumárias que ordenam de maneira essencialmente descritiva um conjunto de leis empiricamente desenvolvidas sobre algum assunto, sem ter a preocupação de interferências e generalizações. Assim, diz-se "teoria" quando se refere ao conjunto de alguns princípios práticos que a experiência conseguiu elaborar.

Um outro sentido, intermediário, refere-se a qualquer princípio explicativo generalizado para algum fato que aconteceu ou possa acontecer. Neste caso, o significado de "teoria" confunde-se com o de "hipótese". Assim, diz-se "teoria" quando se possui uma idéia que explique as causas ou razões de um fato.

Porém, o *significado* do termo "teoria", *mais aceito na comunidade científica*, é de um grupo de leis, logicamente organizadas, ou seja, relacionadas dedutivamente. Neste sentido, há conotações com a idéia de "sistema".

No interior das fronteiras desse último sentido, inúmeras são as definições de teoria, cada uma contendo a idiossincrasia de seu elaborador; entretanto, uma me chama a atenção por possuir o aspecto hipotético-dedutivo e que penso ser aceita pela comunidade científica, por outros cientistas transcrevê-la ou apresentarem versões similares. Trata-se da definição elaborada por Popper[8]:

---

7. BUNGE, Mario. *Teoria e realidade*. São Paulo: Perspectiva, 1974, p. 229.
8. POPPER, Karl. *A lógica da pesquisa científica*. São Paulo: Cultrix, 1974, pp. 31-34 e 98-104.

"As teorias científicas não consistem em sumários de observações, mas em invenções, isto é, em conjeturas. Assim a base da ciência é o *universal-hipotético* e não a observação dos casos particulares, questiona-se o geral para conhecer o singular."

A análise desta definição, em conjunto com as de Aron e Braithwaite[9], permite identificar alguns pontos comuns e extrair a conclusão que teoria é um sistema hipotético-dedutivo conjetural que vai do geral ao particular, concedendo o primado da teoria sobre o dado. Além disto, conforme comparações realizadas por Popper[10] e Hempel[11], a teoria assemelha-se a uma rede em que os termos ou conceitos são representados pelas intersecções, e as definições e hipóteses, pelos fios que ligam as intersecções. O termo "rede" é de utilidade para o aspecto morfológico da ciência, pois evita a linearidade, realça o sistema, a globalidade e a continuidade. Bruyne[12] concorda com este princípio e diz mais: *"A rede é a ligação das causas entre si e a ligação dos efeitos entre si."*

A utilidade da teoria

A teoria é útil. Na prática profissional permite realizar o diagnóstico da situação. A inexistência de uma teoria impede o exame de sintomas, pois não há critérios anteriores de referências que definam os limites. Sem modelo não se pode comparar e verificar se há diferenças entre o previsto e o existente. O desconhecimento ou incompreensão da diferença, se não inviabiliza o processo de intervenção, pelo menos o leva a ser realizado em termos de suposições, gerando ações ao sabor de tentativas de acerto e erro, com todos os problemas explícitos. Uma das conseqüências do desconhecimento ou impossibilidade de diagnóstico prévio é o chamado diagnóstico diferenciado, isto é, aquele realizado através dos resultados observáveis, após a utilização das variáveis intervenientes, ou seja, dos remédios, na medicina; dos instrumentos de comunicação, nas Rela-

---

9. ARON, Raymond. *In*: BRIMO, A. *Les méthodes des sciences sociales.* Paris: Montechrestien, 1972, p. 303. "Uma teoria é um sistema hipotético-dedutivo constituído por um conjunto de proposições cujos termos são rigorosamente definidos, elaborado a partir de uma conceitualização da realidade observada e percebida. E BRAITHWAITE, Richard B. *La explicación científica.* Madri: Tecnos, 1965, p. 28. "Um sistema científico consiste em um conjunto de hipóteses que formam um sistema dedutivo: vale dizer, disposto da tal modo, que se tomando algumas delas como premissas, sigam-se logicamente, todas as demais como conclusões"
10. POPPER, Karl, *A lógica da pesquisa científica, cit.*, p. 61.
11. HEMPEL, C. G. "Fundamentals of concept formation in empirical science". *International Encyclopedia of Unified Science,* Vol. II, n° 7. University of Chicago.
12. BRUYNE, P.; HERMAN, J.; SCHOUTEETE, M. *Dinâmica da pesquisa em ciências sociais, cit.*, p. 163.

ções Públicas. Exemplificando de outra maneira, seria como se o médico fosse prescrevendo qualquer medicação ao paciente e observando-o para ver se os sistomas desapareceriam. Como tal não sucedesse, trocaria a receita até acertar. Nas Relações Públicas, algo semelhante tem lugar, quando se utilizam indiscriminadamente os meios de comunicação para a obtenção de resultados desejados. A ação talvez venha a ser casualmente eficiente, mas jamais será garantidamente eficaz e, muito menos, econômica. Tal utilidade da teoria caracteriza-se como uma função esclarecedora.

Além de esclarecer, a teoria também ajuda a prever, ou seja, permite realizar o prognóstico de uma situação dada. Aliás, compreender e prever encontram-se intimamente interligados e interdependentes. A previsão de um fenômeno depende da compreensão de sua conjuntura. O domínio de uma teoria permite, tanto ao investigador como ao profissional técnico, substituir os palpites, identificados pelas expressões "eu acho", "eu penso", por bem fundadas previsões.

Há outro aspecto que demonstra a utilidade da teoria. A precisão da linguagem a que se obriga o intérprete das ações humanas, quando exercita sua capacidade de interpretação numa perspectiva científica, possibilita a comunicação eficiente entre os diversos interessados na revelação de um mesmo fenômeno. Esta utilidade identifica a função que Littlejohn[13] assinala como comunicativa:

"A grande maioria dos investigadores quer e necessita publicar suas observações e especulações, com vistas a outros estudiosos interessados. A teoria fornece um quadro de referência para essa comunicação e um fórum aberto para a discussão, debate e crítica".

Um adendo: sem teoria se torna difícil, senão impossível, o ensino acadêmico das Relações Públicas. Em tal estágio, ninguém pode transmitir significados. O desenvolvimento somente é possível com a comunicação. A incomunicação provoca a estagnação. Diz a história que a evolução da química somente foi possível depois que os estudiosos dessa área, através de uma representação, reuniram-se em Turim e decidiram unificar o código dos símbolos químicos. Algo semelhante aconteceu com a música. Somente após a institucionalização da atual pauta musical, conhecida como pentagrama, a leitura da música foi uniformemente viável em todas as partes do mundo, isto é, tornou-se universal.

---

13. LITTLEJOHN, Stephen. *Fundamentos teóricos da comunicação humana.* Rio de Janeiro: Zahar, 1982, p. 28.

A codificação verbal do conhecimento teórico impõe-se, portanto, como um recurso indispensável à transmissão do conhecimento adquirido através da experiência prática, sempre que se possam estabelecer generalizações e inferir regularidades (expressas na forma de regras válidas para um número expressivo de ocorrências). Com isto, não se está opondo a teoria à prática. Está-se procurando identificar a relação existente entre estes dois conceitos. A prática é extremamente necessária para a confirmação da teoria e para a formação do acervo histórico que facilitará o trabalho profissional. Por outro lado, todo conhecimento que não ultrapasse a esfera da prática estará marcado por fatores restritivos, pois a dimensão temporal e a visão específica terão destaque. A aprendizagem será demorada, artesanal e restrita a poucas pessoas e situações.

Por último, mas não menos importante, a teoria, de acordo com Littlejohn[14], possui valor heurístico. A teoria gera pesquisa ao se procurar testar suas hipóteses. O inverso também é óbvio: a pesquisa gera teoria. A relação entre a teoria e a pesquisa é de contribuições mútuas. Selltiz[15] com seus companheiros desenvolveram estas idéias e as expressaram com as seguintes palavras:

"As relações entre a teoria e a pesquisa não se dão em apenas uma direção. A teoria estimula a pesquisa e aumenta os sentidos dos seus resultados; a pesquisa empírica, de outro lado, serve para verificar as teorias existentes e apresentar uma base para a criação de novas teorias".

Por fim, é mister ressaltar: a teoria jamais é um credo, pois está longe da verdade completa. Ela é um símbolo da realidade, jamais a realidade. Em concordância com esta premissa tem-se a autoridade de Popper[16]:

"A insistência dogmática em teoria científica sempre atrasa o progresso do conhecimento. A ciência cresce pela refutação de proposições e teorias aceitas, e não pela sua retenção obstinada".

No entanto, apesar das deficiências ou falhas de uma teoria, Kurt Lewin[17], assim se expressou: "Nada é tão prático quanto uma boa teoria".

Ora, se tudo isso implica ciência, se ciência implica teoria e se teoria é conhecimento que a universidade elabora e divulga, deve a

---

14. LITTLEJOHN, Stephen, *Fundamentos teóricos da comunicação humana, cit.*, p. 28.
15. SELLTIZ, C.; JAHODA, M.; DEUTSCH, M.; COOK, S., *Métodos de pesquisa nas relações sociais, cit.*, p. 552.
16. POPPER, Karl, *A lógica da pesquisa científica, cit.*, p. 231.
17. É proposição conhecidíssima desse psicólogo. *In*: MARROW, Alfred J. *The Practical Theorist — The Life and Work of Kurt Lewin*. Nova York: Basic Books, 1969, p. viii.

universidade, para evitar problema ético e técnico, com referência à área da ciência particular das Relações Públicas, oferecer cursos de graduação para a habilitação de profissionais nesta área, possuir uma teoria explícita e bibliografia condizente. A bibliografia, encontrada no mercado editorial, não ultrapassa três dezenas de obras em português, na sua maior parte editada nos anos 60 e 70, as quais mais transcrevem o senso comum que propriamente hipóteses ou teorias elaboradas por metodologia científica. A universidade é sabedora de que assim o está fazendo. Se não o sabe, pior ainda, por não possuir o gabarito do conhecimento epistemológico para criticar o que realiza.

O levantamento do estado da teoria nas Relações Públicas revela que nada pode ser usado com segurança para explicação e predição. Para empregar os termos usados na analogia de Hempel, anteriormente citada, tem-se que há intersecções com fios excessivamente frouxos, à espera de esforço sistemático para apertá-los e ligá-los, ou melhor, nem sequer existem intersecções.

Este conhecimento é por demais fragmentado e desencontrado e, em absoluto, permite a comunicação entre os membros da comunidade dos professores de Relações Públicas, mas, ao contrário, gera o antagonismo no fazer didático.

Tal atividade, ademais, ou por isto mesmo, não é valorizada pelo mercado de trabalho que, embora a necessite, desconhece-a em sua essência.

Pior, todavia, são as críticas que sofre em razão de distorções ingênuas por desconhecimento de seu real papel ou por solapa intencional destituída de ética, de parte de outros profissionais cujas áreas de atuação se sobrepõem. Por isso, certamente, inexiste uma *ideologia da profissão*[19], que leve as comunidades de professores e de profissionais a sentir orgulho da atividade e, portanto, espírito de corpo.

A comprovação parcial destas assertivas pode ser encontrada em pelo menos dois documentos acadêmicos testemunhais das deficiências da universidade. Cronologicamente, o mais antigo deles é o relatório do simpósio "A formação de profissional de Relações Públicas na universidade"[20] que, no título "Conclusões", diz: "O uso de conceitos e terminologias diferentes por parte dos profissionais de Relações Públicas só tem prejudicado a todos. Discutir uma linguagem comum na área de Relações Públicas é uma necessidade urgente".

---

19. Ver DEJOURS, Christophe. *A loucura do trabalho*. São Paulo, Cortez, 1987, pp. 35-36.
20. Este seminário foi realizado em 24 de abril de 1990, na Escola de Comunicação e Artes (ECA) da Universidade de São Paulo, contando com a presença de numerosos professores e de representantes das entidades de classe de Relações Públicas; p. 25.

Outro documento mais recente é o relatório do seminário para professores de Relações Públicas sobre "Paradigmas no ensino das Relações Públicas".[21] Os participantes, ao final do seminário, concluíram, entre outros pontos, que:

"...a rede teórica das Relações Públicas está fragmentada e sendo construída sob o enfoque das ciências da comunicação e da administração [...] falta-lhe um paradigma próprio que está sendo esboçado timidamente, sob uma metodologia de pesquisa fortemente estruturada em estudos de caso [...] a comunidade científica é mínima [...] as obras existentes sobre o tema, em português, são poucas".

E recomendaram: "aprofundar o estudo metodológico-científico".

Veja-se que o problema é mundial. Long e Hazelton Jr.[22], em um artigo no qual apresentam sua definição de Relações Públicas, justificam seu trabalho dizendo:

"A necessidade por tal definição foi cristalinamente expressa, em 1982, pela International Public Relations Association. Ela revelou que (...) Relações Públicas não têm sido adequadamente definidas (...) nem existe uma teoria que integre todo o campo".

Ora, se isso acontece, esses autores, no mesmo artigo, em parágrafo posterior, lamentam, juntamente com Newson, em razão de uma citação deste último na edição de março de 1984 da *Public Relations Review* que: "Qualquer disciplina que não chega a um acordo quanto a sua definição criará confusão nos estudantes quanto à preparação de sua profissão".

Em síntese, a comunidade de professores de Relações Públicas (inclua-se, também, os demais professores agregados de outros departamentos e institutos) não possui ainda explicitado um referencial teórico com um mínimo de consistência que permita o ensino da teoria e da tecnologia da atividade de ensino de terceiro grau de maneira coerente e sinérgica no âmbito de um curso, muito menos de diversas faculdades de uma região, de um estado, de um país e, sem medo de errar, do mundo. A universidade, em termos de ensino de Relações Públicas, está em contradição consigo mesma.

---

21. Este documento foi editado pela FEEVALE, Novo Hamburgo, RS, 1993. As citações encontram-se às pp. 20-24.
22. LONG, Larry & HAZELTON Jr, Vincent. "Public Relations: A theorical and practical response". *In: Public Relations Review*. Vol. XIII, nº 2, verão de 1987, pp. 3 e 13.

Paralelamente, a comunidade de profissionais não possui um referencial teórico que lhe permita o diagnóstico das situações das Relações Públicas e da realização de intervenções conscientes e lógicas na relação de poder entre a organização e seus públicos.

A compreensão, a previsão e o controle dos fenômenos sociais afetos aos campos da atividade das Relações Públicas serão alcançados desde que a mesma se ajuste aos princípios e leis do conhecimento científico. Este é o pré-requisito essencial para o desenvolvimento desta atividade. Por isso tudo a apresentação desta teoria à comunidade das Relações Públicas.

Capítulo 2

A DIMENSÃO DA MICROPOLÍTICA

A ciência no seu devir vai aos passos e, por rupturas, gerando um tipo de conhecimento do qual fazem parte o conceito, o constructo e a definição. Neste sentido, tal fenômeno está ocorrendo com a "micropolítica", um termo recentemente incorporado a esse universo, incluídos aqui a comunidade científica, a pesquisa e a documentação. Veja-se que, na esfera da educação, este conceito passou a ser utilizado depois que Iannaccone[1], no final de 1960, cunhou o termo "a micropolítica da educação". Mesmo assim, Ball[2], em 1987, ao publicar a primeira edição de sua obra *A micropolítica da escola*, em inglês e, em 1989, em espanhol, nenhum referência fez a Iannaccone.

Ora, se sua compreensão ainda é obnubilada entre os cientistas, pior acontece no ambiente do homem comum. Neste último território, na data atual, constatado pela observação acompanhada no exercício de consultorias em organizações e na coordenação de seminários, o uso da palavra "política" conota, quase que unilateralmente, política partidária. O emprego do termo "micropolítica" causa, por sua vez, espanto e confusão na platéia, mesmo porque falar e tratar a política era, e ainda é, tabu, pelo menos para a maioria dos membros de muitas sociedades.

Assim sendo e levando-se em consideração que esta tese também busca uma ótica original do tema Relações Públicas, cuja essência é a relação de poder entre a organização e seus públicos, e cuja aparência é a comunicação entre esses dois componentes do sistema social, torna-se espinhosa a missão de argumentar a consistência da idéia, devendo-se realizar um raciocínio passo a passo para chegar a conclusões válidas.

---

1. MARSHALL, Catherine & SCRIBNER, Jay D. "It's all political". *In: Education and Urban Society*. Vol. 23, N? 4, agosto de 1991, p. 347.
2. BALL, Stephen J. *La micropolítica de la escuela — Hacia uma teoría de la organización escolar*. Barcelona: Paidós, 1989.

Tradicionalmente, conforme Marshall e Scribner[3], "os cientistas políticos estudam política a partir da perspectiva da macropolítica", enfocada como a ciência de governar o Estado, enquanto Anderson[4], em sua pesquisa no ambiente escolar, observa que "a falta de atenção para a micropolítica é devida em parte à contínua influência dos modelos administrativos racionais, sistemas de relações humanas e burocráticos, que não enfatizam os processos de conflito e barganha nas escolas".

Certamente essa é uma causa, mas devem existir outras, provavelmente não estudadas em face do precário desenvolvimento da ciência política em termos de aplicação geral e não somente no enfoque da *pólis*.

É provável, entretanto, que se esteja no caminho de uma nova mentalidade e de novos conhecimentos sobre a área, pois Marshall e Scribner[5] ressalvam:

"...mais recentemente, contudo, estudiosos acadêmicos intrigaram-se a respeito de políticas organizacionais, decisões que alocam valores para uma organização social e concepções aplicadas sobre quem obtém o quê, quando e como, e sobre atores e espectadores, coalizões e grupos de interesses".

Parece óbvio, a esta altura, que a ciência política compreenda uma subdivisão: macropolítica e micropolítica. Quem sabe até por paralelismo à Economia, cuja divisão tradicional desde há muito tempo comporta a macro e a microeconomia. A primeira refere-se à esfera dos grandes agrupamentos, países e ambientes maiores: já a microeconomia diz respeito aos processos econômicos das organizações e agrupamentos menores, como a empresa e a família, por exemplo.

A confirmação desta assertiva encontra caminho quando se comparam os temas de interesse da política e verifica-se que se fazem presentes tanto na macro como na micropolítica.

Veja-se que para Bobbio[6]:

"O conceito de política, entendida como forma de atividade ou de práxis humana, está estreitamente ligado ao de poder (...) A

---

3. MARSHALL, C. & SCRIBNER, J. "It's all political", *cit.*, p. 348.
4. ANDERSON, Gary L. "Cognitive politics of principals and teachers". *In:* BLASE, Joseph (org.). *The Politics of Life in Schools — Power, Conflict and Cooperation*. Newbury Park: Sage, 1991, p. 121.
5. MARSHALL, C. & SCRIBNER, J. *Op. cit.*, p. 348.
6. BOBBIO, Noberto, MATTEUCI, Nicola; PASQUINO, Gianfranco, *Dicionário de Política*. Brasília: Universidade de Brasília, 1986, p. 954.

definição de poder como tipo de relação entre sujeitos tem de ser completada com a definição de poder como posse dos meios (entre os quais se contam como principais o domínio sobre os outros e sobre a natureza) que permitem alcançar justamente uma 'vantagem qualquer' ou 'os efeitos desejados'."

Bobbio[7], no entanto, em sua extensa obra, não nomeia micropolítica, mas, no item sobre greve, após dizer que "A greve é a forma mais difundida através da qual se expressa o conflito industrial organizado", disserta sobre *"microconflitualidade"* ao fazer uma distinção entre as greves coletivamente organizadas pelo sindicato e as organizadas por parte de cada um dos grupos de trabalhadores, sobre questões estritamente relacionadas à própria posição — de salário ou de trabalho. Tem-se uma pista que pode orientar o pensamento até a micropolítica, podendo-se afirmar que, se existe uma, existe a outra.

Acompanhe-se agora o que diz Trindade[8], explicitando melhor a relação política e embutindo-a na esfera da organização:

"Toda organização, seja ela qual for, além dos seus objetivos específicos (econômicos, culturais, religiosos, políticos) é um subsistema social no interior da sociedade global. Enquanto subsistema social possui, em seu interior, relações sociais estáveis (interação entre indivíduos e grupos) e também um tipo particular de relação social que se denomina relação política. As relações políticas, portanto, não são de outra natureza que a das relações sociais. Nessa perspectiva, as relações políticas não designam um novo tipo de relação, mas aspectos específicos das relações sociais. Existem relações políticas e sistemas políticos na medida em que existir: 1) luta pelo poder; 2) tomada de decisãoe 3) processo de escolha".

Observe-se pelo testemunho destes estudiosos, em distintos ambientes, que os assuntos de política, como forma de conhecimento e da práxis humana, comportam fatos sobre exercício de poder, tomada de decisão, processo de escolha, conflito, coalizões, ideologia, normas, negociação, dominação, etc. Ora, estes são os temas, também da micropolítica, como se pode constatar através de Marshall[9]:

---

7. BOBBIO, N., MATTEUCI, N. e PASQUINO, G. *Dicionário de Política, cit.*, p. 561.
8. TRINDADE, Helgio. "As ciências sociais nas Relações Públicas". *In: Anais do 1º Ciclo de Integração de Relações Públicas.* Porto Alegre: PUCRS, 1974. Este documento não teve suas páginas numeradas.
9. MARSHALL, Catherine. "The chasm between administrator and teachers cultures. A micropolitcal puzzle." *In:* BLASE, J. *Op. cit.*, p. 143.

"Por ser uma nova focalização no estudo da educação escolar, os conceitos micropolíticos estão ainda sendo desenvolvidos e tomados por empréstimo de outras áreas do conhecimento humano. Em sua revisão crítica (*review*) Marshall e Scribner identificam os seguintes conceitos e constructos-chave como pontos de convergência críticos: distribuição de poder, conflitos de valores, dominação social, difusão do conflito, alocação de valores, tomada de decisão, círculo de leitores e construção de coalizão, manipulação simbólica, códigos de conduta, ideologias associadas com afiliações grupais e, por fim, territórios e fronteiras."

Igualmente, também, conforme Willower[10]: "Embora micropolítica seja definida diferentemente por diversos escritores, ela normalmente refere-se a fenômenos tais como poder, influência e controle entre pessoas e grupos em um contexto social, amiúde uma organização".

A esfera da macropolítica, sem dúvida mais abrangente que a da micropolítica, contém esta última e a influencia mas, por outro lado, é também influenciada pelo que se sucede na dinâmica dos grupos menores. A diferença é, às vezes, uma questão de termos. Enquanto na macropolítica fala-se em governo, na sua redução verbaliza-se "gerência". Detecte-se tal sinomínia no que Morgan[11] oferece à apreciação:

"Reconhecendo que uma organização é intrinsecamente política, no sentido de que meios devem ser encontrados para criar ordem e direção entre pessoas com interesses potencialmente diversos e antagônicos, muito pode ser aprendido sobre os problemas e a legitimação da gerência como um processo de governo, e sobre a relação da organização para com a sociedade".

Se tudo isto ainda não é suficiente para delinear política, macropolítica e micropolítica, examine-se com atenção o que pensam Marshall e Scribner[12]:

"Para nosso propósito, política é considerada abarcando uma equação de três lados, envolvendo administração (gerência), pessoas e suas ações. Política poderá ser encontrada, no entanto, sempre que: 1) um processo de governo (administração) existe

---

10. WILLOWER, Donald J. "Micropolitcs and the sociology of school organizations". *In: Education and Urban Society*. Vol. 23, N° 4, agosto de 1991, p. 442.
11. MORGAN, G. *Images of organization*. Beverly Hills: Sage, 1986, p. 142.
12. MARSHALL, C. & SCRIBNER, J. "It's all political", *cit*., p. 349.

para prevenir caos e desordens e para regular comportamento; 2) a distribuição de poder sobre coisas de valores é desigualmente alocada entre membros (pessoas) de um grupo identificável; 3) conflitos de valores, em escolhas de programas de ações, decisões e ações propriamente ditas são resolvidas, pelo menos temporariamente''.

Finalizando, pode-se concluir que há um ramo da política, designado micropolítica, que trata da relação de poder entre a organização e seus públicos, envolvendo todas as variáveis existentes também no ramo da macropolítica, só que, algumas vezes, com terminologia diferente, porém sinônima.

Este projeto focaliza Relações Públicas segundo a perspectiva da política, porém mais bem delimitada como micropolítica, por tratarem-se as Relações Públicas de um aspecto referente às organizações.

Capítulo 3

UMA REDE TEÓRICA

"A natureza continua funcionando sem a ajuda das teorias científicas. Do mesmo modo as sociedades pré-industriais: crença, opinião e conhecimento especializado mas préteoréticos bastam-lhes. Mas um homem moderno não dispensa as teorias científicas a fim de avançar, seja em conhecimento, seja em ação. Suprimam toda teoria científica e a própria possibilidade de progredir ou mesmo de manter boa parte do que foi conseguido desaparecerá. Mas, também: apliquem mal as teorias científicas e a própria humanidade pode chegar a um fim. Nosso futuro depende, pois, de nossas teorias tanto quanto da maneira de aplicá-las."

Mario Bunge[1]

A teoria das Relações Públicas, segundo a ótica da micropolítica proposta, permite apresentar um arcabouço sistêmico, contendo os vários pontos de interligação da rede. A projeção desta visão gestáltica visa destacar os principais pontos que a compõem, caracterizar um roteiro de leitura, além de facilitar a captação e a compreensão da mesma.

O sistema da relação e alguns dos conceitos ou constructos da rede, tais como definição conceitual, objetos da ciência e atividade, causa da existência da atividade, matéria-prima, o aspecto político, o mito e seu papel, o objetivo, a finalidade e a estética são originais e foram por mim construídos ou postos em destaque.

Aceito a crítica de que não está completa ou que o enfoque poderia ser outro. Saliento, todavia, que esta maneira é, certamente, a primeira tentativa de elaborar uma rede teórica a fim de ajudar a compreender e explicar o complexo mundo das Relações Públicas.

---

1. BUNGE, M. *Teoria e realidade, cit.*, p. 9.

Quadro I — O arcabouço básico da rede teórica.

a) *Definição conceitual*: (O que são Relações Públicas?)	Como *ciência*, Relações Públicas abarca o conhecimento científico que explica, prevê e controla o exercício de poder no sistema organização-públicos. Como *atividade*, Relações Públicas é o exercício da administração da função (subsistema) política organizacional, enfocado através do processo de comunicação da organização com seus públicos.
b) *Definição operacional*: (como se exerce esta atividade?)	a) analisando tendências; b) prevendo conseqüências; c) assessorando o poder de decisão; d) implementando programas planejados de comunicação.
c) *Objetos da ciência e da atividade*: (Cientificamente, quais são seus objetos de estudo e manejo?)	*Material*: A organização e os públicos. *Formal*: O conflito no sistema organização-públicos, ou dialeticamente, a compreensão mútua.
d) *Causa da existência da atividade*: (Por que esta atividade foi identificada e considerada útil pela sociedade?)	O conflito é iminente no sistema social organização-públicos.
e) *Níveis do problema no sistema organização-públicos*: (Qual é a "sintomatologia"?)	Um processo que vai desde a integração dos interesses até a convulsão social.
f) *O aspecto político*: (Por que política e não comunicação?)	A relação é política. O instrumento é a comunicação. Dois lados da mesma moeda.
g) *A matéria-prima*: (Qual o elemento que gera, evita e resolve conflitos?)	A informação.
h) *Os instrumentos*: (Como se busca e envia informação?)	Antes de tudo, através de políticas e normas administraivas justas e produto e serviço com qualidade. Depois, através de todo e qualquer meio, existente ou a ser criado que leve mensagens da organização aos públicos e vice-versa.
f) *O objetivo*: (A que visam a função e a atividade?)	Legitimar as decisões organizacionais.
j) *A finalidade*: (Para que legitimar?)	Facilitar as transações com os diversos públicos, além dos clientes, e mantê-los fiéis e multiplicadores.
k) *A ética*: (É ética a atividade de Relações Públicas?)	A atividade de Relações Públicas em si é ética, pois é útil para a sociedade. Os problemas éticos são gerados pelos profissionais como em qualquer outra atividade. Todavia, a essência da ética é intrínseca ao processo de legitimação.
l) *A estética*: (Qual o benefício para a sociedade?)	As Relações Públicas buscam a utopia de uma sociedade mais harmônica e "elegante".

Acrescento que este paradigma, mesmo que comprovado mais completo e útil, vem acompanhado, intrinsecamente, do alerta de sua temporalidade. É algo datado, para uma determinada fase do desenvolvimento da ciência das Relações Públicas. Não pode, e tampouco deve, ser cristalizado, O valor de suas proposições, se é que existe, está na probabilidade de gerar o pensamento crítico naqueles que tratam do tema e jamais em sua aceitação e utilização dogmáticas.

Este arcabouço referencial básico terá, a seguir, cada um dos seus itens explicitados. Esta tarefa de aprofundamento da busca do significado e da dinâmica de cada um dos pontos da rede cerca-se de uma preocupação referendada no método hipotético-dedutivo e num processo de seqüência lógica.

O processo de desvelamento tem início com o significado do termo "Relações Públicas" que, apesar de não constar no quadro anterior, é essencial para evitar tropeços na compreensão da rede. Assevera-se este ponto pelo fato de este termo, em si, provocar confusões e equívocos ou, pelo menos, estabelecer dúvidas entre aqueles que o utilizam. Isto ocorre, intrinsecamente, pela razão de que a utilização do mesmo é realizada segundo seu significado na linguagem do senso comum, sem qualquer preocupação de submetê-lo a uma análise crítica.

Capítulo 4

O SIGNIFICADO DA DESIGNAÇÃO RELAÇÕES PÚBLICAS

O termo Relações Públicas é polissêmico[1], isto é, possui vários significados. Verifica-se esta asserção observando-se o discurso de todos aqueles que tratam do assunto, pois com estas duas palavras visam identificar vários objetos. Isto deve ter uma razão que se acredita ser o tratamento histórico-empírico que o assunto recebeu, sem a preocupação de caracterizar bem o que se desejava explicar. O esquema abaixo, no quadro II, visualiza os vários significados do termo e suas relações a fim de facilitar a explanação que se seguirá.

Quadro II — Os vários significados do termo Relações Públicas.

Processo — Função — Atividade — Profissional — Cargo — Profissão

Para que os seis significados acima seqüenciados sejam entendidos, é fundamental ter-se em mente a premissa da existência de um processo (e resultante) pluridimensional de interação da organização com seus diversos públicos, desde o momento em que a mesma passa a existir. Trata-se do processo do sistema social (ou sociedade específica) organização-públicos, inserido em processos de sociedades maiores, isto é, a cidade, o estado, o país e o mundo. Este sistema e seu processo, nos domínios da sociologia, é designado por sistema social e suas relações sociais. No caso específico da sociedade organização-público pode-se, perfeitamente, designá-lo por processo de Relações Públicas.

Este sistema social, com sua estrutura e seu processo, contém, em sua dinâmica, as causas e efeitos, no espaço e tempo, do entrechoque de todas as variáveis de todos os tipos de relações (cultural, econômica, política, ideológica, jurídica, estatal) entre os dois componentes.

---

1. MIERA, Alejandro Sáenz de. *In:* XI Conferência Interamericana de Relações Públicas; 10-13 de outubro de 1973, Bogotá, Colômbia, p. 17.

Identifica-se este significado quando, após o *clipping* (recorte de jornais e revistas), realiza-se a resenha das notícias, para saber como todos esses componentes de tais dimensões estão afetando ou poderão afetar a organização em suas ações na busca de seus objetivos. Este processo será estudado detalhadamente no item sobre a "causa" da existência da atividade de Relações Públicas.

Função

A existência e a natureza do processo social organização-público, principalmente sua dimensão política, pressupõem na organização uma função (linguagem funcionalista) ou um subsistema (linguagem da teoria geral de sistema abertos) que compreende a filosofia, as políticas, as normas e as atividades organizacionais no trato dos interesses comuns e específicos com os vários públicos que, quando bem exercida, legitima o poder decisório da organização frente a esses públicos e, ao contrário, se antagônicos aos interesses dos públicos, deslegitima as decisões organizacionais.

Por conter aspectos de decisão, de relação de poder, de comunicação, qualifico-a de política. Além do que, por dizer respeito à sobrevivência da organização, enquadro-a no mesmo plano das outras funções organizacionais: produção, financeira, marketing, recursos humanos, pesquisa e desenvolvimento e administração geral.

Identifica-se este significado quando, na leitura de uma notícia da mídia, depara-se com conteúdos positivos ou negativos a respeito da empresa. Ou, ainda, quando o nível de motivação dos empregados é bom ou ruim. Então, costuma-se dizer: A empresa "X" está exercendo bem (ou mal) suas Relações Públicas.

Atividade

Essa função, intrínseca à ação organizacional, necessita ser administrada, para que não fique ao sabor do acaso, circunstância que terá maiores probabilidades de desfuncionalizar-se, ocorrendo, então, conflitos no sistema social organização-públicos. A imprescindibilidade de administrar essa função correlaciona-se diretamente, além do tamanho da organização, com o nível de democracia participativa do país, da capacidade de denúncia dos meios de comunicação social e da independência e eficácia do poder judiciário.

Assim sendo, a sociedade identificou a necessidade de uma atividade perita na gestão desta função. Entende-se por atividade o trabalho realizado em um ambiente físico, com materiais e pessoal, com a finalidade de organizar uma função. E este, especificamente, é designado pelo termo Relações Públicas. Exemplo deste significado é quando se diz: "Estou pensando em estudar Relações Públicas".

Cargo

A atividade ocupa um espaço na estrutura da organização. Este lugar é descrito em um manual de cargos e representados no organograma, não pelo nome civil de seu ocupante, mas pelo designativo da atividade que o mesmo desempenha, agregado de um posto na hierarquia organizacional. Observa-se este ponto ao escutar alguém dizer: "Relações Públicas foram esquecidas no organograma; deveriam estar no nível de assessoria ou linha, ligadas diretamente ao diretor".

Profissional

Obviamente, esta atividade só pode ser realizada por pessoas e o cargo, ocupado por pessoas, e estas, por dever de ofício, também são designadas por relações-públicas.

Aliás, este significado parece ser o de maior utilização e destaque entre os demais, pelo menos no ambiente do corpo discente universitário, durante os primeiros anos do curso. Percebe-se este fenômeno quando, ao pedir-se aos alunos que redijam um artigo sobre Relações Públicas ou até mesmo definam este conceito, eles o fazem enfocando o profissional. A tendência somente é modificada após esclarecimentos e, muitas vezes, sendo necessário explicar que não vieram à universidade estudar o (profissional) relações-públicas, mas sim a ciência e a atividade de Relações Públicas.

Identifica-se este significado quando se diz: "Precisamos contratar um relações-públicas. Isto é serviço para ele."

Profissão

O reconhecimento e a legalização profissional da atividade acaba distinguindo e fortalecendo uma classe econômica, igualmente designada por relações-públicas. Isto fica bem explícito ao ler-se: "A Associação, o Conselho e o Sindicato de relações-públicas apóiam este evento".

Os qualificativos: a ciência, a tecnologia e a arte

Neste acervo podem, ainda, ser acrescentados mais três outros usos do termo. Isso ocorre no discurso comum de ciência social, tecnologia social e arte social, referentes ao objeto: processo de interação organização-público na sua dimensão política.

Assim, entende-se por *ciência* de Relações Públicas o conhecimento acumulado cientificamente em documentação específica que leva à compreensão daquele processo de interação.

Por *tecnologia* de Relações Públicas entendem-se três significados do termo[2]:

a) a tecnologia de projetos de Relações Públicas, isto é, conjunto de conhecimentos necessários para que, dadas as especificações de um certo programa, consiga-se gerar uma seqüência de operações sociais, capaz de produzir aquele programa dentro das especificações desejadas;

b) a tecnologia da manufatura de Relações Públicas, que é o conjunto de conhecimentos de recursos necessários para que, a partir da especificação de um programa, consiga-se produzi-lo em qualidade, custo e quantidade desejadas;

c) a tecnologia do uso de Relações Públicas, que visa a utilização da infra-estrutura mais adequada a um eficiente e eficaz resultado de um programa estabelecido.

O desenvolvimento tecnológico somente tem lugar quando as três categorias de significados estão realizadas (principalmente a "b" e a "c") e são entendidas como essenciais por empresários e governantes. Quando estes desconhecem ou avaliam erradamente a importância da conjugação destas três forças, e ainda baseiam seus projetos numa frágil estrutura econômico-financeira, a atividade de Relações Públicas custa a progredir, como acontece nos países subdesenvolvidos.

Finalmente, por "arte" de Relações Públicas entende-se a capacidade do profissional de fazer incidir sua subjetividade na criação de projetos, programas e instrumentos que mantenham ou alterem a estrutura do processo, uma das qualidades que irá diferenciar um profissional do outro.

Pode-se pensar, ainda, no significado etimológico do termo, que requer pesquisa histórica para situá-lo.

Enfim, Relações Públicas é um termo empregado para designar muitos objetos sociais, dificultando sobremodo o entendimento entre aqueles envolvidos no tema, tanto na comunidade profissional como entre os leigos.

Pior ainda para a compreensão deste assunto é que, além da polissemia do termo, existe o problema de várias definições da atividade, fornecidas por estudiosos e associações de classe.

---

2. Adaptação dos conceitos de Edison Fregni, emitidos em palestra sobre tecnologia da informática, VIII Encontro Nacional de Consultores de Organização, 13 de agosto de 1983, São Paulo, Brasil.

Assim sendo, a utilização do termo Relações Públicas normalmente requer texto adicional, a fim de haver mensagem e interpretações precisas. Por isto, sempre antes ou depois do termo, deve-se colocar determinantes, tais como, o, as, processo, profissional, etc. Ademais, se o termo surgir isoladamente, sem qualquer determinante, seguido do verbo "ser", deve-se conjugar este verbo na terceira pessoa do plural. Exemplo: Relações Públicas são um instrumento de marketing. Caso contrário, apresentando-se um determinante, o verbo seguirá o mesmo. Exemplo: A atividade de Relações Públicas é estudada na universidade.

Capítulo 5

A CAUSA DA EXISTÊNCIA DA ATIVIDADE

Este capítulo busca responder à questão por que existe a atividade de Relações Públicas e fornecer também as bases para a compreensão de suas éticas e estética.

As atividades e suas subseqüentes profissões existentes nas mais diversas culturas do mundo foram identificadas e depois institucionalizadas pela sociedade em razão de uma necessidade de resolver problemas. O surgimento e a perpetuação de uma atividade têm sempre uma causa. Certamente o mesmo ocorreu, e ainda ocorre com a atividade de Relações Públicas. Caso esta profissão deseje fundamentar sua ação em conhecimentos científicos deve, portanto, caracterizar o seu problema e explicá-lo.

Segundo o método de análise dos pontos de inflexão da história da atividade de Relações Públicas e das culturas onde ela mais se desenvolveu, tudo indica que seu princípio e seu fundamento localizam-se na relação de poder entre as organizações e seus públicos, assim como na possibilidade iminente do conflito entre ambos. Disso decorre a exigência da construção de um acervo de referenciais teóricos que levem à compreensão do processo social.

Esclarecido este ponto, continua a investigação: por que ocorre o problema de Relações Públicas?

Uma tentativa de resposta está na representação do resultado da análise descritiva da estrutura das relações sociais entre organização e públicos no quadro que segue. O modelo, ao expor os elementos constitutivos do processo e sua dinâmica, permite a compreensão para o diagnóstico e o prognóstico da situação social, ampara a produção de pareceres e a implementação de intervenções técnicas sobre a estrutura detectada.

Numa relação analógica, pode-se justificar uma primeira utilidade deste subsídio, ao dizer-se que ele se coloca para as Relações Públicas assim como a anatomia e a fisiologia colocam-se para a medicina. De modo análogo ao médico que, para usar seu bisturi no organismo humano, precisa orientar-se pelas informações contidas nas duas ciências anteriormente referidas, também ao profissional de Relações Públicas impõe-se o conhecimento dos componentes e da dinâmica do que está implícito à ocorrência da sua atividade, quando deseja operar sobre a zona do conflito.

Uma segunda utilidade prática do modelo seria fornecer um *rationale* para critérios de escolha de relação de disciplinas adequadas a um curso de formação profissional desta atividade.

O diagrama do Quadro III, constituído de três campos distintos, colocados lado a lado, da esquerda para a direita, e contendo, na vertical, respectivamente, os termos do processo, dos fatos e das ciências, tenciona:

1) representar graficamente o processo social (também designado, neste projeto, como o processo das Relações Públicas) da relação organização-público em todas as suas dimensões;

2) salientar os fatos gerados em cada uma das dimensões;

3) identificar as ciências específicas que colaboram para a sua compreensão.

A apresentação descritivo-analítica do mesmo será feita a partir do núcleo, isto é, do desenho do sistema organização-público. Depois será explicada a parte inferior do desenho, designada por relações constitutivas, iniciando na relação entre grupos e concluindo na relação do indivíduo consigo mesmo. Terminada esta parte, retorna-se ao núcleo a fim de descrever a parte superior, considerada como relações qualitativas, cujo início é a relação cultural e cujo término é a relação filosófica. Ao desenvolver o raciocínio busca-se demonstrar a ligação de cada uma das dimensões entre si, na ordem seqüencial em que se apresentam, de conceituá-las e relacioná-las com os fatos e ciências que se encontram listados nas colunas à direita.

Pretende-se, ao final, ter explicado o processo com todas as suas variáveis e demonstrado a razão pela qual existem as Relações Públicas. Aditivo a esta pretensão e caso seja feito um pequeno esforço de abstração dos termos, pode-se compreender o sistema social não somente em nível organização-público, mas também pessoa-pessoa, e em nível macro, país-país, além de todos os outros subníveis.

Dito de outro modo, pretende-se explicar o sistema social em nível micro e macro, cuja escala crescente, em termos de quantidade e complexidade dos membros contidos, inicia-se nas *relações humanas* — sistema social formado pela transação entre pessoas; continua com o nível das *relações grupais* — sistema social estruturado nas relações entre grupos; prossegue com o nível das *relações públicas* — sistema social constituído pelas transações entre organiza-

Quadro III — O processo das Relações Públicas.

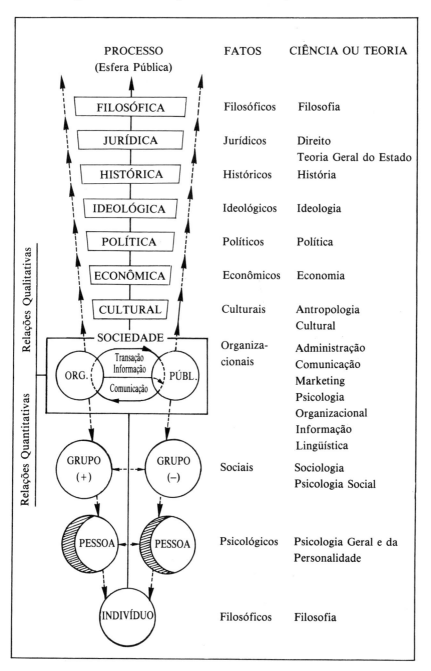

53

ções e seus públicos; atinge o nível das relações partidárias (talvez equivocadamente designadas *relações políticas*), cujos componentes do processo de transação são os partidos e os cidadãos do país, e termina nas *relações internacionais*, ou seja, as transações entre países. Portanto, relações humanas, grupais, públicas, partidárias e internacionais implicam transações sob as dimensões qualitativas cultura, econômica, política, ideológica, histórica, jurídica, estatal e filosófica.

O núcleo do sistema

O núcleo do sistema é constituído por dois componentes materiais das Relações Públicas, ou sejam: a organização e os públicos. Por organização, historicamente, é interessante ler-se Parsons[1]: "As organizações são unidades sociais (ou agrupamentos humanos) intencionalmente construídas e reconstruídas a fim de atingir objetivos específicos". Esta definição não exaure o significado e é demasiado genérica e insuficiente para explicar a dinâmica de uma empresa. O auxílio de Katz e Kahn[2], para quem a "organização é um dispositivo social para cumprir eficientemente, por intermédio do grupo, alguma finalidade declarada"; e o de Krech, Crutchfield e Ballachey[3], que definem organização "como um sistema integrado de grupos psicológicos inter-relacionados e formados para realizar um objetivo explícito", acrescentam algumas outras variáveis, mas também não complementam integralmente a definição.

Assim, proponho: "Organização é um sistema operacional de papéis desempenhados por pessoas, constituídas em grupos psicológicos, a fim de atingir objetivos específicos, na dependência de valores, informações, decisões, recursos materiais e financeiros e mercado". Repito, uma organização engloba o fluxograma dos sistemas de produção fim e meio, os papéis que cada membro desempenha nesses fluxogramas, a ideologia que o grupo aceita e, principalmente, o sistema concatenado de decisões em que estão envolvidos, em maior ou menor grau, todos os membros, para a consecução do objetivo geral da organização e dos objetivos particulares de cada subsistema organizacional.

A organização para fins da rede teórica desta tese enquadra-se segundo os princípios da *teoria contingencial*, sendo, portanto, com-

---

1. PARSONS, Talcott. *Structure and process in modern society*. Nova York: The Free Press, 1969, p. 17.
2. KATZ, Daniel & KAHN, Robert. *Psicologia social das organizações*. São Paulo: Atlas, 1979, p. 31.
3. KRECH, D.; CRUTCHFIELD, R.; BALLACHEY, E. *O indivíduo na sociedade, cit.*, p. 21.

preendida como um sistema aberto, pelo que é influenciada e influencia o ambiente externo no qual se situa. Pertencem a esse ambiente os públicos e todas as dimensões conjunturais da sociedade maior. As fronteiras entre o interno e o externo, neste confronto, caracterizam-se pelos limites de até onde atingem as decisões de cada um dos componentes do sistema. Semelhante à geografia política, as linhas limítrofes por vezes estão perfeitamente delineadas, mas outras tantas, encontram-se obscurecidas por não se identificarem as origens das decisões que mais afetam o território.

O ambiente externo, que oferece oportunidades e ameaças à organização é, em absoluto, estático e previsível. Ao contrário, sua textura, nas palavras de Emery e Trist[4], varia em sua dinâmica de certa estabilidade relativa à turbulência, quando o nível de incertezas aumenta consideravelmente. A organização, para fazer frente aos impactos, refreá-los, controlá-los e até mesmo exercer sua influência no meio externo, a fim de buscar sua autonomia e sobreviver, necessita de informações. A organização eficaz é aquela que melhor desempenha sua rede processadora de informações, na busca da redução de suas incertezas.

O êxito da organização neste confronto está diretamente correlacionado a dois processos, identificados por Lawrence e Lorsch[5] em pesquisas sobre o confronto organização e ambiente: *diferenciação* e *integração*, dois estados opostos e antagônicos, estabelecendo as bases da teoria contingencial.

A organização eficaz consegue:

(1) Reduzir o nível de diferenciação, ou seja, "as diferenças nas orientações cognitivas e emocionais dos administradores nos diferentes departamentos funcionais". Este fenômeno ocorre porque cada departamento tende a reagir de acordo com seus interesses e valores em face da missão a ser cumprida em um ambiente específico, esquecendo-se do objetivo global da organização.

(2) Consubstanciar a integração, isto é, "a qualidade do estado de colaboração existente entre departamentos, requerida para a consecução da unidade de esforços pelas demandas do ambiente externo", evitando os conflitos e o desperdício de energias.

Além do mais, sublinhando o que já foi dito, as organizações existem e subsistem nas transações com a sociedade maior. Sharpe[6]

---

4. EMERY, F. E. and TRIST, E. L. "The causal texture of organizational environment". *In: Human Relations*. Vol. 18, fevereiro de 1965, pp. 21-32.
5. LAWRENCE, Paul R. and LORSCH, Jay W. *Organization and Environment. Managing Differentiation and Integration*. Boston: Harvard University Press, 1967, p. 11.
6. SHARPE, Melvin L. "Recognition comes from consistently high standards." *In: Public Relations Review*. Vol. XII, n.º 4, inverno de 1986, p. 20.

explicita esta interdependência de relação com a seguinte proposição: "A estabilidade econômica de uma organização está na dependência da opinião pública do meio social no qual a organização busca operar".

O outro componente básico do núcleo do sistema é nomeado pelo termo "público", designação institucionalizada na comunidade de Relações Públicas. Público, no entender de Childs[7], é "um conjunto de pessoas com interesses comuns à organização". Para esse autor, portanto, público é constituído de pessoas, mas não implica, obrigatoriamente, grupo.

Mills[8], outro cientista social, preocupado em diferenciar o significado do termo "público" do significado do termo "massa", apresenta ponto de vista diferente de Childs, contrapondo o significado de público ao de massa. Para este último cientista, público caracteriza-se como organizado, politizado e independente das organizações, enquanto a massa adjetiva-se como desinformada, desorganizada, controlada e manipulada pelas organizações.

Particularmente, discordo da posição de Mills por estar muito próxima das posições ultrapassadas de Le Bon[9], em colocar público como antônimo de massa. Penso que melhor seria adjetivar "massificado" como antônimo de "politizado" ou "organizado". Assim, pode-se aceitar os dois pontos de vista e integrá-los, desde que se faça uma caracterização dos mesmos, como momentos históricos diferentes da dinâmica do público. Isto ocorrendo, pode-se dizer que público é uma coleção abstrata de pessoas com interesses comuns para com a organização, cuja dinâmica interna vai do desorganizado ao organizado, do alienado ao politizado, do dependente ao independente.

O interesse do público pela organização é o elemento catalisador para a evolução da estrutura interna do público, a qual poderá

---

7. CHILDS, Harwood. *Relações Públicas, propaganda e opinião pública*. Rio de Janeiro: Fundação Getúlio Vargas, 1967, p. 51.
8. MILLS, Charles Wright. *The Power Elite*. Nova York: Oxford University Press. 1956, p. 303.
9. LE BON, Gustave. *Psychologie des foules*. Paris: F. Olean, 1895. Traduzido para o inglês: *The Crowd*. Londres: T. Fischer Unwin, 1896. A teoria de Le Bon era que a pessoa, quando fizesse parte da multidão, era por ela de tal forma condicionada que perdia seu pensamento crítico e tornava-se um robô nas mãos dos líderes. Assim, ele escreveu na p. 34 de sua obra em inglês, na 12ª edição, em 1920: "In a crowd the individual may be brought into such a condition that, having entirely lost his conscious personality, he obeys all the suggestions of the operator who has deprived him of it, and commits acts in utter contradiction with his character and habits". Essas idéias foram superadas, pois outras teorias detectaram que o homem que se mete na multidão é porque já possui as características para tal. O homem é quem faz a multidão (massa) e não o contrário.

passar por etapas evolutivas distintas, chegando a ser, também, uma organização politizada e consciente dos seus interesses e participantes da vida pública. Quando, então, ganharia o significado que deseja Mills. Este ponto será complementado com a matéria a ser desenvolvida com o apoio de Dahrendorf[10] no tópico sobre o "quase grupo".

Por outro lado, deve-se ter a precaução de não reduzir e equiparar, apressadamente, o conceito de público da teoria das Relações Públicas à dicotomia expressa pelo sistema fornecedor-cliente das teorias de Qualidade em administração. O conceito de público em Relações Públicas refere-se a uma coletividade cujos membros, normalmente, não interagem entre sim, mas o fazem isolada e direta, ou indiretamente, com uma organização, em um tipo de relação circular. Público e organização são clientes e fornecedores ao mesmo tempo, dinâmica diferente do significado *one-way* contido na idéia fornecedor-cliente.

É certo que o conceito implícito no termo fonecedor-cliente, agregado aos conceitos de parceria e do "quimono aberto" ajusta-se de maneira ideal ao princípio da dupla via e sua resultante é o significado comum ou a integração. Contudo, esse processo de dupla via é exeqüível apenas entre dois ou poucos parceiros e a longo prazo. Tanto o é que a proposta da Qualidade Total consiste em a indústria ter um único fornecedor e por longo prazo. É difícil colocar em prática estes princípios teóricos com todos os consumidores de sabonete de uma indústria de cosmético, ou então, com todos os membros de uma comunidade onde haja um supermercado.

A informação

O processo de relacionamento entre a organização e seu público formando um sistema tem início com a primeira mensagem da organização, levando a notícia de sua criação à sociedade (ou parte desta) na qual está inserida. Informação é o elemento ativador do processo, desde que ela seja percebida pelo público.

Para melhor compreender-se esse papel, convém lembrar que a teoria de informação é aqui entendida como distinta da teoria da comunicação[11]. Esse quadro de referência será muito bem analisado, posteriormente, no capítulo Informação: A matéria-prima. Por outro

---

10. DAHRENDORF, Ralph. *Class and Class Conflict in Industrial Society*. Stanford: Stanford University Press, 1973, p. 180.
11. SCHANNON, Claude & WEAVER, Warren, *Teoria matemática da comunicação*. Rio de Janeiro: Difel, 1975. Observação para evitar que se utilizem, como sinônimos os termos "Teoria da informação" e "Teoria da comunicação".

lado, a compreensão científica do processo de Relações Públicas requer conhecimento não somente de teoria da informação, mas de outras ciências e teorias, em razão dos vários tipos de relações sociais englobados no processo.

A comunicação

A informação unilateral não é suficiente para a perpetuação do processo. É apenas o elemento desencadeador do primeiro ciclo "mensagem-resposta". O prosseguimento dependerá da existência de canais entre os dois elementos e da resposta dada à mensagem pelo público. Se esse retorno é realizado de acordo com as intenções preestabelecidas do emissor, no caso a organização, diz-se, segundo algumas teorias, que houve comunicação. Outras teorias consideram demasiadamente simplista esta conclusão e asseveram que somente ocorrerá comunicação se, além da troca de informações em um mesmo canal, acontecer um significado comum entre as partes, mas para tanto, dizem outros, o significado comum somente ocorre se o público tiver voz ativa no processo decisório quanto às trocas que ocorrem. Qualquer que seja a interpretação (e existem mais de 32 definições de comunicação[12]), interessa no momento é que a comunicação é a condição *sine qua non* para que ocorram as trocas entre a organização e o público e/ou que este aceite a existência da mesma.

A transação

O processo de comunicação e sua resultante, o significado comum entre as partes, não são fins em si mesmos. São, apenas, meios para o objetivo — a legitimação — e a finalidade última (ou primeira): a transação. Ao ocorrer a comunicação, sucede também, em outro nível, a transação ou troca que, segundo Brain[13], é o que caracteriza esse mundo. Todos os seres biológicos necessitam transacionar com o meio ambiente, caso contrário, deixam de existir. As organizações, elas próprias organismos sociais, transacionam com o ambiente do qual fazem parte. Trocam não apenas seus produtos, mas também seus insumos. Recebem do meio ambiente outros tantos serviços e produtos. Katz e Kahn[14] confirmam essa idéia por intermédio

---

12. DANCE, Felix E. X. The "concept of communication". *In*: PORTER, Lyman W. & ROBERTS, Karlene H. (orgs.) *Communication in organizations*. Harmondsworth: Penguin Books, 1977, p. 15.
13. BRAIN, Russel. *Apud* MOSQUERA, Juan. *O humano — Uma antropologia psicológica*. Porto Alegre: Sulina, 1975, p. 117.
14. KATZ & KAHN, *Psicologia social das organizções, cit.*, p. 76.

da teoria dos sistemas abertos, ao dizerem que "o funcionamento organizacional precisa ser estudado em relação às transações contínuas com o meio que o ampara".

A organização e seu público, neste processo interativo de trocas, formam um sistema social. Saliento, utilizando-me de Katz e Kahn[15] que "o sistema social é a estruturação de eventos ou acontecimentos e não a de partes físicas e, por conseguinte, não tem estrutura à parte de seu funcionamento". Ora, isto ajuda a compreender por que o sistema social é formado pelos eventos das trocas, e não simplesmente por um processo interativo qualquer, e por que Relações Públicas, elaborando eventos, colabora, até um determinado limite, para a manutenção do sistema. Assim, se não ocorrerem trocas, o sistema desaparece e com ele a organização. Ambos estão sujeitos ao processo de entropia. O processo de trocas, por sua vez, está sujeito também a desaparecer ou, pelo menos, debilitar-se, se não ocorrer a comunicação com os clientes e os demais públicos. Tudo isto é um intrincado sistema de interdependências. A maneira de perpetuá-lo é nele introduzir variáveis alentadoras.

No que diz respeito à esfera das Relações Públicas, entre essas variáveis está a informação, não como algo abstrato, mas sim referente às novidades vinculadas aos interesses do público em questão e, também, da organização.

Em síntese parcial, pode-se dizer que o processo de Relações Públicas inicia-se, reativa-se e é controlado pela informação, mantém-se com a comunicação visando as transações e nelas se estrutura. Logo, neste ponto, parece evidente que o processo de Relações Públicas significa algo mais que simplesmente o processo de comunicação.

As dimensões do sistema

Tudo isto, porém, é apenas parte da estrutura global do processo de Relações Púlbicas, o qual contém disposição e ordem de todo o sistema social onde está inserido e que irá diferenciá-lo dos processos de informação, de comunicação e de transação. Irá, de fato, configurá-los e enquadrá-los.

Desenvolvendo esta idéia, podem-se projetar dois conjuntos de dimensões de relações, em níveis diferentes, cada uma com características especiais, mas ambas correlacionadas e interdependentes. Uma contém os componentes dos elementos materiais envolvidos, reduzindo-se, ao final, ao indivíduo. À outra pertencem os elementos abstra-

---

15. Katz & Kahn, *Psicologia social das organizações, cit.*, p. 47.

tos das relações histórico-sociais a que estão submetidos a organização e o público. O estudo analítico-descritivo pode ser iniciado quer por uma, quer por outra. Começa-se pelo elementos materiais, por questão didática.

O conjunto constitutivo

As dimensões constitutivas são aquelas que identificam e classificam elementos quantificáveis do sistema conforme a estrutura das matrizes dos agentes: organização-público, grupo-grupo, pessoa-pessoa e, por último (ou primeiro), o indivíduo.

Os dois componentes do núcleo do sistema — organização e públicos — podem ser decompostos em outro nível de elementos em um sistema grupo-grupo, mais precisamente, ultragrupo com quase-grupo, implicando um tipo de relação intergrupal. A seguir, em próxima etapa analítica, os grupos podem ser desmembrados em seus constitutivos básicos: pessoa-pessoa, desta vez uma relação interpessoal. Por fim, a pessoa é reduzida ao embrião, o indivíduo, cuja relação é íntima, ou seja, o ser humano consigo mesmo.

A relação intergrupal: ultragrupo/quase-grupo

Inicialmente, identifica-se na organização, através de sua própria definição vista anteriormente, a existência de agrupamento humano. Para reforçar e colocar mais presente esta idéia, tem-se Krech, Crutchfield e Ballachey[16]: "Organizações sociais podem ser definidas como um sistema integrado de grupos psicológicos inter-relacionados e formados para realizar um objetivo específico". Esses três autores[17] definem também grupo psicológico:

"Um grupo psicológico pode ser definido como duas ou mais pessoas que se reúnem e satisfazem as seguintes condições: 1) as relações entre os membros são interdependentes; e 2) os membros aceitam uma ideologia, isto é, um conjunto de crenças, valores e normas que regulam a sua conduta mútua."

Deduz-se dos conteúdos anteriores que organização implica grupo em um sentido espcial, pois é composta por todos os membros que interagem dentro de suas fronteiras, que com ela se identificam em razão de contrato psicológico e jurídico e onde, cada um, imbuído de

---

16. KRECH, D.; CRUTCHFIELD, R.; BALLACHEY, E. *O indivíduo na sociedade, cit.*, p. 444.
17. *Idem*, p. 443.

seu papel e em ações inter-relacionadas, produz na busca dos objetivos organizacionais.

A organização não se restringe aos seus "recursos humanos", ou melhor, aos agentes. Pressupõe antes tudo o que se identifique com a mesma: as políticas, as normas, as técnicas administrativo-operacionais, a tecnologia, o *know-how*, os produtos, os serviços, os prédios, a logomarca, as viaturas. Tudo o que faz e produz e que conote a mesma. No discurso deste trabalho, a organização é um "ultragrupo", isto é, um grupo acrescido de tudo o mais identificado com ela (organização).

Assim o é a organização. Antes de tudo pessoas, depois produtos e serviços e tudo o mais conotado com tais produtos e pessoas. Quando ocorre coerência e integração desses elementos, englobados por um padrão em um processo de metamorfose, a organização adquire uma identidade e torna-se uma instituição.

A outra parte do sistema social é o público, definido como um conjunto abstrato de pessoas com interesses comuns entre si e referentes à organização. Como tal, não chega a se caracterizar como grupo psicológico e muito menos como organização, pois seus membros, as pessoas, não chegam a relacionar-se entre si. As pessoas se interligam com a organização, individualmente, sem debater seus interesses, integrar seus pontos de vista e solucionar seus problemas. Este modo de entender público enquadra-se no pensamento de Dahrendorf[18]:

"Os agregados de pessoas incumbidas de papéis com interesses idênticos são, no melhor dos casos, um grupo em potencial. Seguindo M. Ginsberg usaremos para este tipo particular de arranjo social o termo 'quase-grupo'. Nem todas as coletividades e agregações sociais formam grupos. Grupos são inúmeras pessoas em contato regular ou em comunicação, possuindo uma estrutura identificável".

Estando as pessoas, componentes do público, em processo de transação com a organização, pode ocorrer por motivos econômico-políticos, por ativação de informações e, desde que haja condições, transformação na estrutura do público. As pessoas podem, através de algumas lideranças, iniciar contatos entre si, estabelecer comunicação, formar um grupo psicológico e, em alguns casos, atingir o nível estrutural de organização. Esta evolução se verifica em inúmeros exemplos do cotidiano, onde são referências os sindicatos, as asso-

---

18. DAHRENDORF, R. *Class and class conflict in industrial society*, cit., p. 180.

ciações de defesa do consumidor, as associações de bairro, as associações de donas-de-casa e outras. Algumas surgem e permanecem. Outras nascem e depois, atingindo seu objetivo circunstancial, desaparecem.

Aliás, aqui está o nó górdio da administração do conflito. A organização sabe, de antemão, que enquanto as expectativas de seu público são satisfeitas, o conflito é apenas mera possibilidade, já que as pessoas não são contrariadas em seus interesses ou não percebem que estão sendo prejudicadas. Contudo, se os atos da organização forem contrários aos interesses do público, ou se esse não compreender adequadamente as intenções da organização, provavelmente acontecerão reclamações através de algum porta-voz. Caso persista o problema, poderão surgir lideranças que farão os atingidos reconhecerem-se e reunirem-se, inicialmente, como grupo psicológico e, a seguir, em organização social. Ao atingir este último estágio, o público torna-se competente para contestar as decisões da organização, podendo até fazê-la recuar. Além disto, se o problema for mais sério ou se não houver entendimento nesse nível, o público, agora organizado e politizado, poderá obter a adesão de outros públicos e da comunidade em geral e, com isto, ameaçar ou até extinguir a organização.

Daí conclui-se que a ela cabe fazer o melhor possível para atender aos interesses do público em termos de produtos, serviços, políticas e normas. Porém, só isso não é suficiente. É necessário também informá-lo adequadamente a fim de evitar mal-entendidos que farão eclodir o conflito e depois a controvérsia jurídica.

Tentar evitar e resolver conflitos, bloqueando a informação ao público, além de um deslize ético é ação nada inteligente. Os resultados sempre reverterão, mais cedo ou mais tarde, contra a organização. Esta também arcará com sérios prejuízos, caso imagine que os impasses poderão ser eternamente evitados, em razão de uma imagem de instituição produzida promocionalmente, sem qualquer base na realidade dos fatos.

A relação interpessoal

Prosseguindo na tarefa analítica de dissecar os elementos componentes de cada uma das partes do sistema, chega-se a outra etapa. A observação do ultragrupo e do quase-grupo identifica que ambos contêm um elemento comum: a pessoa. Os grupos têm por base a pessoa que, segundo definições da psicologia social, é uma unidade composta de uma única personalidade e de várias personagens. Significa sempre o indivíduo na sociedade, em face dos vários papéis que deve desempenhar.

A personalidade é constituída de quatro fatores: 1) a herança biológica, através das leis genéticas, constituindo o corpo da pessoa, a estrutura física; 2) a herança cultural, envolvendo os valores, crenças, normas e modos de fazer da cultura em que o ser humano nasceu e introjetou; 3) as vivências, ou seja, todas as experiências vivenciadas e 4) a maturação, isto é, o desenvolvimento físico, intelectual e emocional que se opera na pessoa. A integração destes quatro elementos é realizada toda a vida, de tal modo que jamais acontece de duas pessoas os possuírem em graus iguais de quantidade e qualidade. Portanto, é impossível existir duas personalidades iguais.

As personagens são caracterizadas pelo conjunto de papéis que a personalidade deve desempenhar em sua vida na sociedade. Quando se nasce recebem-se alguns já atribuídos pela sociedade. Durante a vida, outras são adquiridos pelo esforço e pela ação pessoal. Este aspecto é essencialmente social e de interação pública. Os papéis de cada personagem que a personalidade representa são arbitrados pela sociedade. Apenas um exemplo: um homem pode investir-se das seguintes personagens: funcionário da empresa X, membro do sindicato, associado de determinado partido, defensor da ecologia, filho, pai, marido, etc. A personagem é o fator que refere a pessoa a determinado público.

Em síntese, as pessoas constituídas de personalidade e personagens, geradoras de percepções e atitudes, são as que, de fato, explicitam as transações entre organização e o público. Elas são as geradoras dos instrumentos de relação. Elas são a essência da transação. Um sistema social existe somente com pessoas e para pessoas, e as pessoas somente existem em um sistema social, jamais fora do mesmo.

A organização são pessoas trabalhando com pessoas e para pessoas. Porém, algumas se esquecem disso, isolando-se e buscando agir somente para interesses próprios. A função social da organização está em correlação direta com o desenvolvimento das pessoas e, para tanto, é necessário produzir para elas.

A relação íntima

Finalmente, sobrou a base da pirâmide invertida, o indivíduo — o ser humano relacionando-se consigo mesmo. Aqui novamente a grande incógnita. O que é o ser humano? Nesta extremidade do diagrama, apela-se à filosofia e a suas escolas que tentam compreender e explicar o ser humano. A busca da essência da natureza humana tem produzido linhas de pensamento, por vezes antagônicas, outras tantas integradoras, mas nenhuma, até hoje, com seus critérios de verdade, definiu tal realidade.

Assim, depara-se com um *continuum* que vai do individualismo radical ao coletivismo exacerbado. No meio termo, busca-se integrar o ser humano e a sociedade através da doutrina do bem comum.

O conjunto qualitativo

As dimensões qualitativas, caracteristicamente abstratas, qualificam a relação social através dos predicados cultural, econômico, político, ideológico, histórico, jurídico e filosófico.

A dimensão cultural

O sistema social organização-público, com seus processos de comunicação e transação, caracteriza uma sociedade em determinado nível. Porém, isto somente ocorre se as partes envolvidas no processo possuem bens ou serviços de interesses das mesmas para a satisfação de suas necessidades. Esses bens ou serviços, com exceção dos encontrados na natureza, precisam ser produzidos. Essa geração de riquezas é feita há muito tempo pelo ser humano. Iniciou, nos primórdios, transformando a natureza. Hoje ainda a modifica, mas também retransforma tudo aquilo já produzido. Ao fazer coisas o ser humano gerou todo um sistema auxiliar de comunicação, alimentação, vestimenta e procedimentos de conduta com o outro. O homem gerou cultura. O ser humano em sua relação social faz cultura. A toda sociedade corresponde uma cultura. Sociedade e cultura são faces da mesma moeda. Não existe sociedade sem cultura, tampouco cultura sem sociedade.

Assim, a relação social é também cultural. Os fatos sociais são, intrinsecamente, fatos culturais, Tudo o que acontece no sistema organização-público está contido em uma das áreas da cultura (ciência, técnica, arte, ética e filosofia). A antropologia cultural é a ciência que colabora, através de suas teorias, para o conhecimento mais aprofundado deste tipo de relação.

Exemplo da utilização na prática profissional dos princípios desta dimensão seria o caso da implantação de uma nova fábrica ou filial em outra região ou país. Nesta situação, cabe ao profissional de Relações Públicas, antes de a organização enviar qualquer mensagem, estudar a cultura deste povo. Se esta cultura não for respeitada, conflitos poderão advir.

A dimensão econômica

O sistema social, ao fazer cultura utiliza recursos materiais e financeiros. Ocorre, porém, que tais recursos são escassos: não existem em quantidade suficiente ou, pelo menos, não se encontram à livre disposição, segundo as necessidades das partes envolvidas. Assim, o sistema é obrigado a escolher as melhores alternativas para os recursos escassos de que dispõe. Ora, isto nada mais é que fazer economia. Se assim o é, a relação sócio-cultural é, também, econômica. Ela está sujeita aos princípios da economia. Os fatos da relação, além de culturais são, ao mesmo tempo, econômicos. Daí que um processo de comunicação somente chega a um significado comum se os interesses econômicos são levados em consideração e equacionados. Assim confirma Etzioni[19]: "... as diferenças de interesse econômico e de posição de poder não se desfazem pela comunicação".

Exemplo prático desta dimensão seria a publicação do relatório anual, contendo o balanço financeiro com distribuição de lucros. As informações contidas no mesmo poderiam agradar a um público, os acionistas e, circunstancialmente, desagradar a outros, citando: os funcionários, caso eles julguem que estiveram ganhando pouco durante o ano transcorrido; os fornecedores, caso existam alguns débitos da organização para com os mesmos; a Receita Federal, caso algum dado não corresponda à verdade. O profissional de Relações Públicas deve analisar e prognosticar as informações de cunho econômico oriundas da sua organização. A economia é a ciência que fornece maiores esclarecimentos sobre esta dimensão. O domínio dos seus princípios auxilia na tomada de decisão sobre programas de comunicação.

A dimensão política

A análise do intrincado sistema relacional conduz a um novo aspecto da estrutura em que o mesmo está contido. Verifica-se que os interesses econômicos entre as partes envolvidas são antagônicos, o que se infere por princípios da natureza humana. Cada uma das partes deseja para si as melhores e mais amplas condições. Ambas visam a vantagem na escolha, a fim de poderem dispor de mais recursos, que para uso imediato, quer para guarda e utilização futura em períodos de maior escassez ou, ainda, simplesmente por egoísmo. Posicionamentos altruístas são exceções.

Faz a escolha aquela parte que tem mais poder de decisão ou condições de influenciar a decisão da outra, ou ainda de impô-la, o que implica poder e seu exercício: a política. Ocorre entre a organização e seu público, além dos aspectos culturais e econômicos, um aspecto político.

---

19. ETZIONI, Amitai. *Organizações modernas*. São Paulo: Pioneira, 1978, p. 72.

Melhor ainda para explicar este fenômeno é Trindade[20] e, se assim o é vale retornar a este cientista e analisar seu ponto de vista. Conclui-se, portanto, que a relação social entre organização-pública possui tambéma dimensão política. Há, intrínseca ao processo econômico, a vinculação política, pois há processo decisório e processo de escolha. Esta dimensão é compreendida com o auxílio das teorias da ciência política.

O caso do fechamento, pelo governo, de uma fábrica que esteja poluindo o ar e o rio em face da pressão da comunidade, pode ser citado como exemplo do exercício de poder. Inicialmente, tem-se os dirigentes organizacionais tomando a decisão de não colocar filtros nos terminais da fábrica por problemas econômicos ou por falta de levantamento do que poderia ocorrer. A seguir, tem-se a comunidade buscando fazer valer seus direitos de possuir ar e água não contaminados, procurando coligação com seus representantes governamentais, já que ela própria não possui o direito legal de fazê-lo. Por último, tem-se a decisão do governo, poder concedente e com autoridade legal, de suspender o processo de produção. Veja-se que, neste caso, não adianta a organização realizar eventos, dar brindes, etc. Ela tem é mesmo que colocar filtros e dar o que é de direito da população. Ao profissional de Relações Públicas cabe estar com a atenção voltada para as decisões organizacionais, pois muitas vezes elas podem não ser politicamente adequadas.

A dimensão ideológica

Para compreender-se este outro elemento da estrutura do sistema social deve-se retornar à dimensão política. Observou-se nesta que o processo decisório sobre as trocas, em que estão envolvidas as partes, uma delas irá tomar a decisão, influenciando a outra, quer por tradição de valores existentes, quer por argumentos verbais, quer por argumentos coercitivos. Nos dois primeiros casos, uma das partes irá aceitar a decisão da outra sem ser forçada ou manipulada mas, simplesmente, por efeito de alguma variável motivacional. Esse fator emocional motivador encontra-se na ideologia em que ambas estão enleadas.

Ao falar-se em ideologia, por suposto que aflora o conceito marxista, conforme o apresenta Chauí[21], " o processo pelo qual as idéias da classe dominante se tornam idéia de todas as classes sociais, se tornam as idéias dominantes". Todavia, há outras óticas sobre o significado deste termo. Bobbio[22], para quem ideologia pode ter duas conotações, forte e fraca, assim se expressa:

---

20. Ver TRINDADE, H. Citado no Capítulo 2 — "A dimensão da micropolítica".
21. CHAUÍ, Marilena. *O que é ideologia*. São Paulo: Brasiliense, 1981, p. 92.
22. BOBBIO, N.; MATTEUCI, N.; PASQUINO, G. *Dicionário de Política, cit.*, p. 585.

"No seu significado forte, ideologia é um conceito negativo que denota precisamente o caráter mistificante da falsa consciência de uma crença política. No seu significado fraco, quando é um conceito neutro, prescinde do caráter eventual e mistificante das crenças políticas".

Considera-se adequada uma focalização do termo, enquadrada no significado fraco que considera a ideologia como uma falsa motivação, sustentada por juízo de valor, que cobre ou mascara os motivos reais do comando ou da obediência. Stoppino[23] descreve melhor este ponto de vista:

"A ideologia como falsa motivação é um caráter possível das crenças que interpretam e justificam as diversas relações de poder; que pode estar presente em vários graus; e que, quando está presente, esconde outras motivações e outros fatores determinantes da relação de poder, os quais não podem ser estabelecidos antecipadamente e de uma maneira geral, mas devem ser individualizados, de cada vez, por meio de indagação empírica".

A ideologia existente, como dimensão do sistema organização-público, é orientadora do processo decisório e motivadora das partes para a implementação das ações. Portanto, a relação sócio-cultural-econômica-política é também ideológica. Os conhecimentos teóricos sobre ideologia ajudam a decifrar esta dimensão.

Na prática profissional, detecta-se ou estabelece-se a ideologia da organização, internamente, nos seus princípios "filosóficos", estabelecidos por ocasião do planejamento estratégico ou por outro instrumento, e divulgados através do manual dos empregados. Externamente, a ideologia é bastante transmitida e sedimentada pela fala do presidente ou através da propaganda institucional.

A dimensão histórica

Esta dimensão, tipo de relação ou qualificativo da relação, surge do fato de que o sistema social como um todo é um processo que implica dinamicidade e historicidade. O sistema social não é formado para acontecer apenas uma vez ou em um único corte de tempo, em linguagem matemática, em um "dt". O corte do sistema ou a "foto" do mesmo em um determinado momento, apenas é realizado

---

23. STOPPINO, M. "Ideologia". *In*: BOBBIO, N.; MATTEUCI, N.; PASQUINO, G. *Dicionário de Política, cit.*, p. 592

para estudá-lo em um ponto histórico de sua evolução. Ajuda-nos a compreender melhor este aspecto, o que diz Rüdiger[24]: "A história reivindica para si a consideração do tempo, mas esse só se viabiliza por intermédio da cronologia. A cronologia é o elemento que confere especificidade à história".

Além disso, esse mesmo cientista, ao comentar o paradigma dos neo-historicistas, escreve: "A história se faz com fontes, que servem de base para a reconstrução de cadeias de acontecimentos em ordem seqüencial no tempo".

Pode-se concluir que todo processo significa repetição de ciclos, sendo cada um diferente do outro, e o efeito do ciclo anterior constituindo-se em causa do ciclo posterior. Há interdependência dos fenômenos.

Por relação histórica entende-se, assim, tanto a sucessão de causas e efeitos como a sucessão de princípios concomitantes. Este último modo de entender o fenômeno é mais bem explicado por Couto e Silva[25]: "A velha noção simplista de causalidade vem sendo de fato ultrapassada em seu convencionalismo sumário pela idéia mais ampla de interação concomitante".

Essas idéias demonstram na prática que a organização é sempre o resultado de tudo o que fez ou deixou de fazer com relação aos seus interesses e aos do público. Todas as suas ações presentes e futuras dependem de resultados de suas ações passadas. O passado influi no presente através de incontáveis interações.

À organização, interna e externamente, em suas pulsações de transações, é exigido, a fim de cumprir sua finalidade, manter-se em processo dialético contendo de um lado a tradição, onde a memória, a documentação e os cenários integram e consolidam a novidade: a nova leitura sob outra ótica. Se for apenas tradição, a organização perde-se no passado. Se ocorresse o absurdo de tudo ser novidade, a organização seria o caos. Todavia, o pior é quando, sem tradição e sem novidade, a cultura organizacional permanece essencialmente na repetição dos fatos.

Por certo a relação sócio-cultural-econômica-política-ideológica inclui também predicados históricos. A ciência história, cujos capítulos contêm os princípios que explicam a conduta histórica, fornece referencial para a compreensão dos fatos na relação organização-públicos.

Exemplo da prática profissional referente a esta dimensão é o levantamento histórico da organização que o profissional deve realizar,

---

24. RÜDIGER, Francisco Ricardo. *Paradigmas do estudo da história*. Porto Alegre: Instituto Estadual do Livro, 1991, pp. 124 e 160.
25. COUTO E SILVA, Golbery do. *Planejamento estratégico*. Brasília: Universidade de Brasília, 1981, p. 21.

quando nela inicia seu trabalho, a fim de conhecê-la e aos fatos que a influenciaram.

Impasse no sistema social: o conflito

O fato de o sistema social conter um processo (histórico), desenvolvido no espaço e no tempo, com a repetição de ciclos e concomitância de causas, implica, também, a probabilidade de entrada de novidade (informação) no mesmo. A informação pode conter outro ou outros modos de interpretar a transação. Assim sendo, a ideologia (senso comum) dificilmente tem possibilidade de persistir. O público pode, então, dar-se conta de injustiças, quanto aos seus interesses e direitos, no processo decisório do qual participa com a organização. Começam as divergências sobre as ações organizacionais, resultantes das políticas e normas estabelecidas pelas decisões dos líderes e de outros agentes da mesma.

Ora, se o processo decisório, de dois ou mais elementos, é posto sob suspeição, porque uma das partes não julga adequada a alternativa escolhida aos seus interesses, é possível ocorrer, e normalmente ocorre, um colapso em seus mecanismos. Em outras palavras, ocorre o conflito que, de maneira alguma, significa convulsão social e que, por outro lado, na maioria das vezes é utilizado em diversos textos no sentido de antagônico e de antagonismo.

A definição de conflito, expressada por March e Simon[26], situa bem o seu âmbito de abrangência: "Conflito significa um colapso nos mecanismos decisórios normais, em virtude do qual um indivíduo ou grupo experimenta dificuldades na escolha de uma alternativa de ação".

Ilustro esta definição com um exemplo de conflito na pessoa para, definitivamente, pelo menos no contexto desta tese, excluir outras conotações: Diz-se que uma pessoa está em conflito (consigo mesma ou interno) quando ela não consegue tomar uma decisão. Os mecanismos de escolha de alternativas ficaram bloqueados.

Eis a razão pela qual os governos totalitários, de direita ou de esquerda, implantam a censura, na tentativa de bloquear a entrada de informação no seu sistema político e assim evitar o seu desequilíbrio.

A observação da organização, interna e externamente, identifica inúmeros conflitos. Resta saber se ocorrem por simples disfunções ideológicas ou se são previamente cronogramados para provocar a mudança de poder, pois, segundo Burbules[27]: "Freqüente-

---

26. MARCH, James e SIMON, Herbert. *Teoria das organizações*. Rio de Janeiro: Fundação Getúlio Vargas, 1972, p. 160.
27. BURBULES, Nicholas. "Uma teoria de poder em educação". *In: Educação e Realidade*, vol. 12, n? 2, jul/dez., 1987, p. 27.

mente, a resistência ao poder adquire a forma de uma luta de poder, isto é, não somente um afastamento da relação de poder, mas uma tentativa de arrebatar o poder a fim de alcançar seus próprios fins alternativos''.

O profissional de Relações Públicas deve, através de sua capacidade analítica, distinguir esses dois tipos de conflitos: o que se dá por antagonismo de interesses e aquele com finalidade de mudar o poder, pois, este último é impossível (ou quase) de ser resolvido.

As alternativas de solução do conflito

O conflito, como tudo, possui aspectos positivos e negativos. A permanência no impasse impede o andamento das trocas e as realizações das partes. O processo produtivo pára. Porém, se a organização possui credibilidade e política de boa vontade para com os públicos, se existem canais de comunicação entre as partes e se os mesmos estão abertos, facilitando explicações e negociações, as partes envolvidas no processo saem do impasse, posicionando-se em uma plaforma superior de entendimento e desenvolvimento. Terão superado algumas dúvidas, posições, princípios, pré-conceitos, que não mais se repetição, pois acordado outro contrato psicológico entre elas.

Por outro lado, se a organização não é considerada legítima, se não existem canais ou, se existem, estão bloqueados, se não há possibilidades de troca de informações, de negociações, se aspectos emocionais ou materiais bloqueiam o processo, impedindo o significado comum, ou se até mesmo uma das partes não deseja integrar-se porque quer assumir o poder, as partes atingem o nível da crise. Cada uma agarra-se aos seus interesses e princípios, rejeita a outra e seus pontos de vista, separam-se, e o sistema é desfeito.

Todos estes argumentos encontram força, novamente, na autoridade de March e Simon[28]:

"A reação da organização diante do conflito tem quatro processos principais:
1. Solução dos problemas (a busca de uma solução através de novas alternativas);
2. Persuasão (a busca da troca de objetivos);
3. Negociação (um acordo sem persuasão, um ganha-ganha);
4. Política (semelhante à negociação, mas alargada a arena da negociação e colocados os interesses de outros públicos)''.

---

28. MARCH, J. & SIMON, H. *Teoria das organizações, cit.*, pp. 181-183.

Adianta-se aqui algo das estratégias que serão desenvolvidas pela atividade de Relações Públicas na solução de sua problemática. Veja-se, nestes autores, peritos no assunto organização, como eles colocam, na citação acima, de maneira extremamente objetiva, as quatro maneiras já conhecidas e trabalhadas pela atividade de Relações Públicas para a gestão do conflito.

A dimensão jurídica

As partes do sistema social (ou pelo menos uma delas), ao se posicionarem irredutivelmente em seus pontos de vista, não acatando qualquer outra alternativa que não seja a sua própria, bloqueiam o processo. A parte que não tomou a decisão ou que considera seus interesses prejudicados deseja justiça. Esta, nos primórdios da civilização ou na barbárie, era feita pelas próprias mãos, colocando em perigo todo o sistema maior. Isso levou a sociedade, politicamente organizada, a identificar um instrumento de defesa. O Estado criou o judiciário que julga a controvérsia e dá seu veredicto. Apresenta-se como uma terceira parte, isenta dos interesses egoísticos das partes em litígio e imbuída do interesse genérico da sociedade maior. O Estado, poder concedente e regulador, busca evitar o caos dentro das fronteiras nacionais.

O Estado, conceituado como o gerente do bem comum, busca regular os desacordos entre as partes. Utiliza para esta função os instrumentos de direito público e das suas instituições. O Estado deveria ser a última razão; depois dele, somente a selvageria. Por isso o Estado não deveria, sob qualquer pretexto, sair de sua alçada de mediador. Jamais deveria colocar-se em situações tais que viesse a ser juiz em causa própria.

Enfim, cabe ao Estado resolver a controvérsia, buscando fazer justiça, em seu sentido máximo, dar a cada parte o que lhe é de direito. Contudo, note-se que, quando o Estado interfere, as partes perdem seu poder de decisão, a perspectiva de direito passa a ser sob ótica de terceiro e nenhuma das duas outras sai satisfeita.

A fim de reforçar a concepção de que as controvérsias surgem em razão dos egoísmos referentes aos recursos escassos, cabe citar Hume[29]: "Aumentai a bondade dos homens ou a abundância da natureza em grau suficiente e tereis tornado inútil a justiça, substituindo-a por virtudes mais nobres e por bênçãos mais preciosas".

Conclui-se, portanto, que o sistema social, além de todos os qualificativos já apresentados, contém outro mais, designado pelo termo

---

29. HUME, David. *A Treatise of Human Nature*. Vol. II, parte II, seção II. Darmstadt: Sciencia Verlag Allen, 1992, p. 267. Nesta seção, Hume trata do problema da justiça.

jurídico, ou seja, existe um tipo de contrato feito entre as partes que se situa sob a influência das instituições do Estado que são relações de direito. A organização, ao se propor uma finalidade, contrata com a sociedade ou com parte desta um tipo de prestação de serviço na qual as partes envolvidas possuem direitos e deveres. Por vezes são esquecidos ou surrupiados e surgem as questões judiciais.

Nessa dimensão, para melhor compreender e controlar a relação organização-públicos, necessita-se apelar aos conhecimentos da teoria geral do Estado e do direito.

A dimensão filosófica

Finalmente, o último componente relacional: o filosófico. Significa que o processo do sistema social realiza-se sob concepções sobre o homem, sua dignidade individual, seus direitos, seus deveres e sua destinação social. Tudo o que as partes do sistema estão fazendo depende de todos os tipos de dimensões que se sucedem e, também, do modo de interpretar o ser humano. Quando se procede a uma análise filosófica, todo o encadeado processo desvela-se. O diagrama, nas suas dimensões constitutivas e qualitativas, supõe conhecimentos de filosofia.

Capítulo 6

OS NÍVEIS DO PROBLEMA

Ao refletir sobre a premissa de que o conflito entre a organização e o público é algo sempre iminente, infere-se a probabilidade de essa relação comportar dois estágios alternáveis: sem conflito e com conflito. Subcategorizando-se tal idéia, afloram outros desdobramentos do fenômeno na passagem do primeiro ao segundo estado. Acompanhe-se o seguinte esquema, no quadro abaixo:

Quadro IV — Os níveis do problema.

1º) O público está satisfeito com a ação organizacional, quer seja pela legitimidade das decisões, ou por desconhecimento dos direitos prejudicados.

2º) Alguns membros do público, em especial os líderes, estão insatisfeitos face à percepção de interesses antagônicos.

3º) Fofocas, charges, boatos, rumores e chistes entre os membros do público referentes à ação organizacional. Pessoas desorganizadas e sem poder de barganha extravasam suas frustrações.

4º) Os líderes do público buscam realizar coligações com fontes de poder, em especial a mídia.

5º) O público se organiza e passa a exercer pressão coercitiva sobre as decisões organizacionais, reivindicando seus direitos.

6º) O sistema organização-público entra em conflito, caso o público não aceite a justificativa da organização.

7º) As partes negociam ou ocorre mudança de poder e o sistema sai do conflito.

8º) O sistema entra em crise. As partes se separam, caso não existam canais de comunicação e não ocorra a negociação.

9º) As partes submetem a questão à arbitragem do Estado.

10º) Caso o público não perceba possibilidades de se fazer justiça, ocorre a convulsão social. Explode a violência.

Como se pode observar, é crescente a intensidade e a complexidade do problema, pois parte-se de uma fase inicial de tranqüilidade real ou aparente e atinge-se, no último nível, a perda do controle da situação. O processo nem sempre percorre toda a seqüência descrita.

A interferência de outras variáveis poderá acelerar o desfecho ou, ao contrário, estancar a deterioração da relação. Pode ocorrer queima de etapas, passando-se, por exemplo, do estágio 2 diretamente ao estágio 10. Parece útil, neste momento, descrever cada um dos níveis acima referidos.

1º nível: Interesses satisfeitos

Neste nível, organização e público se relacionam bem. Tudo o que ela faz é bem aceito pelo seu interlocutor. Não há qualquer tipo de reação contrária, quer porque a ação organizacional ocorre em sintonia com os interesses do público, quer porque esse não está consciente dos fatos contrários aos seus interesses, ou porque até mesmo desconhece seus direitos. Pode ocorrer, também, que haja sigilo sobre as decisões organizacionais potencialmente lesivas, inibindo totalmente o afloramento do conflito que, de outro modo, seria inevitável. A situação descrita neste nível pode ser comparada a um equilíbrio dinâmico: a qualquer momento pode ocorrer a ruptura.

2º nível: Insatisfação

A dinamicidade histórica da relação organização-público e também da conjuntura geram fatos novos que, por sua vez, importam informações, as quais chegam até o público, afetando suas sensações e alterando suas percepções, habilitando-o a avaliar melhor a ação organizacional e os reflexos da mesma junto aos seus interesses. Isso se dá porque a novidade provoca a superação dos condicionamentos da relação já considerada rotineira, suportável e até satisfatória. O contrário, ou seja, a falta de informação sobre temas que estejam sendo tratados como o boato ou rumor também provoca os mesmos resultados negativos.

Modificações de hábitos, mesmo que venham ao encontro dos interesses do público podem, pois, gerar problemas. Por isso há a necessidade da realização de prévia preparação psicológica para a introdução de mudanças. Exemplos podem ser encontrados no dia-a-dia urbano, por ocasião da alteração inesperada de horários, no fechamento de uma repartição pública ou mesmo de uma filial de uma empresa, na transferência de endereço sem notificação aos clientes.

Alterações na conjuntura também afetam a percepção do público e são mais difíceis de prever sendo, na maioria das vezes, impossíveis de controlar. Por isso o profissional de Relações Públicas e toda a sua equipe, se a tiver, devem estar com os sensores funcionando diuturnamente a fim de prever, se possível, qualquer perturbação contextual. Do poder decisório da organização, por sua vez, supõe-se a ação antecipatória com planos emergenciais esboçados, para controlar o impacto das questões inopinadas. Se nada for realizado a fim de retornar-se ao nível anterior, a problemática terá continuidade.

3º nível: Fofocas, boatos, rumores e charges

As pessoas, componentes dos públicos, inseguras, sem liderança e poder, extravasam suas frustrações e agressividade através de um desses mecanismos, pois não tiveram seus anseios satisfeitos ou pelo menos uma explicação à sua interpretação da realidade. Quando não há canais abertos entre as partes componentes do sistema, tem-se o clima propício ao surgimento desses tipos de ruídos no processo. Ball diz[1]: "... a fofoca, ao concentrar-se no inconveniente e no ilícito, faz as vezes de uma espécie de arbitragem moral que penetra mais além dos traços superficiais da conformidade aparente. Torna público o 'privado'''.

O rumor, por sua vez, de acordo também com Ball[2], "é uma 'resposta à ambigüidade'. É um modo de suprir informações que faltam para explicar o inexplicável... busca, mais além do óbvio, 'a razão real das coisas'''. Neste último caso, os dois parceiros têm, por um lado, sua necessidade de entendimento comprometida por desconhecer o que está afetando mais fortemente o público e, por outro, pela perplexidade de quem se vê sozinho em meio aos rumores ou boatos surgidos aleatoriamente ou, talvez, provocados por um esquema de sabotagem. Atônito, isolado e fraco, ao ser humano, componente do público, só lhe resta trocar com seu semelhante o que pensa ou, pior ainda, influenciá-lo com apreensões fantasiosas de algo que imagina irá contra seus interesses e o prejudicará. O fenômeno assemelha-se a uma bola de neve rolando montanha abaixo. Normalmente deixa seqüelas, mesmo após os esclarecimentos devidos.

Retomando a metáfora anteriormente construída, rumores e boatos estão para as Relações Públicas como a febre está para a medicina. Põe-se como sintoma da existência de algum processo "infeccioso", na maioria das vezes gerado espontaneamente. Alguém interpreta mal alguma informação e inicia a seqüência. Pode, também, originar-se na má intenção de pessoas ou grupos que queiram afetar o poder organizacional. Exemplos freqüentes, como denúncias públi-

---

1. BALL, S. *La micropolítica de la escuela — Hacia una teoría de la organización escolar, cit.*, p. 216.
2. *Idem*, p. 217.

cas de contaminação de alimentos, afetam as organizações referenciadas, com prejuízos de credibilidade e financeiros, nem sempre reversíveis, quando houver prova em contrário. O ideal é evitar o início dos mesmos. Em caso de surpresa, diante de fatos consumados, faz-se necessário bloquear a multiplicação das inverdades através do trabalho de contra-informação. Cuidado especial deve ser tomado para não "colocar lenha na fogueira", pois tudo o que é negado também é passível de afirmação. Se nenhuma "medicação" é prescrita para a "febre", aprofunda-se o problema.

Um comentário final é sobre as charges, quando normalmente satirizam um fato específico de caráter político. As charges, através de seu estilo caricatural, visam desmitificar os fatos e as pessoas, revelando o absurdo ou o disparatado das fraquezas humanas.

4º nível: Coligações

Os boatos e, ao contrário, as informações verdadeiras, com as suas cargas emocionais, aguçam a percepção das pessoas que constituem o público. Em razão própria das suspeitas e ameaças, elas começam a trocar idéias entre si e a procurar identificar e escolher líderes de opinião, passando a reunir-se em torno deles, ainda que tal esforço não seja compensado de imediato. Caso essas lideranças já existam, elas próprias prontamente assumem seu papel, passam a orientar o público, levando-o na direção que tenham em mente, acelerando o desfecho.

Este nível é atingido rápida e efetivamente quanto maior for o nível de politização e de organização da comunidade em que está inserido o público. Nas sociedades paternalistas, onde as pessoas esperam tudo dos detentores do poder (políticos, religiosos, patrões, etc.), talvez não surjam coligações. Um público assim caracterizado psicologicamente, provavelmente só reagirá se o fato se generalizar através da mídia e se tornar de domínio público.

Quer seja em sociedade paternalista ou em sociedade politizada, a mídia é onde o público vai queixar-se em primeiro lugar. Ela é o "porto seguro" de todos os prejudicados. Tem como missão precípua denunciar injustiças e realizar o amálgama para as coligações dos mais fracos com aqueles grupos ou agentes que venham em sua defesa. Daí a importância da mídia. O período em que o público busca realizar suas coligações é o tempo em que, paralelamente, a organização deveria estar estudando as alternativas de solução ao possível conflito que irá eclodir.

5º nível: Pressão junto ao poder organizacional

Após organizado, o público procura meios para mudar aquela política organizacional contrária aos seus interesses. Sua força de pressão está diretamente correlacionada ao seu poder de barganha e a sua capacidade de influenciar a decisão organizacional. Normalmente o poder organizacional é superior ao poder do público. Os motivos são óbvios: a estrutura é mais antiga. Contudo, as coligações realizadas pelo público fornecem-lhe a força compensatória para intimidar a organização, caso esta não possua a idéia de mudar alguma coisa. Se de fato for essa a posição da organização, de resistir em seu ponto de vista, de nada explicar e nada mudar, tem-se um dos pontos criíticos do processo da problemática.

6º nível: Conflito

Entende-se por conflito um impasse no processo decisório, embora a organização e o público estejam utilizando vários meios e linguagens para chegarem à solução do problema. Os canais podem estar abertos, mas as transações desejadas não se realizam. Nesse estado curioso, a energia da cúpula administrativa é desviada dos objetivos capitais da organização e canaliza-se para a superação do impasse e a retomada do seu ritmo normal de negócio. Enquanto isso a produção, seja qual for, diminui, as transações idem, a concorrência ocupa mais espaço, enfim, a organização perde algo. O que resulta é o desgaste da organização com possível perda de espaço, seja perante os públicos, seja para a concorrência. Esta, sem problemas, aproveita o "recreio" e avança firme em direção aos seus objetivos, certamente ampliando seus territórios.

7º nível: Negociação

O conflito normalmente leva a soluções, que somente são possíveis, agora, através da negociação, quando concessões ocorrem de ambas as partes. Há sempre a troca de algo. Muitas vezes a organização, objetivando evitar a continuação do problema, escolhe um bode expiatório na hierarquia de decisão e o substitui por outra pessoa. Cabe ressaltar, neste ponto, que o único instrumento de comunicação que resolve é a negociação. Programas persuasivos servem apenas como lenitivos ao processo. Se não é possível a negociação, ou se é possível mas não chega a bom termo, passa-se a outra fase da problemática.

8º nível: Crise

O termo "crise", conforme sentido que toma da medicina, significa perda de controle. Para Freund[3], "a crise constitui a conse-

---

3. FREUND, Julien. "Observaciones sobre dos características de la dinámica polemógena. De la crísis al conflicto". *In: Communications*, nº 25, 1976, p. 53.

qüência da aparição de uma modificação inesperada que altera o desenvolvimento normal, suscitando um estado de desequilíbrio e incerteza". Caso, no nível anterior, não tenham as partes encontrado uma solução, ou não tenha ocorrido a etapa anterior por radicalismo de uma ou ambas as partes, passa a ocorrer um distanciamento entre elas, com possível fechamento dos canais (se é que ainda existem) e conseqüente desmedida nas atitudes dos afetados pelo problema. Agora só resta entregar o problema para uma terceira parte: o poder jurídico do Estado.

9º nível: Arbitragem

O termo talvez não seja o mais adequado para explicitar este nível. Foi escolhido com a intenção de significar a intervenção do Estado através do judiciário ou de uma outra terceira parte. A organização e o público, após a perda do controle da situação, submetem-se a um terceiro poder. Este normalmente decide de forma contrária aos interesses de ambas, pois toma o problema a partir de ângulo novo, com parâmetros diferentes dos dois litigantes. Pior ainda é quando, pelo princípio de defesa do mais "fraco", posiciona-se ao lado do público, dando-lhe ganho de causa. Parece evidente, portanto, que se deva por todos os meios prevenir que se chegue à situação-limite da crise. Os prejuízos serão proporcionais ao distanciamento entre a solução desejada e a decisão proferida pelo Governo, a espera por essa decisão e a veiculação das notícias nos meios de comunicação de massa. Ora, se o conflito é iminente e, em conseqüência, na sua evolução, podem suceder todas essas etapas, culminando com a perda de controle da situação pela organização e o acúmulo de prejuízos de toda espécie, deduz-se, logicamente, que o mesmo deva ser, previamente, administrado.

10º nível: Convulsão social

Tendo como componente básico a violência, este nível é naturalmente evitado pela organização e pelo público. Entretanto, uma convulsão social pode ser decorrência de um antagonismo extremado. Identificam-se com sistemas desta etapa: a sabotagem, os quebra-quebras, os motins. Tais fenômenos ocorrem por desespero do público, quando não tem mais esperanças de fazer valer seus direitos. Mais violentos ainda serão se ocorrer repressão. Infere-se aqui a importância das instituições democráticas consolidadas.

Nos países cujo sistema judiciário é forte e acreditado, o público tem certeza de que seus direitos serão julgados de modo condizente e acatam as decisões das cortes de Justiça. Porém, onde isso não ocorre, as organizações injustas, portanto ilegítimas, ficam impunes. Esse fenômeno leva o público ao desespero e à ação violenta. Nos regimes ditatoriais, onde o executivo toma as decisões e o judiciário é mero fantoche, greves e manifestações são proibidas e a imprensa, censurada, o público é reprimido e não participa politicamente. Neste caso, a atividade de Relações Públicas marginaliza-se, restringindo-se às ações sociais e culturais.

Capítulo 7

O SER E O FAZER DA ATIVIDADE

Quando se tenta estabelecer a atribuição exata da atividade de Relações Públicas não é raro pensar apenas na pessoa do profissional que a executa. Esse modo de perceber a questão, bastante limitado, parece não favorecer a chegada a um nível mínimo de clareza sobre o assunto. Esse engano agrava-se, à medida que passa para o nível dos conceitos e constata-se que a atividade em si é algo impessoal, abrangente, podendo ser produzida tanto indireta como diretamente, com ou sem o profissional.

No primeiro caso, estaria a direção de uma empresa que se propusesse a executar ações sugeridas por um consultor, ou mesmo intuitivamente, sem qualquer assessoramento profissional. No segundo caso, haveria uma linha de planejamento, comando e execução, ocupada por uma pessoa ou um departamento com assistentes especializados. Em ambas as situações, ainda, pode-se pensar em maior ou menor complexidade das operações necessárias, para que se chegue a resultados pelo caminho mais adequado e mais econômico.

Quanto mais se insistir nesse modo artesanal de encaminhar a questão, mais dificilmente se atingirá o que se pretende neste item: dizer o que é e, principalmente, o que faz a atividade de Relações Públicas. Busque-se, então, socorro na metodologia do trabalho científico e encaminhe-se convenientemente a reflexão sobre definições de base conceitual e operacional.

As primeiras permitem a representação do objeto pelo pensamento, através de suas características gerais, e norteiam a formulação verbal da idéia então formada. As segundas utilizam proposições que identificam os vários estágios de ação que caracterizam a atividade. Nenhuma delas, entretanto, é suficiente em si mesma, porque o limite de sua precisão é detectado no modo como a expressão já existente pode ser distinguida de outras, pela expressão que a define. A definição precisa da atividade deve incorporar o princípio essencialista[1] contido na equação abaixo:

Quadro V — Equação do princípio essencialista.

A atividade de Relações Públicas (*definiens*) é igual a — "X" (*definiendum*), *se — e somente se* — "X" for igual à atividade de Relações Públicas.

Por não se enquadrarem nesse critério, explica-se por que as definições da atividade de Relações Públicas, enunciadas sobre base conceitual, são tantas, tão variadas, tão ineficazes e não aceitas universalmente.

Cito três exemplos de definições conceituais encontradas na literatura atual, a fim de demonstrar as diferenças entre elas e as idiossincrasias de cada uma e, obviamente, suas inadequações ao princípio essencialista.

IPRA (International Public Relations Association).

Relações Públicas constituem uma "função" da direção de caráter permanente e organizado, através da qual uma empresa pública ou privada procura obter e conservar a compreensão, a simpatia e o concurso de todas as pessoas a que se aplicam. Com esse propósito, a empresa deverá fazer uma pesquisa na área da opinião que lhe convém (adaptando a ela, tanto quanto possível, sua linha de conduta e seu comportamento) e, pela prática sistemática de uma ampla política de informação, obter uma eficaz cooperação em vista da maior satisfação possível dos interesses comuns.

ABRP (Associação Brasileira de Relações Públicas).

Relações Públicas são a atividade e o esforço deliberado, planejado e contínuo que visa estabelecer e manter a compreensão mútua entre uma instituição pública ou privada e os públicos aos quais esteja direta ou indiretamente ligada.

Nielander e Miller[2]

Relações Públicas é uma arte aplicada. Inclui todas as atividades de processos operacionais que permanentemente objetivam determinar. guiar, incluir e interpretar as ações de uma organização, de

---

1. BRUYNE, P.; HERMAN, J., SCHOUTEETE, M. *Dinâmica da pesquisa em ciências sociais, cit.*, p. 131.
2. NIELANDER, William & MILLER, Raymond. *Relaciones públicas.* Barcelona: Hispano Europea, 1961, p. 4.

maneira que sua conduta se conforme, tanto quanto possível, ao interesse e ao bem-estar públicos.

Por tudo isso, e perscrutando a atividade a partir de outra ótica, transferindo o foco da investigação da aparência para a essência, descortina-se, por trás do aspecto comunicacional, a relação política entre a organização e seus públicos, apresento outro modo de definir conceitualmente a atividade de Relações Públicas, buscando submetê-la à equação essencialista.

Definição conceitual

Proponho a definição: *A atividade de Relações Públicas é a gestão da função política da organização.* Donde Relações Públicas (*definiens*) é igual a gestão da função política da organização (*definiendum*) e esta gestão é somente a atividade de Relações Públicas e nenhuma outra mais.

A demonstração do teorema contido na definição conceitual será realizada no desenvolver dos diversos itens que se seguirão. Contudo, desde já desvelo alguns conceitos que compõem a definição.

A função política da organização (semelhante em nível e em importância às funções de produção, marketing, financeira, recursos humanos, pesquisa e desenvolvimento e administração geral) objetiva que, através de filosofia, políticas e normas, a atuação da organização e do que isso implica, anteriormente em decisões e, posteriormente, em produtos e serviços, ocorra e seja percebida como realizada em benefício dos interesses comuns que possui com seus públicos.

Se assim o fizer, em princípio, a organização (suas decisões) será percebida como legítima, evitará conflitos no processo de transação com seus públicos e fará com que os mesmos lhes sejam fiéis e, além disso, multiplicadores de outros membros. Porém, normalmente, por ruídos no processo de comunicação devidos a inúmeras causas, isso não ocorre assim. O público interno pode se desmotivar, o produto pode não estar de acordo com as especificações. Todavia, mesmo que tudo seja perfeito internamente, pode ocorrer de os públicos externos não se aperceberem da correta ação organizacional. Certamente que, em outro extremo, a organização pode estar tratando apenas dos seus interesses e pouco se importando, com os interesses dos públicos ou mal se dando conta deles. Pelo sim e pelo não, essa função deve ser administrada.

A classificação administrativa justifica-se porque a este cargo organizacional lhe corresponde pesquisar expectativas, interesses, opiniões, conjunturas; assessorar as lideranças organizacionais sobre as políticas; planejar o programa anual de comunicação; orçar e alocar recursos financeiros e materiais; executar todos ou alguns dos projetos; supervisionar e motivar sua equipe, caso exista; controlar as responsabilidades delegadas; avaliar os resultados em relação aos objetivos colimados. Todas estas atribuições são, em sua essência, funções administrativas previstas no mais simples manual de administração.

Ora, se ao referir-se a alguma chefia em nível de gerência, não se diz "o produtor", "o financiador", mas sim o gerente de produção e o gerente financeiro, respectivamente, logo, por similaridade, deve-se designar o profissional de Relações Públicas como gerente de Relações Públicas, mas jamais como "comunicador", "relacionador público" ou outro que se queira inventar.

O adjetivo político se justifica porque todas as ações desta atividade reportam-se às implicações que as decisões da organização poderão gerar junto aos públicos e às conseqüências que as decisões dos públicos poderão causar aos objetivos organizacionais. O fator comunicação, processo, resultante e instrumentos participam do cenário como coadjuvantes. O exercício do poder é realizado através do processo de comunicação com os instrumentos de comunicação.

Um esforço ilustrativo, a fim de integrar os aspectos política, comunicação e conflito, pode ser feito através da figura triangular abaixo:

A   B

Administrar a   Administrar a
função política   comunicação
(essência)   (aparência)

Administrar o
conflito
(circunstância)

C

O ângulo A, administrar a função política, corresponde, ao fundo, à essência da atividade. O ângulo B apresenta a aparência, o percebido da atividade. Por último, mas também componente da dinâmica, o ângulo C registra o momento crítico.

Apesar de esta obra defender as idéias contidas no ângulo A, e talvez até por isso mesmo, é interessante examinar também os títulos dos ângulos B e C, identificando, descrevendo e criticando os mesmos e outros semelhantes, surgidos historicamente e sedimentados sem qualquer crítica científica entre aqueles que tratam do assunto, a fim de obter melhor compreensão desta teoria.

No ângulo B pode-se enquadrar quatro correntes do pensamento, ou "escolas", que sedimentaram, no passado, este enfoque sobre o tema. A primeira corrente, *Relações Públicas são um meio de comunicação*, que surgiu por influência das faculdades dos meios de comunicação social, onde, historicamente no Brasil, de um modo geral situou-se o ensino da atividade, coloca a mesma apenas como uma técnica, ao lado do jornalismo e da publicidade. A segunda, *Relações Públicas são uma via de dupla mão*, situa-se no conceito de que comunicação é um processo de troca de mensagens entre os elementos comunicantes. A terceira, *Relações Públicas visam estabelecer e manter a compreensão mútua*, contida na definição da associação inglesa e, por cópia, na definição da associação brasileira, refere-se a uma das partes da comunicação, — a resultante, — apenas expressada com outras palavras. A última escola, *Relações Públicas visam integrar interesses*, ou, simplesmente, *Integração*, explicita sucinta e pragmaticamente a maneira de chegar-se à comunicação como resultante de um processo.

Relações Públicas são um meio de comunicação

Este designativo institucionalizou-se durante a década de 70, no auge da mania dos "comunicólogos" e dos cursos de comunicação social. Arraigou-se de tal modo que criticá-lo pode ser até interpretado como heresia. Talvez, por isso mesmo, raras são as investigações científicas, divulgadas na comunidade das Relações Públicas, empenhadas em testar a validade do significado dessa assertiva.

As origens dessa afirmação, salvo melhor juízo, encontram-se junto à CIESPAL, referendadas pelas faculdades dos meios de comunicação social, das quais Relações Públicas é um dos cursos, junto com jornalismo, propaganda, rádio e TV e cinematografia.

É difícil saber-se o que se pretendia ao se usar este designativo, já que, na prática, sob este ponto de vista, entendia-se (e muitos ainda entendem) essa atividade apenas como a que se incumbia daquilo que nem o jornalismo nem a propaganda realizam. Ao profissional de Relações Públicas caberia ocupar-se da elaboração de instrumentos de comunicação específicos para determinados públicos, tais como elaboração de informação para os meios de comunicação de massa (que a Igreja Católica designou de meios de comunicação social[3], contrapondo-se à idéia de comunicação de massas em voga na época, imposta pela ideologia comunista), audiovisuais, eventos, cartões

---

3. Cf. Decreto *Inter Mirifica*. *In*: Documentos do Vaticano II. Constituições, Decretos e Declarações. Petrópolis: Vozes, 1966. pp. 559-573. Este decreto, foi debatido em três Congregações Gerais. Na sessão solene do dia 4-12-1963 conseguiu 1960 *placet* contra 164

para cumprimentos em datas importantes, ou seja, os meios de comunicação dirigidos.

Tal concepção confirma-se no próprio currículo universitário[4] que previa basicamente a formação de técnicos dos meios de comunicação, dando, como ornamento, um lustro de ciências sociais. Nada ou quase nada era proposto quanto a princípios administrativos e teoria de Relações Públicas. Ignorava-se, assim, a parte mais importante do *icerberg* que é a funcionalidade das Relações Públicas na organização, levando-se em conta apenas a ação extrínseca de divulgar, afeta ao órgão específico.

Esta parcialidade é ingênua e se explica somente por um erro de relação entre aquilo que é global, pertinente à definição científica de Relações Públicas, e o que representa apenas uma prática, um instrumento para se chegar ao exercício pleno da atividade. Toma-se o canal pelo processo, a parte pelo todo, a forma pelo fundo, a aparência pela essência.

Mais grave ainda que se confundir Relações Públicas com os meios de comunicação é entender linearmente o processo de comunicação como um esquema no qual, a cada estímulo do emissor, corresponde uma resposta "adequada" do recebedor. Tal comportamento previsível e passivo do destinatário não repercute sobre a ordem das coisas, nada modifica e nada cria. Não se estabelecem trocas. Nessa situação comunicacional resta apenas a probabilidade de ocorrer persuasão e, talvez, alguma informação.

Embora tente-se identificar os enganos desse posicionamento, é necessário conceber-se que, em certa circunstâncias, não haverá outra alternativa para a organização contatar seus públicos que a dos meios de comunicação de largo alcance. Notícias, iniciativas importantes precisarão chegar, rápida e eficientemente, a um maior número de pessoas. Entretanto não se impõe que as mensagens sejam redigidas e os instrumentos, elaborados, pelo profissional de Relações Públicas. A ele cabe definir os instrumentos e os veículos mais adequados à consecução de seus objetivos. A produção dos instrumentos pode ser

---

votos negativos. Foi aprovado pelo papa Paulo VI e promulgado em 6-12-1963. Na parte Proêmio (Os Meios de Comunicação Social), assim está redigido: "1. Entre as admiráveis invenções da técnica, que de modo particular nos tempos atuais, com o auxílio de Deus, o engenho humano extraiu das coisas criadas, a Mãe Igreja com especial solicitude aceita e faz progredir aquelas que de preferência se referem ao espírito humano, que rasgaram caminhos novos na comunicação fácil de toda sorte de informações, pensamentos e determinações da vontade. Dentre estas invenções, porém, destacam-se aqueles meios que não só por sua natureza são capazes de atingir e movimentar os indivíduos, mas as próprias multidões e a sociedade humana inteira, como a imprensa, o cinema, o rádio, a televisão e outros deste gênero, que por isto mesmo podem ser chamados com razão de *Instrumentos de Comunicação Social*."

4. Ver os pareceres n.º 1203 de 05/05/77 e n.º 180 de 06/10/83 do Conselho Federal de Educação anteriormente citados.

86

delegada a técnicos reconhecidos e específicos, sobretudo nas grandes organizações.

Relações Públicas são uma via de dupla mão

Esta proposição quer significar que, para existir bom nível funcional de Relações Públicas, deve existir, entre a organização e seus públicos, um sistema que permita a fluência de informações nos dois sentidos, tanto de ida como de volta. A existência desse "canal" conduziria, de modo contínuo e desimpedido, a palavra dos públicos para junto do poder de decisão e deste para os públicos.

Isso acontecendo, a percepção dos que decidem conterá uma variável a mais, embora não seja impositivo que a decisão se oriente inteiramente pelos dados levantados. Muitas vezes a organização terá que decidir contra os interesses imediatistas dos públicos. Será o risco calculado. Contudo, mantendo-se o ponto de vista desta escola, desencadeia-se o processo em seu sentido amplo, com a satisfação das duas cláusulas básicas para que ele se torne eficaz: bilateralidade de informações e ação recíproca de interesses.

Esta "escola" vai ao encontro da teoria existencial da comunicação,[5] da teoria da ação comunicativa,[6] da teoria de opinião pública[7] e, também, da teoria do *just-in-time* com as idéias de "quimono aberto" e parceria[8]. Em parte, vai ao encontro, também, da definição de comunicação, postulada por Katz e Kahn,[9] e a mais aceita atualmente entre os cientistas desta área, segundo a qual é da natureza da comunicação dois componentes: o processo de intercâmbio de informações e a resultante, o significado comum. Esta "escola" coincide com o primeiro componente, o *processo*, porém nada explicita sobre o segundo, a resultante. Uma opção por essa estratégia leva a organização a aplicar, intrinsecamente, políticas e normas participativas. Extrinsecamente, impele o órgão de Relações Públicas à utilização de técnicas como reuniões, seminários, comitês, representações, planejamento participativo, consulta por telefone e pesquisas.

---

5. Essa teoria segue também um esquema, onde cada etapa implica fundamentos para a próxima: 1. Contato (percepção do outro); 2. Relacionamento (interesse pelo outro); 3. Entendimento (linguagem do outro); 4. Compreensão do outro (além da linguagem, o afeto pelo outro); 5. Interpretação (liberdade ao outro); 6. Interação autêntica (cooperação) e 7. Comunicação ou diálogo (encontro com o outro).
6. HABERMAS, Jürgen. *Teoria de la acción comunicativa*, Madri: Taurus, 1987. A teoria da ação comunicativa é encontrada nesta obra e em outras, de outros autores, que realizaram comentários ou críticas sobre Habermas.
7. HABERMAS, Jürgen. *História y crítica de la opinión pública*. Barcelona: Gustavo Gilli, 1981.
8. LUBBEN, Richard. *JUST-IN-TIME: Uma estratégia avançada de produção*. São Paulo: McGraw-Hill, 1989.
9. KATZ, D. & KAHN, R. *Psicologia social das organizações, cit.*, p. 167.

Esta maneira de agir é sempre viável e exeqüível com os públicos internos. No entanto, o mesmo já não acontece em relação aos públicos externos, para quem aumenta o nível de dificuldade e a técnica mais comumente usada é a pesquisa, ressalvado o fato de ela não permitir, no mesmo instante, o trânsito no sentido inverso. Também é de se considerar que possa ser utilizada manipulativamente, ao conduzir as propostas a serem feitas aos públicos, diretamente sobre a linha de suas expectativas, imprimindo caráter demagógico ao discurso e à postura da organização.

Relações Públicas visam estabelecer e manter a compreensão mútua

Este é outro enfoque para se interpretar a ação que a organização necessariamente deva desenvolver, sob pressão originada na iminência do conflito. Está prevista, inclusive, no texto com que a Associação Brasileira de Relações Públicas (ABRP) define a profissão: "(...) estabelecer e manter a compreensão mútua (...)". Apesar de parecer adequada e ser repetida muitas vezes pelos membro da ABRP, profissionais e acadêmicos, não se trabalhou muito, até hoje, sobre ela. Também não é freqüente encontrarem-se, nos planos ou nos relatórios de Relações Públicas, indicações de que se buscou ou se atingiu compreensão mútua.

Na verdade, tal proposição caracteriza uma espécie de meta da atividade, assim como a dialética do conflito. As distinções entre esta escola e as que se referem ao conflito e à controvérsia estão, antes, na esfera da terminologia e do campo científico que na de resultados finais. Explica-se isto analisando-se o que se entende por "compreensão mútua".

A primeira palavra, "compreensão", está sendo usada com o mesmo sentido que lhe dá a psicologia, com muito destaque no discurso da escola da Gestalt. Associar aprendizagem e compreensão é o que faz Mouly[10]: "A aprendizagem envolve graus de tentativas e erros, assim como compreensão". O mesmo autor detecta o estreito vínculo entre compreensão e Gestalt[11]: "Ênfase mais recente na compreensão se deve, em grande parte, à influência da escola gestaltista". Finalmente, é ainda o próprio Mouly[12] que diz: "(...) para a Gestalt compreensão é estruturar, num campo, a relação meio-fim". Ou de modo mais detalhado[13]:

---

10. MOULY, George. *Psicologia educacional.* São Paulo: Pioneira, 1966, p. 225.
11. *Id., ibid.,* p. 225.
12. *Id., ibid.,* p. 225.
13. *Id., ibid.,* p. 225.

"*Compreensão* supõe uma repentina reorganização e integração, em um novo padrão, dos vários aspectos das experiências anteriores do indivíduo, de forma que uma nova situação, embora não inteiramente diversa, seja vista em todas as suas relações"

Assim, estão descritos os vários elos: aprendizagem-Gestalt-compreensão.

Paralelamente, em todas as etapas do processo de compreensão ocorre, como apresenta Souza Campos[14], um tipo de aprendizagem: "Há aprendizagem cognitiva quando o aprendiz compreende as relações de causa e efeito do fato estudado". Se a esse ponto atinge-se que compreensão é uma reação cognitiva da pessoa, pode-se andar um pouco mais e dizer-se, apoiado em Krech[15], que compreensão é um encontro de significados. Há compreensão quando se chega ao significado dos fatos.

O adjetivo mútuo, atribuído à compreensão, manifesta a interdependência em que se mantêm organização e públicos, na função intelectiva de compreender. Dito de outro modo, a mutualidade estabelece as premissas de que: a) tanto as pessoas constitutivas da organização como as pessoas componentes dos públicos devem possuir o mesmo significado dos fatos, no ato de compreender; b) cada parte deve entender o significado das ações da outra e aceitar este significado integrado no jogo das relações.

A reciprocidade só existe quando o campo é comum. Isto é, a ocorrência dos fatos pressupõe um quadro referencial único[16]: "Um sistema contextual mais amplo, diante do qual se vê ou se julga um objeto". Entende-se melhor este aspecto através de um exemplo de Dahrendorf[17]:

"Não pode haver conflito a menos que o mesmo ocorra em um contexto de significado, isto é, em algum tipo de 'sistema' coerente. Não é concebível um conflito entre as donas de casa francesas e os jogadores de xadrez chilenos, pois esses dois grupos não estão 'unidos por' ou 'integrados dentro' de um quadro de referências comuns."

Para ilustrar essa dinâmica tinha-se o exemplo milenar de que era quase impossível um conflito entre países que não possuíssem fron-

---

14. SOUZA CAMPOS. Dinah. *Psicologia da aprendizagem.* Petrópolis: Vozes, 1972, p. 53.
15. KRECH. D., CRUTCHFIELD, R.; BALLACHEY, E. *O indivíduo na sociedade. Op. cit.*, p. 21.
16. KRECH, D., CRUTCHFIELD, R.; BALLACHEY, E. *Op. cit.*, p. 18.
17. DAHRENDORF, R. *Class and Class Conflict in Industrial Society, cit.*, p. 184.

teiras e interesses comuns entre si. Isto passou a ocorrer quando a aldeia se tornou global. No caso das Relações Públicas, certamente, esse referencial é o mercado, envolvido por toda a conjuntura constitutiva do processo social e suas dimensões cultural, econômica e política. Em outro plano, a mutualidade somente ocorrerá se a organização e seus públicos estão em constante troca de informações, debatendo suas divergências e concluindo em consenso. A alternativa da organização, unilateralmente, através de mensagens veiculadas por meios de comunicação adequados aos assuntos e aos públicos, interpretar os fatos para seus destinatários, até poderá resultar em significado comum, mas certamente terá menos probabilidade de que isso ocorra.

Identifica-se, nas correntes *Via de dupla mão* e *Estabelecer e manter a compreensão mútua,* a existência do processo e resultante comunicação. Contudo, até agora nada se falou sobre os interesses em jogo na relação públicos-organização, a variável essencial da comunicação ou do conflito.

Relações Públicas visam integrar interesses

Esta escola, na maioria das vezes expressa pela proposição: Relações Públicas é integração, coaduna-se com as idéias de Childs, quando diz[18]: "O problema fundamental de Relações Públicas, a meu ver, é a reconciliação com o interesse público ou o ajustamento a ele dos aspectos de nossa conduta individual e institucional que têm significado social."

A contribuição de Childs clarifica a natureza da comunicação. Chama a atenção para o fato de que somente haverá um significado comum entre a organização e seus públicos se ocorrer uma integração de interesses. Deixa bem explícito que não é suficiente apenas o intercâmbio de mensagens verbais. Elas devem conter informações sobre os interesses das partes e negociações sobre os mesmos. Neste momento, se pode alertar para o fato de que Relações Públicas extrapola a ação do profissional e insere também as decisões e subseqüentes ações da organização. Assim, pode-se concluir que esta escola não contém uma definição de Relações Públicas, mas apenas uma condição para que ocorra bom nível de relações entre a organização e seus públicos.

No título referente ao ângulo C agregam-se, além do já especificado administrar o conflito, *Relações Públicas são a administração da*

---

18. CHILDS, H. *Relações públicas, propaganda e opinião pública, cit.,* p. 18.

controvérsia e *Relações Públicas são a administração de problemas emergentes*. A leitura desatenta desses conceitos pode considerá-los sinônimos, o que seria equívoco. As várias proposições identificam fenômenos distintos, apesar de conter algo semelhante. Tais enunciados, na realidade, referem-se a uma única função em torno da qual surge um conjunto de tarefas a serem executadas, a fim de regular a compreensão mútua, ou os interesses, ou o conflito, ou a controvérsia, ou os problemas emergentes de modo que a organização se mantenha no mercado. Estes cinco posicionamentos originam-se nos diferentes pontos de vista (filosóficos, políticos ou sociológicos) dos estudiosos e não devem ser entendidos como absolutos.

Apesar de todas estas perspectivas conviverem nos livros, cada uma pretendendo ser mais abrangente que a outra, percebe-se que elas se orientam não em três direções, mas apenas em duas: conflito e integração. Explicando melhor, elas acompanham a divisão do próprio pensamento ocidental, no ponto em que utópicos e racionalistas se defrontam. A ótica com que Platão e Aristóteles, Hobbes e Rousseau, Kant e Hegel observaram os fenômenos estava, seguramente, orientada por um processo próprio, especial. Em outras palavras: os utópicos geraram a teoria da integração da sociedade e os racionalistas desenvolveram a teoria da coerção da sociedade. Dahrendorf[19], estudioso do assunto, diz:

> "A teoria da integração concebe a estrutura social em termos de um sistema integrado funcionalmente, mantido em equilíbrio por certos processos padronizados e recorrentes. A teoria da coerção, por sua vez, supõe a estrutura social como uma forma de organização mantida por meio de refreamento e distensão alternados, indo até seu exterior, no sentido de produzir, no seu interior, as forças que a mantenham no seu contínuo processo de mudança."

Estes dois modos de entender as sociedades predominam ainda hoje nos discursos que buscam explicá-las. Por vezes, surgem perfeitamente distintos; em outras, vêm mesclados, confusos, e repercutem também nas tentativas de formulação da teoria de Relações Públicas, quando se pensa que, nesse campo da atividade humana, promove-se ou somente a integração ou exclusivamente a administração do conflito.

Pode-se sustentar a primeira destas convicções com as idéias de Talcott Parsons, de linha de pensamento estrutural-funcionalista. Para

---

19. DAHRENDORF, R. *Class and Class Conflict in Industrial Society*, *cit.*, p. 159.

o segundo ponto, parecem adequadas as colocações de Ralf Dahrendorf, um observador moderado entre os racionalistas.

A teoria da integração considera o conflito como desestabilizador do sistema, valorizando-o negativamente. A teoria da coerção tem o conflito como elemento básico da vida social, tomando-o positivamente. Parece que há fundamentos lógicos para cada uma dessas afirmações.

Dahrendorf, simpatizante da teoria da coerção, sem no entanto concordar com alguns de seus princípios, dentre eles "onde há vida, há conflito", diz[20]:

> "Eu sugeriria, em todo caso, que tudo o que é criativo, inovação e desenvolvimento na vida de uma pessoa, seu grupo e sua sociedade, é devido, não em pequena extensão, à operação de conflitos entre grupo e grupo, pessoa e pessoa, emoção e emoção dentro de um indivíduo."

Sem dúvida alguma, quando o ser humano se encontra em um impasse, ele despende energia na busca de soluções, deflagrando um processo de criação, inovação e deenvolvimento. Oposta a este ponto de vista, a teoria da integração sustenta que o desenvolvimento vem com a estabilidade do sistema. É criticada por essa posição, por querer manter o *status quo*.

Colocando-se lado a lado as premissas básicas das duas teorias, tais como as formulou Dahrendorf[21], pode-se melhor acompanhar os pontos em que elas coincidem ou se opõem.

Não se pode analisar o quadro da página seguinte em termos de certo ou errado. Apesar das divergências facilmente identificáveis, evidencia-se que um mesmo fenômeno está sendo observado e se está chegando a ele por caminhos diversos. Por vezes, o que surge como um consenso de valores sob a perspectiva da teoria da integração pode ser olhado como um conflito de interesses em termos da teoria da coerção. Conclui-se, então, que, quer se percorra a via da integração, quer se trilhe a da coerção, tem-se que tratar com o "conflito", com o problema político que cabe às Relações Públicas. Em síntese, a funcionalidade das Relações Públicas adere completamente aos mecanismos que monitorizam o conflito.

Conclui-se que cabe à organização gerar mecanismos que a defendam da possibilidade de perder o controle dos resultados que suas ações acionam nas relações de troca nos vários mercados, levando-a a situações que não lhe interessam.

---

20. DAHRENDORF, R., *Class and Class Conflict in Industrial Society*, *cit.*, p. 208.
21. O quadro em questão redistribui graficamente o que coloca DAHRENDORF, R. *idem*, pp. 161-162.

Quadro VI — Princípios das teorias de integração e coerção.

INTEGRAÇÃO	COERÇÃO
1) Toda sociedade é uma estrutura persistente e estável de elementos.	1) Toda sociedade está, a cada circunstância, sujeita ao processo de mudança: a mudança social é onipresente.
2) Toda sociedade é uma estrutura bem integrada de elementos.	2) Toda sociedade exibe, a cada circunstância, dissenso; o conflito social é onipresente.
3) Cada elemento da sociedade tem uma função, isto é, presta uma contribuição da sociedade como sistema.	3) Todo elemento, em sociedade, contribui para sua desintegração e mudança.
4) Cada estrutura social em funcionamento é baseada no consenso de seus membros, a respeito de valores.	4) Toda sociedade é baseada na coerção de alguns de seus membros pelos outros.

Por questão de valor e, também, por considerar mais viáveis a aplicação de instrumentos de controle, utiliza-se o enfoque administrar o conflito. Contudo, o termo "administrar", exato por conter as ações específicas desenvolvidas pelo profissional de Relações Públicas, talvez não seja adequado para caracterizar as ações a serem desenvolvidas com respeito ao conflito. Melhor seria usar o verbo "regular", ou quem sabe, "monitorar", significando encontrar formas para identificar as causas do conflito, antecipar-se a sua eclosão, mantendo-o sempre em estado iminente. Em absoluto significa suprimir o conflito, pois é impossível, tampouco, reprimi-lo, considerando que a resultante final seria desastrosa.

O regular ou monitorar o conflito reconhece a existência permanente de antagonismo de interesse e que o mesmo leva ao desenvolvimento. Não se pode conceber a sociedade sem que se realize a dialética de integração e conflito.

De fato esta "escola" exprime muito bem a ação da atividade de Relações Públicas e a qual, no paradigma proposto, tem papel relevante. Contudo, a proposição que a explicita, por demais sintética, não desvela todo o entremeado de seu significado. Apresenta somente o aspecto operacional da atividade, deixando de lado as referências aos fundamentos teóricos do mesmo.

Relações Públicas são a administração da controvérsia

Os vocábulos "conflito" e "controvérsia" são utilizados na linguagem usual como sinônimos. Nesta feição figuram muitos artigos sobre Relações Públicas, porém semanticamente isto não é exato. Conflito e controvérsia, como termos técnicos, têm significados distintos, freqüentam contextos diversos e denotam aspectos diferentes em Relações Públicas.

Por *conflito* (enfoque sociológico e administrativo) entende-se o estado de impasse no processo decisório. *Controvérsia* origina-se no discurso do direito, exprimindo, segundo Belinchon[22], "o conflito de interesses contestados em juízo ...relação de direito submetido a debate e a julgamento". Verifica-se que esta última colocação refere-se ao conflito, mas já em etapa mais avançada do processo de Relações Públicas. Ao chegar-se à controvérsia já se está tomando medida jurídica concreta para superar algo não controlável de outro modo.

Essa questão é desenvolvida no capítulo sobre o processo das Relações Públicas na esfera pública, onde é afirmado que todas as ações da organização que interfiram nos interesses dos públicos estão, em certo nível, sob jurisdição do aparelho jurídico-estatal. Quando o Estado é chamado a intervir, através do poder judiciário, é porque o conflito já extrapolou a área social. Não foi possível evitá-lo; tampouco solucioná-lo. Resta, agora julgá-lo. Uma terceira parte é chamada a participar e a ela cabe o poder de decisão sobre os fatos.

Nesse nível, os prejuízos da organização acumularam-se um pouco mais. Muito tempo decorreu e muito mais decorrerá. A organização perdeu a autoridade e a autonomia, pois depende agora da vontade e de critérios de terceiros. Obviamente, não é interessante chegar-se a esse estado de coisas. Daí por que cabe à organização, através de uma função, monitorar tais acontecimentos.

Concluindo, *administrar o conflito* e *administrar a controvérsia* não são expressões sinônimas; tampouco se complementam. São propostas referentes a etapas não simultâneas (ainda que intervenientes) da ação de Relações Públicas. A proposta essencial que ambas contêm é evitar que se chegue ao conflito e, muito mais, à controvérsia.

Por fim, cabe analisar a asserção: *Relações Públicas visam administrar problemas emergentes — "Issue management"*. Esta "escola", uma das mais modernas, seguramente foi identificada em 1976, quando Chase[23] publicou sua obra *CPI — Corporate Public Issues*, ou seja, problemas públicos da empresa.

O significado do termo *"Issue management"*, principalmente em sua versão para o português, pela comunidade de associados brasileiros da IPRA (International Public Relations Association) não ficou

---

22. BELINCHON, Julian C. *Manual de organización y métodos*. Madri: Instituto de Estudios de Administración Local, 1977, p. 129.
23. CHASE, Howard. I Seminário Internacional de Comunicação/ 29 e 30 setembro/83; Rio de Janeiro. *In: Revista Meio e Mensagem*, 2ª quinzena de outubro/83, p. 9.

bem claro. Vejam-se os diversos sentidos dados ao termo. Nogueira[24]: "Um problema é um aspecto ambíguo e não-resolvido de natureza social ou político-administrativa no qual há controvérsia real ou potencial relacionada à ação ou ao papel da empresa". Porém, este autor nada diz sobre o adjetivo *emergente*. Necessita-se, portanto, para este ponto, de apoio de Calmon[25] que, por sua vez, acrescenta: "...estaremos nos referindo à administração de questões nos seus estágios iniciais, antes que se transformem em problemas, e à detenção de sinais de tendências relevantes que possam afetar os negócios de uma empresa".

Certamente reduziu-se um pouco a incerteza. Contudo, ainda os conceitos estão demasiadamente abrangentes. A tradução de uma palestra de Hayes[26] coloca o termo como "administração do conflito de contingência."

Como tem sido tratado, o termo possui uma certa ambigüidade. Pode ser entendido sob a ótica parcial da relação política ou sob o enfoque global referente a todos os processos organizacionais, onde estariam incluídos os problemas tecnológicos emergentes de produção e outros. Contudo, quando se verifica a metodologia profissional de administrar problemas emergentes, escapa-se da armadilha das definições conceituais e identifica-se, perfeitamente, a atividade de Relações Públicas em seu sentido de administração de conflito iminente, originado essencialmente dos aspectos políticos na relação organização-públicos.

O termo *emergente* pode ser criticado por não caracterizar a dinâmica da situação, tanto quanto o seu concorrente teórico *iminente*. O conflito iminente pode jamais ocorrer, deste que bem administrado. Há apenas a probabilidade de que venha a acontecer a qualquer momento, enquanto se entende por emergente aquilo que está começando a surgir.

Finalmente, deve-se distinguir entre administração de problemas emergentes e administração de crises. A crise, em Relações Públicas, refere-se à perda do controle da situação pela organização. O profissional é chamado para "apagar o incêndio". Em absoluto é uma situação atípica. O mesmo ocorre com as outras profissões. Veja-se: normalmente consulta-se um médico quando há algum problema físico importunando; chama-se um advogado quando se necessita de

---

24. NOGUEIRA, Nemércio, Anais do Public Relations International Seminar, Brasília, 6-8 novembro/85. A documentação editada pelos organizadores do seminário não indicava o número das páginas.
25. CALMON, Eduardo, Anais do Public Relations International Seminar, Brasília, 6-8 novembro/85.
26. HAYES, Roger, Anais do Public Relations International Seminar, Brasília, 6-8 novembro/ 85.

orientação e defesa dos nossos interesses. Portanto, não se deve renegar às situações de crise e o apelo ao profissional de Relações Públicas nessas situações. Deve-se, ao contrário, aproveitar a necessidade do cliente para atendê-lo, resolver seu problema e, com habilidade, demonstrar a importância de um serviço permanente, mesmo que o sentimento e o exercício da prevenção constituam cultura pouco praticada em nossa sociedade.

A definição operacional

A definição conceitual busca explicar o que é a atividade de Relações Públicas, enquanto a definição operacional tenciona fazer o mesmo através das operações de como se a pratica[27]. Ambas se complementam.

Utiliza-se, para tanto, a definição dos países de línguas anglo-germânicas, signatários do Acordo de México (1978)[28], com pequenas alterações introduzidas.

Assim, a atividade de Relações Públicas consiste em:

1) Analisar as tendências da organização em relação às expectativas de interesses dos públicos, no contexto da conjuntura em que ambos estão inseridos;
2) predizer a resultante do entrechoque da ação organizacional ante as expectativas dos públicos no âmbito da evolução da conjuntura:
3) assessorar os líderes da organização, prevenindo-os das possíveis ocorrências de conflito e suas causas, apresentando su-

---

27. Cf. BRIDGMAN, P.W. *The Logic of Modern Physics*, Nova York: MacMillan, 1927. Com esta obra deu-se início ao movimento conhecido como operacionismo, cuja suposição fundamental é que a definição adequada das variáveis com as quais a ciência trabalha é um pré-requisito para o seu desenvolvimento. É uma escola que gerou muita polêmica.
28. O Acordo do México de 1978 foi uma tentativa de estabelecer uma definição geral, de comum acordo entre todas as associações de Relações Públicas. No entanto, as versões do texto-base, em português, espanhol e inglês, mostram que, embora haja correspondência terminológica entre os enunciados, não há exata preservação do que se pretende instituir por consenso. Versão inglesa: *"Public Relations practice is the art and social science of analyzing trends, predicting their consequences, counselling organizations leadership and implementing planned programs of action which will serve both the organization's and the public interest."*
Para confirmar segue a versão em espanhol: *"El ejercício profesional de las Relaciones Públicas exige una acción planeada, con apoyo, solidaridad y colaboración entre una entidad, pública o privada, y los grupos sociales a ella vinculados, en un proceso de integración de intereses legitimos, para promover su desarollo reciproco y el de la comunidad a la que pertenece"*. A versão inglesa é pragmática; a portuguesa e a espanhola destacam os aspectos éticos.

gestões de políticas e procedimentos que evitem e/ou resolvam o impasse:

4) implementar programas e projetos planejados de comunicação para com os vários públicos.

Percebe-se nestas quatro fases as etapas da metodologia científica de qualquer atividade situada neste nível: diagnóstico, prognóstico, pareceres e ações.

Na busca de uma especificação maior do que quero definir, divido, com auxílio de Chaves[29], em passos (ordem cronológica) o que entendo constituir o exercício maior da atividade de Relações Públicas, ou seja, sua tecnologia:

1) Realizar o contrato psicológico, normalmente designado por *briefing*, com a direção da organização, estabelecendo um denominador comum entre as partes quanto à filosofia, aos objetivos e às ações de Relações Públicas.

2) Pesquisar e analisar a organização, seu histórico, seus objetivos, sua estrutura, sua filosofia e políticas, seu produto ou serviço, seu mercado e tudo mais que a represente.

3) Pesquisar e analisar o contexto cultural, econômico, político e ideológico no qual está inserida a organização.

4) Pesquisar, relacionar e caracterizar todos os públicos e segmentos de públicos cuja opinião, atitude, comportamento e expectativas afetem os objetivos organizacionais.

5) Pesquisar e analisar as expectativas, as atitudes e as opiniões de cada um dos públicos e seus segmentos sobre uma ou todas as fases das atividades da organização.

6) Pesquisar, relacionar e analisar todos os canais e meios de comunicação existentes entre a organização e seus públicos.

7) Diagnosticar a qualidade do estado do processo de Relações Públicas entre a organização e seus públicos.

8) Prognosticar os resultados futuros, em termos de Relações Públicas, em face do diagnóstico realizado.

9) Dar pareceres à direção, propondo os necessários e razoáveis ajustamentos nos procedimentos e programas organizacionais, caso isto seja necessário, para a mesma legitimar seu poder de decisão.

10) Planejar programa e projetos de comunicação em razão direta dos problemas existentes, contendo: objetivos, metas,

---

29. CHAVES, Silla M. *Aspectos de Relações Públicas*. Rio de Janeiro: Serviço de Documentação DASP, 1966, p. 30. Estas etapas foram originalmente estabelecidas por CHILDS, Harwood, sendo modificadas por Chaves e depois por mim.

estratégia, responsáveis, cronograma, custos e instrumentos de avaliação.

11) Negociar com a direção o plano de ação.

12) Executar o plano aprovado pela direção.

13) Avaliar, freqüentemente, os resultados da ação organizacional e dos projetos de Relações Públicas junto aos diversos públicos.

14) Prosseguir com a execução do plano, realizando os devidos ajustamentos, em face da retroinformação fornecida pela avaliação.

15) Atentar, permanentemente, ao processo de Relações Públicas entre a organização e seus públicos, prevendo qualquer possibilidade de conflito.

Integrando-se esta lista aos tópicos da síntese da versão inglesa do Acordo de México, anteriormente apresentada, conclui-se que a função diagnosticar compreende os itens 1 a 7. Prognosticar coincide com o item 8, que seguramente pode ser mais detalhado, não tanto em ações, mas nas partes do processo psicológico que ocorre, para a síntese dos dados e estimativa do ponto futuro.

Assessorar é o que se enuncia, de modo bastante sintético, no item 9.

A função implementar distribui-se pelos itens 10, 11 e 12, que compreendem planejamento, negociação e execução.

O plano, resultado final do planejamento, é uma "receita" que as lideranças organizacionais aviarão ou não, através de um comando específico. Normalmente, há um primeiro documento, o pré-plano a ser negociado com a direção, para adequações finais.

A execução do plano é de responsabilidade do profissional de Relações Públicas, o qual providenciará os instrumentos necessários, quer produzindo-os ele mesmo (no caso dos instrumentos usuais e organização pequena), quer contratando pessoas ou agências especializadas para realizá-los. Justifica-se esta divisão do trabalho pelo fato de, no terreno da comunicação social, haver áreas cujos ocupantes precisam dominar uma tecnologia complexa, como é o caso das artes gráficas, das artes visuais, das telecomunicações e outras.

Finalmente, resta comentar os itens 13, 14 e 15. O item 13 refere-se à avaliação dos resultados, entendida aqui também como o controle das ações que pode ser feito através de técnicas adequadas, e fornece as informações necessárias à retroalimentação do sistema. Por último, os itens 14 e 15 são apenas a caracterização do prosseguimento do processo da atividade.

Assim, integrando-se a definição conceitual e operacional, tem-se o "ser" e o "fazer" da atividade de Relações Públicas, segundo o princípio "se e somente se" descritos de maneira adequada e confiável. Este referencial teórico, na medida em que aplicado no exercício profissional, vai sendo confirmado, enriquecido ou reformulado diante da realidade histórica de cada organização, formando uma memória que redimensiona a distância entre a teoria e a prática.

Capítulo 8

A FUNÇÃO ORGANIZACIONAL POLÍTICA

Considerando o processo de trocas existentes entre a organização e a sociedade, os vários tipos de relação inerentes ao processo e a possibilidade constante de conflito entre a organização e seu público, tem-se que a organização, para sobreviver no e com o sistema maior deve possuir mecanismos que lhe providenciem esta garantia, quer dizer, que regulem os conflitos, ou então que provoquem a integração.

Tais mecanismos, através de políticas e atividades bem ou mal exercidas, integradas ou fragmentadas, estão conjugados em um constructo rotulado de função ou subsistema. É quando se interpreta Relações Públicas como algo abstrato, contido na própria existência organizacional, situando-a como algo despersonalizado, constitutivo da organização, percebida como sistema ou estrutura. Assim sendo, Relações Públicas existem independentemente da vontade dos dirigentes. Surgem com a própria estrutura, com e no funcionar organizacional. Fazem parte, intrinsecamente, da organização qualquer que seja sua classificação, tamanho ou finalidade. São operacionalizadas pela própria organização, por tudo o que a mesma fizer ou deixar de fazer. Sempre que existir uma organização, existirá um conjunto de ações, implicando Relações Públicas, bem ou mal realizadas. Nessa ótica, o conceito de Relações Públicas abandona o papel do profissional e enquadra-se em amplitude maior e foi responsável por alguns pré-paradigmas que definiram parcialmente esta atividade, tais como Relações Públicas são uma função administrativa, um sistema institucional e um subsistema de apoio. Visões parciais, sem qualquer dúvida, mas que agora são integradas no sentido geral desta teoria.

Função

A compreensão do designativo "Relações Públicas são uma função organizacional específica" requer, em primeiro lugar, que se entenda o significado do termo função.

101

Segundo Firth[1]:

"O termo função tem sido empregado segundo dois sentidos principais ou grupos de significados. O primeiro deles é como relação de interdependência, aliado ao conceito matemático de função, como uma variável quantitativa em relação a outras, em termos das quais pode ser expressa, ou das quais seu valor depende. Nesse sentido, de uma relação que é recíproca e reversível em termos de causa e efeito, função é relacionada a covariação. No segundo sentido, o termo função, em antropologia, é tomado como uma orientação visando certos fins".

Este segundo modo é mais detalhado por Radcliffe-Brown[2]: "Uma função é a contribuição que uma atividade social exerce para a manutenção do sistema social de que faz parte, ou para a sobrevência de suas condições necessárias de existência".

Utilizando, inicialmente, o conceito de função tal como é entendido na matemática, pode-se escrever, em linguagem dessa ciência:

$$Se\ P = f(O) \quad e \quad RRPP = f(O), \quad logo\ P = f(RRPP)$$

Isto significa que: 1) o processo organização-público (P) é função da organização (O). Tudo que o processo fizer afeta a organização e tudo o que a organização fizer afeta o processo; 2) a organização (O) é função das Relações Públicas (RRPP): tudo o que a organização fizer afeta as Relações Públicas e tudo o que as Relações Públicas fizerem afeta a organização. Dois elementos iguais a um terceiro são iguais entre si. Logo, o processo organização-públicos é função das Relações Públicas. Tudo o que acontecer no processo afeta as Relações Públicas e tudo o que as Relações Públicas fizerem afeta o processo.

Essas equações revelam que as políticas e ações componentes das Relações Públicas repercutem necessariamente nos resultados da organização que, por sua vez, desestabiliza ou reequilibra o sistema organização-público e vice-versa. Há co-variação.

Igualmente utilizando, também, o conceito antropológico de função, verifica-se que a organização se funcionaliza, ou seja, contribui para a manutenção da continuidade do sistema social de que faz parte, ou para a sobrevivência de suas condições necessárias de existência. Dito de outro modo: toda organização deve possuir uma função. No

---

1. FIRTH, Raymond. "Function". *In: Yearbook of Anthropology*, 1955, p. 78
2. RADCLIFFE-BROWN, Alfred R. *Structure and Function in Primitive Society; Essays and Address*. Londres: Methuen, 1952, p. 33.

específico processo de Relações Pública há condições para a existência de função que também contribui para a sobrevivência da organização.

Tanto em um como em outro sentido, tem-se que a organização exerce uma função específica através de certas atividades.

Função organizacional

Fayol[3] foi o primeiro a dividir as funções organizacionais em técnica, comercial, financeira, de segurança, contábil e administrativa. O aperfeiçoamento desta tipologia, gerado pelas discussões que ela naturalmente provocou, permitiu o surgimento de um referencial teórico mais rico em torno do qual parece estar unida a comunidade da ciência da organização.

Assim, aceitam-se hoje como funções organizacionais as seguintes:

1) Administração geral — a filosofia, as políticas e as atividades que devem ser realizadas para que o sistema organizacional chegue a bom termo, seja qual for a conjuntura.

2) Produção — a filosofia, as políticas e as atividades produtivas afins para que a organização possua um produto ou serviço para atingir a finalidade a que se propôs na sociedade.

3) Financeira — a filosofia, as políticas e atividades, com os recursos financeiros e econômicos, de modo a permitir a aquisição de todos os tipos de recursos necessários para o processo de produção, em todos os sentidos.

4) Recursos Humanos — a filosofia, as políticas e ações referentes à qualificação e ao potencial das pessoas que trabalham na organização, no desempenho dos vários papéis.

5) Marketing — a filosofia, as políticas, as atividades, que visam estabelecer e a manter o mercado para os produtos e serviços organizacionais.

6) Pesquisa e desenvolvimento — a filosofia, as políticas, as atividades que levam a organização a níveis mais evoluídos de desempenho em sua ação produtiva.

(Sub)função administrativa

Deve-se distinguir, no nível teórico, a dupla designação de Relações Públicas como uma função organizacional e, também, como uma subfunção administrativa, sobretudo porque livros sobre o assun-

---

3. FAYOL, Henri. *Administração industrial geral*, São Paulo: Atlas, 1954, p. 7.

to disponíveis no Brasil dizem apenas: "Relações Públicas são uma função administrativa", e não explicitam se função organizacional ou subfunção administrativa.

Para identificar a origem do problema, é preciso buscar em Fayol e em outros teóricos da administração. Entre as várias funções *organizacionais* citadas por Fayol[4], está a de *administrar*, a qual foi, posteriormente, subdividida em: prever, organizar, comandar, coordenar e controlar.

Outros estudiosos que se seguiram e contribuíram para o desenvolvimento da teoria da administração colocaram seus pontos de vista sem, no entanto, alterar muito o núcleo da idéia do pioneiro. Assim, hoje é aceito, com pequenas variações, que as subfunções administrativas, ou seja, as funções de administrar, sejam: pesquisar, planejar (prever), organizar, dirigir (comandar), coordenar, controlar e avaliar.

Os termos desse fracionamento não foram codificados como subfunção. No entanto, por princípio de lógica, é possível assim interpretá-los e, ainda, alongar a lista com mais um elemento: a subfunção de "relacionar publicamente".

Compreende-se por relacionar publicamente o que se providencia e se obtém através do conjunto de tarefas que todo ocupante de um cargo organizacional, do presidente do conselho de administração ao contínuo, executa para relacionar a empresa com as pessoas, membros de públicos, com as quais se entra em contato, durante a atividade da organização.

O apoio de Greig,[5] citando Urwick, facilita a compreensão desta função: "As atividades de um líder (e todo gerente deve ser um líder) são ter iniciativa, motivar e representar". Por conseguinte, o termo *representar* pode ser perfeitamente utilizado como sinônimo de *relacionar*. Contudo, continua Greig[6]:

"A função de representar a empresa perante a comunidade e os subordinados é tão importante como as outras já citadas. É importante principalmente porque se relaciona com a imagem da empresa perante o público consumidor e com o moral existente entre os respectivos funcionários, cuja produção e interesse pelo progresso da empresa depende, em grande parte, da sua percepção de que a mesma tem propósitos sérios e firmes, espírito de justiça, como diretrizes e normas de trabalho eficientes".

---

4. FAYOL, H. *Administração industrial geral, cit.*, p. 10.
5. GREIG, A. M. *Princípios e objetivos de gerência para direção de empresa*, Salvador: Desenvolvimento de Executivos do Brasil, 1970, p. 37.
6. GREIG, A. M. *idem*, p. 37.

Coaduna-se com esta idéia Canfield[7], quando diz: "Às três funções básicas de administração — organizar, delegar e supervisionar — foi acrescentada mais uma responsabilidade: a de Relações Públicas".

Estas citações são antigas e refletem um tipo de compreensão que existia da teoria de administração. Além disso, reservam o papel de representar exclusivamente ao gerente. Contudo, percebe-se que desde aquela época já se aceitava a idéia de Relações Públicas no contexto funcional-administrativo e, sem dúvida, pode-se, sem cometer qualquer pecado contra os princípios destes autores, generalizar a subfunção de representar para todos os membros da organização.

Obviamente que o nível do exercício desta subfunção (como de todas as outras) dependerá do grau de comprometimento no processo decisório que se exige de cada representante da organização. Um diretor terá maiores responsabilidades do que o auxiliar de escritório. A recepcionista se preocupará mais que a servente, porém todos, através de suas presenças e ações, estarão de certo modo envolvidos no processo das Relações Públicas. O profissional de Relações Pùblicas, identificado pelo rótulo, é seguramente aquinhoado com níveis mais intensos do exercício desta subfunção. No entanto, não é a única que exerce e tampouco é o único a exercê-la.

Esta dupla orientação comprova, primeiramente, a tese de Cook[8], segundo a qual todos os membros da organização "fazem" as Relações Públicas da mesma. Ao profissional, ademais, cabe, no exercício de seu cargo, administrar a função organizacional, coordenando através de políticas e normas, emanadas do poder de decisão superior, tudo o que é decidido e realizado por todos os membros da organização, relacionado com os interesses dos públicos.

Além disso, fornece argumentos para esclarecer o princípio que diz serem funções das Relações Públicas: pesquisar, planejar, executar, coordenar e avaliar. Pode-se afirmar, agora, que, por dedução lógica, o profissional de Relações Públicas é um *administrador*, e não um *comunicador*, qualquer que seja o nível hierárquico do seu cargo: auxiliar, assistente, chefe, gerente ou diretor.

Conclui-se que, quando se diz que Relações Públicas são uma função administrativa, está-se enfocando parcialmente este tema e, referindo-se, especificamente, a um dos seus aspectos: de uma subfunção da função de administrar, deslocando a visão do todo para uma de suas partes. Com isso, deixa de lado a função organizacional

---

7. CANFIELD, Bertrand. *Relações Públicas: Princípios, casos e problemas*. São Paulo: Pioneira, 1961, p. 8.

8. COOK, John. Past and future terms, myths and premises in Public Relations. *In: Public Relations Quarterly*. Nova York, primavera, 1974.

componente dos conjuntos: administração, financeira, marketing, pesquisa e desenvolvimento, produção e recursos humanos e, em absoluto, define Relações Públicas. Apenas esclarece alguns pontos.

Subsistema de apoio e sistema institucional

Estas duas maneiras estruturais de explicitar Relações Públicas com o objetivo de uma definição também não tiveram êxito, mas, como muitas outras asserções, ajudam a compreender a função e a atividade. Além disso, colaboram para a conclusão de que Relações Públicas é, antes de tudo, uma função política. Surgem poucas vezes na literatura específica do assunto. Quando aparecem, é antes em forma de proposições explicativas e redundantes de algo já dito que propriamente em definições de destaque. Contudo, enquadra-se totalmente no discurso da teoria de sistemas abertos. Na obra de Katz e Kahn[9], é relatada de maneira um tanto profunda, ocupando bom espaço do capítulo.

"Há uma necessidade constante de apoio do meio. É por isso que dentro da organização se desenvolvem subsistemas que institucionalizam as relações com o ambiente e garantem tal apoio. Muitas vezes uma organização terá departamentos separados para a mercadização, propaganda e vendas; para recrutamento e seleção de pessoas; para procura de matérias-primas; e para relações públicas e contato com a sociedade maior".

Portanto, parece estar bem cristalina nestes dois autores a idéia de que, entre outros subsistemas, Relações Públicas é um deles, mesmo que tais autores possuam idéia restrita ou percepção da atividade, calcada na cultura norte-americana. Contudo, está claro também que todo subsistema de apoio visa, em última instância, a institucionalização da organização.

Apesar de não conceituarem explícita e limitadamente Relações Públicas como um único sistema de apoio, eles o caracterizam como tal. Além do mais, é possível deduzir que o departamento de Relações Públicas tenha, também, a responsabilidade de pesquisar e orientar os outros departamentos na busca desse apoio. Assim interpretando-se e ampliando-se estes autores, volta-se à idéia de Relações Públicas como uma função administrativa ou, dito de outra maneira, como sinônimo desse outro designativo.

---

9. KATZ, D. & KAHN, R. *Psicologia geral das organizações, cit.*, p. 10.

A confirmação desta inferência pode ser constatada em outra citação de Katz e Kahn[10]: "Os subsistemas de apoio que dizem respeito às *transações* com o ambiente incluem a procura específica ou as estruturas de disposição, bem como o nível geral mais alto de atividades para garantir relações favoráveis com as estruturas maiores."
Observe-se que, aqui, os autores explicitam a ligação de Relações Públicas com o marketing ao utilizarem o termo "transação".

Este subtítulo poderia ser mais bem compreendido seguindo a teoria de sistemas abertos, deixando de lado os princípios da teoria funcionalista e trazendo novos referenciais para o estudo deste assunto, embora se saiba de antemão que ambos os discursos devem ser avaliados à luz da epistemologia.

O outro subtítulo, Relações Públicas são um sistema institucional, explicita o mesmo conteúdo do anterior, apenas que sob a ótica de Parsons[11], que caracteriza a estrutura hierárquica organizacional em três níveis: técnico, gerencial e institucional. Além disso, define o nível institucional como aquele que afeta as condições de "colocar" e "tomar" recursos, e também que dá significado, legitimação e suporte à mesma, apresentando-a como um sistema técnico, gerenciado, para chegar a certos objetivos junto às estruturas e às agências da sociedade.

Por institucionalização entende-se o processo de conhecimento, valorização e introjeção de um objeto social, considerando-o importante para a existência e o desenvolvimento da sociedade. Portanto, sob outra ótica, tem-se outro modo de designar a função de Relações Públicas, só que desta vez está bem caracterizada a presença de princípios comuns à teoria de sistemas, através da palavra "sistema" e da dependência da "organização" em relação ao meio ambiente.

Veja-se como a natureza desses dois títulos contém a idéia de coligação, ou seja, um elemento da dimensão política.

A função organizacional política

Análise atenta destes tópicos revela, entretanto, que o quadro parece não estar completo e raros são os autores que incursionaram por esse caminho. Há espaço a ser preenchido por uma sétima função: a política ou a política das relações públicas, que é exercida pela filosofia, pelas normas, pelas ações organizacionais que visam legitimar o poder decisório da organização junto aos vários públicos, no

---

10. Katz & Kahn, *Psicologia geral das organizações, cit.*, p. 57.
11. PARSONS, T. *Structure and process in modern society, cit.* (1969).

trato dos interesses comuns e específicos a fim de melhor trocar com eles os mesmos interesses.

A validação desta premissa, pelo caminho normal da revisão de literatura, não se dá, entretanto, de modo automático, e cabe ao pesquisador o trabalho de inferir relações entre as idéias expostas nas fontes consultadas e aquelas que o estão especialmente intrigando.

Realize-se um exercício desse tipo sobre a obra *Anatomia do Poder* de Galbraith[12]. Nela existe uma tese muito particular sobre a origem do poder na sociedade, e sobre os diferentes modos de ele ser exercido, num determinado meio.

Galbraith, com o amparo de vários teóricos sociais, entre eles Berle[13], situa a organização como o meio de categorias, classes ou grupos poderem legalmente empenhar e usar poder, o qual toma feições diferentes segundo a metodologia escolhida para sustentá-lo: o poder condigno ampara-se na punição, o poder compensatório se mantém pela recompensa e o poder condicionado alicerça-se na convicção, ou, pelo que se consegue depreender das demais idéias apresentadas, na ideologia. Além desses esquemas diretos de conservação do poder há ainda os do condicionamento dos públicos, pela persuasão obtida via meios de comunicação de massa, publicidade, religião e educação e *relações públicas*. Este termo é citado pelo autor. As relações de poder entre organização e públicos são, portanto, de múltipla natureza e realizam-se em diferentes níveis, havendo forte repercussão do que acontece em qualquer dos ângulos apontados. Pelos princípios da "Simetria bimodal", Galbraith[14] afirma que "a organização só obtém submissão externa aos seus propósitos, quando conquista a submissão interna. A força e a confiabilidade do seu poder externo dependem da profundidade e da firmeza da submissão interna".

Ora, este é um dos princípios básicos das Relações Públicas: primeiro internamente e somente depois "que a casa estiver arrumada", externamente.

Colocada assim, a questão da submissão, entretanto, não deve ser entendida como efeito automático da punição, recompensa, ideologia ou persuasão. Com freqüência ela é apenas temporária e resulta de um processo dialético, após trocas bastante importantes entre organização e públicos também organizados, para defenderem seus interesses.

Reforça-se este trabalho de inferir relações, trazendo, ao contexto do item, as idéias de Semama[15]. Este cientista político, através

---

12. GALBRAITH, J. K. *Anatomia do poder*. São Paulo: Pioneira, 1984.
13. BERLE, JR. A. *Power*. Nova York: Harcourt, Bruce and World, 1969, p. 63.
14. GALBRAITH, J.K. *Op. cit.*, pp. 59-60.
15. SEMAMA, Paolo. *Linguagem e poder*. Brasília: Universidade de Brasília, 1981, pp. 3-5.

de análise descritivo-dedutiva dos significados dos termos *ação humana, informação, comunicação, poder* e *linguagem* demonstra alguns teoremas, entre os quais:

"As ações do homem, mais claramente as ações contributivas e menos as lúdicas, procedem da informação. A organização, a regulamentação e o controle das mensagens, e também das técnicas e das modalidades de transmissão e de recepção, tudo isso constitui a fonte de poder social e daquela sua expressão, da maior importância, que é o poder político".

Ora, se a ação de comunicar é ato político e, por outro lado, se a função e a atividade de Relações Públicas referem-se ao controle do processo de comunicação organizacional, conclui-se que as Relações Públicas vinculam-se aos objetivos políticos das organizações.

É óbvio que esse juízo não pode ser atribuído a Galbraith e a Semama, mas suas idéias concorrem para que se possa supô-lo verdadeiro, com o que já afirmava Gray[16], na época, um dos diretores da Hill e Knowlton, nos Estados Unidos: "Política é Relações Públicas e Relações Públicas são política. Não há um fio de cabelo de diferença entre ambas". A função organizacional das Relações Públicas, porque intervém dos mais diferentes modos providenciados nas relações de poder entre organização e público é uma função política e contribui, como as demais, para colocar os dois termos da expressão em condições de convivência produtiva.

A relação de poder

A análise de várias definições de poder, tanto na corrente tradicional, com Weber[17], Parsons[18], Bachrach e Baratz[19], Poulantzas[20], Luhmann[21] e Wrong[22] como nas correntes relacionista e de transa-

---

16. GRAY, Robert K. "Politics and PR, a natural pair". *Advertising Age*, 5 de janeiro de 1981, p. S-8.
17. WEBER, Max. *Economy and Society*. Los Angeles: University of California, 1978.
18. PARSONS, Talcott. "Power and the social system". *In:* Lukes, Steven. *Power*. Oxford: Basil Blackwell, 1986, pp. 94-143.
19. BACHRACH, Peter & BARATZ, Morton. *Power and Poverty: Theory and Practice*. Nova York: Oxford University Press, 1970.
20 POULANTZAS, Nicos. *Political Power and Social Classes*. Londres: New Left Books, 1973.
21. LUHMANN, Niklas. *Legitimação pelo procedimento*, Brasília: Universidade de Brasília, 1980, p. 25.
22. WRONG, Dennis H. *Power. Its Forms, Bases and Uses*. Oxford: Basil Blackwell, 1979, p. 2.

ção com Dahl[23], Lasswell e Kaplan[24], Lukes[25], Burbules[26], Blau[27], Homans[28], e Bierstedt[29], permite definir exercício de poder como a probabilidade de A decidir ou influenciar a decisão de B em um processo de transação. Entenda-se por A e B pessoas, grupos organizações partidos ou países.

Esta definição isoladamente não é suficiente para dizer da dinâmica do processo que ocorre entre A e B. É necessário dar vulto e examinar criticamente as variáveis de sua natureza a fim de não se cair na ideologia do poder, ou seja, quem tem o poder decide, como se fosse uma propriedade. Inclusive, para Bobbio[30], "poder não é coisa ou a sua posse, mas uma relação entre pessoas", ou seja, poder não é algo material, estático, objetivo, mas um exercício que se refere à tomada de decisão em que estão compartilhando duas ou mais partes. Este tipo de relação caracteriza, no sistema social, a dimensão política.

Além de não ser uma propriedade estática, o exercício de poder não ocorre gratuitamente. Sua razão básica é a dependência de recursos escassos pelas partes ou, como diz Burbules[31] "num mundo de escassez, os conflitos de interesses são inerentes à natureza das coisas". É bastante provável, como se pode constatar nas épocas, regiões e ocasiões de abundância, caso existissem fartos recursos para todos os desejos humanos, que esse tipo de relação fosse diferente, ou nem sequer existisse.

Além de dinâmico, de ter uma razão, o exercício de poder realizar-se num *continuum* entre as partes que vai da dominação à submissão. Veja-se Burbules[32] outra vez: "O que temos é um *continuum* de relações, começando com os extremos de dominação em uma ponta e do consentimento em outra, com uma gama de graus de submissão relutante ou voluntária, no meio".

Considerando que os interesses são antagônicos e a dominação representa um desprezo pelas pessoas e pelos valores humanos, sur-

---

23. DAHL, Robert A. The concept of power. *"Behavioral Science"*, 2, 1975, pp. 201-215.
24. LASSWELL, Harold D. & KAPLAN, Abraham. *Power and Society*. New Haven: Yale University Press, 1950.
25. LUKES, Steven. *El poder — un enfoque radical*, Madri: Siglo XXI, 1985, p. 12.
26. BURBULES, N. "Uma teoria de poder em educação", *cit.*, p. 25.
27. BLAU, Peter M. *Exchange and Power in Social Life*. Nova York: John Wiley and Sons, 1964.
28. HOMANS, George. *Social Behavior; Its Elementary Forms*. Nova York: Harcourt Brace Jovanovich, 1974.
29. BIERSTEDT, Robert. *Power and Progress; Essays on Sociological Theory*. Nova York: McGraw-Hill, 1974.
30. BOBBIO, N.; MATTEUCI, N.; PASQUINO, G. *Dicionário de Política*, p. 934.
31. BURBULES, N. *Idem*, p. 27.
32. BURBULES, N. *Idem*, p. 22.

gem, então, resistências no processo que o mantêm sob tensão. A probabilidade do seu exercício (ou de seu oposto, o conflito), está em correlação direta com todas estas características de sua natureza, acrescidas da busca e do controle da informação, da ideologia existente no sistema e também da utilização de certas bases de exercício de poder, estruturadas historicamente.

Essas bases de poder estruturam-se, antes como categorias socialmente elaboradas do que como formas naturais e estanques. Há um pano de fundo histórico na relação de poder, confirmado por Burbules[33]:

"A identificação do poder não é somente sincrônica, mas também diacrônica; não é simplesmente uma questão da relação momentânea no presente, mas de como aquela relação (1) posiciona-se em relação a relações anteriores, envolvendo aquelas (ou outras) pessoas e (2) afeta relações potenciais futuras, envolvendo aquelas pessoas (ou outras)".

As partes, ao utilizá-las, normalmente o fazem de forma acoplada, jamais empregando exclusivamente uma.

Uma classificação das bases de poder tem a possibilidade de ser:

(1) Legal — quando quem decide está autorizado a fazê-lo, por lei, norma, tradição ou outro tipo de direito adquirido. Identifica-se, aqui a autoridade. Esta base e seu designativo muitas vezes são confundidos com a base legítima e os termos são até utilizados como sinônimos. Contudo, não é assim. São dois níveis distintos de forças motivadoras do exercício do poder, que, segundo esta força, se corrompe quando as decisões tomadas ultrapassam os limites permitidos no contrato social e nas normas e papéis estabelecidos à autoridade, atingindo-se o autoritarismo, que, conforme Burbules[34], "autoritarismo, no sentido de privilégios ou prerrogativas usurpadas, é uma recusa a tolerar a oposição ou divergências. Deve ser distinguido da autoridade que é cuidadosamente circunscrita e consensual e temperariamente concedida".

(2) Legítima — A base legal, por si só, não é suficiente para o exercício do poder. As decisões devem apresentar-se, transparentemente, como legítimas. A compreensão do significado deste termo passa, inicialmente por Habermas[35]: "Por legitimidade entendo o

---

33. BURBULES, N., "Uma teoria de poder em educação", *cit.*, p. 21.
34. *Idem*, p. 34.
35. HABERMAS, Jürgen, *Communication and the Evolution of Society*. Boston: Beacon Press, 1979, p. 182.

mérito de uma ordem política a ser reconhecida. A pretensão de legitimidade está relacionada à preservação sócio-integrativa de uma identidade social normativamente determinada".

Nesta primeira assertiva do pensador tem-se a vinculação da legitimidade à política e à preservação integradora de um sistema social.

Em outra parte do capítulo da obra referida, clarificando mais ainda o significado do fonema, Habermas[36] utiliza-se de um artifício de uma equação, veja-se:

> "*A recomendação 'X' é legítima* tem o mesmo significado da proposição *a recomendação 'X' é do interesse geral (ou público*), onde 'X' pode ser uma ação, uma norma, uma norma de ação, ou até um sistema de tais normas. E *'X' é do interesse geral* significa que a pretensão de validade da norma conectada com 'X' é considerada justificada".

Agora, nesta equação de lógica dedutiva percebe-se a conexão de legitimidade com interesse público e com justiça. Infere-se a existência do processo decisório, considerando-se que uma norma somente existe após um ato decisório.

Por fim, sem exaurir totalmente as idéias desse membro da escola de Frankfurt, extrai-se de Habermas[37] a função da qualificação das decisões legítimas:

> "As legitimações servem para sustentar essa pretensão, isto é, de como e por que instituições existentes (ou recomendadas) estão qualificadas para empregar o poder político, a fim de que os valores constitutivos, para a identidade da sociedade, tornem-se realidade".

Tem-se, assim, expressada a função da legitimidade.

Contudo, muito mais deve ser dito sobre o aspecto legitimidade sem, no entanto, fazer deste item um compêndio sobre o tema. Há uma característica neste qualificativo do exercício de poder que diz respeito à evolução do seu significado através dos tempos. Bobbio[38] refere-se a este ponto de maneira bem explícita :

> "O sentido da palavra 'legitimidade' não é estático, é dinâmico (...) Em cada manifestação histórica da legitimidade vislumbra-se

---

36. HABERMAS, J. (1979). *Communication and the Evolution of Society, cit.*, p. 204.
37. *Idem*, p. 183.
38. BOBBIO, N.; MATTEUCI, N.; PASQUINO, G. *Dicionário de Política, cit.*, p. 678.

112

a promessa, até agora incompleta na sua manifestação, de uma sociedade justa, onde o consenso, que dela é essência, possa se manifestar livremente sem a interferência do poder ou da manipulação e sem mistificações ideológicas."

Neste momento histórico, referindo-se ao sistema organização-público, as decisões organizacionais legais, que tornam legítimas, são aquelas conquistadas pela competência, responsabilidade social e público, materializados em normas justas e produtos e serviços de qualidade. Assim agindo, a organização (e suas decisões) atingem a legitimidade que, conforme Luhmann[39], "cria uma disposição generalizada para aceitar decisões do conteúdo ainda não definido, dentro de certos limites de tolerância".

É mister, aqui, integrar este conceito com o princípio de Cook:[40] "Toda organização tem, em razão de sua própria existência, boas, más ou regulares Relações Públicas". Infere-se daí que o *continuum* de boas às más, passando pelas regulares, está em correlação direta com seu nível de legitimidade. Quanto mais legítima for uma organização melhor será seu nível funcional de Relações Públicas. Quanto mais visar exclusivamente aos seus interesses e por eles decidir, piores serão suas Relações Públicas, ocorrendo, então, a corrupção desta base de poder.

O conceito de legitimidade, a legitimidade das decisões a promessa da utopia de uma sociedade justa são critérios que ancoram, ética e esteticamente, a atividade de Relações Públicas. Sem essa premissa, essa atividade jamais alcançará, no plano de horizonte, sua justificativa de ser útil à sociedade. Daí por que se deve abandonar os velhos refrões de formar imagem, compreensão mútua, boa vontade e fundamentar a atividade de Relações Públicas nestes valores.

Encontram-se na literatura de Relações Públicas duas proposições cuja ótica é o aspecto da transparência vinculado ao da legitimidade, apesar de esta relação jamais ter sido salientada. As proposições são: *Relações Públicas são uma política de "portas abertas"* e *Relações Públicas são uma "casa de vidro".* No entanto, age-se com originalidade e não se comete qualquer equívoco conceitual ao incluir-se uma terceira: *Relações Públicas são a prática do "quimono aberto",* como semelhante às duas anteriores. É pouco provável que outros autores tenham interligado especialmente esses dois termos: Relações Públicas e "quimono aberto", mas certamente, a filosofia do *Just-in-time,* de recente introdução na teoria e na prática da administração, coaduna-se perfeitamente com os princípios deste enfoque.

---

39. LUHMANN, N. *Legitimação pelo procedimento, cit.,* p. 30.
40. COOK, J. *Past and future terms, myths and premises in Public Relations, cit.,* p. 9.

Relações Públicas são uma política de "portas abertas"

O subtópico acima é auto-explicativo e se refere à estratégia organizacional de se preverem normas e procedimentos que permitam aos públicos acesso à tomada de decisão. A origem do enunciado precedente está na teoria da administração, na qual o termo inglês "policy" se traduz por "política", mas com um sentido bem distinto do que normalmente se atribui a essa palavra em português. Para desgravá-lo de conotação com "interesses partidários" ou "manejos eleitorais" (em inglês, "politics"), considere-se, a partir de agora, a palavra "política", neste capítulo, como equivalente a "procedimentos administrativos."

Nesta linha de pensamento, postulo que a função de Relações Públicas seja, basicamente, operacionalizada através de procedimentos administrativos que:

1) Facilitem a entrada de mensagens que venham de seus públicos.

2) Permitam que seus públicos conheçam tudo o que se passa dentro da organização.

3) Distribuam o poder, permitindo a participação na decisão.

Isto ocorrendo, estaria preestabelecida a estrutura mínima para que se regulasse o conflito ou se fizesse a integração, conforme a conveniência. Comportando-se assim, a organização torna-se simpática, ou seja, aberta a..., sensível a..., princípio primordial para que ocorra a comunicação.

Vejam-se, a seguir, algumas táticas, a título de exemplificação: o recurso de se facilitar o acesso à direção sem a interferência de assessores; refeitório comum; escritórios instalados em espaços abertos, sem cubículos; flexibilidade nos horários de atendimento, ainda que não se dispensem certas normas e a agenda; visitas às instalações da organização; caixa de sugestões; avaliação de desempenho através de entrevistas *tête-à-tête* intencionalmente preparadas por chefia e subordinado; conselho dos bairros (no caso de organização pública).

Seria desejável que toda e qualquer organização pudesse chegar a um bom nível de funcionamento de Relações Públicas pelos meios que se acaba de enunciar, mas nem sempre é oportuno selecionar tais instrumentos.

Análise prévia dirá, por exemplo, da inconveniência das visitas, quando uma organização estiver desenvolvendo uma nova tecnologia. Prédios velhos e máquinas antigas não são muito estimulantes ao olhar. Uma seção em que se realiza trabalho de alta precisão não pode ser perturbada por estranhos.

Estes exemplos foram utilizados com o objetivo de demonstrar que nem sempre se pode interpretar de modo amplo e irrestrito. Geralmente há limitadores no uso das técnicas exigidas pela "escola", como visto acima. Contudo, há a ressalva de que esses casos constituem as exceções.

Relações Públicas são uma "casa de vidro"[41]

A locução adjetiva "casa de vidro" vem do francês "*maison de verre*" e está relacionada à comunicação e ao exercício de poder, na medida em que reforça a idéia de trânsito fácil, de ausência de impedimentos ou de mistérios entre empresa e público.

Esta "escola" está ligada ao surgimento das Relações Públicas na França, no momento político de 1946, de pós-guerra, com muita incerteza e boatos, quando havia necessidade de informar à comunidade francesa sobre as medidas do governo e das empresas, visando à recuperação nacional.

Na época, "enxergar" dentro da organização não constituía atividade física visual, tampouco fragilidade. Uma série de informações emitidas pela empresa ou visitas à organização alimentavam ou substituíam o "olhar". Hoje, o simbolismo da casa de vidro é proposto para ser colocado em prática através da ideologia da *transparência* organizacional, informando suas políticas, normas, dados financeiro-econômicos e tudo mais que seja do interesse público. A sutil diferença existente entre esta escola e a de políticas de portas abertas estaria no nível do exercício de poder na tomada de decisão. Enquanto na escola de políticas de "portas abertas", e sua sinônima "quimono aberto", o público seria partícipe nas decisões, nesta, ou seja, na de "casa de vidro", os públicos apenas teriam informações do que e o porquê dos acontecimentos.

O êxito da economia japonesa validou suas escolas de administração nas décadas de 70 e 80. Uma delas, a do *Just-in-time*, é operacionalizada através do princípio do "quimono aberto". Esta filosofia pode ser comparada a uma filosofia "guarda-chuva", formando um sistema global, contendo de forma sinergística, várias técnicas, princípios ou sistemas de produção, meio ou fim, com a finalidade de chegar à consecução de objetivos maiores. O sistema *JIT*, à semelhança de toda teoria, possui seus termos e conceitos específicos. Um deles é o de *parceria*, significando que tanto no sistema interno de produção da organização, como no sistema externo empresa-cliente

---

41. É símbolo das Relações Públicas francesas. Cf. CHAUMELY, Jean & HUISMAN, Denis. *As Relações Públicas*. São Paulo: Difusão Européia do Livro, 1964, p. 7.

e empresa-fornecedor, existe sempre o binômio fornecedor-cliente. Sempre alguém é ou fornecedor, ou cliente, isto é, parceiros em um negócio.

O *JIT* está associado a cinco metas, sendo uma delas *desenvolver a confiança e relações abertas com fornecedores e clientes*. Lubben explica muito bem o significado desta meta. Assim diz ele[42]: "Não significa confiança como *acredite em mim, você irá gostar*, mas confiança que é obtida através da verdade, da honestidade e transparência".

Surge, então, uma das políticas contidas sob o "guarda-chuva" *JIT*, a do "quimono aberto", uma metáfora usada para expressar que não há segredos entre parceiros em um sistema produtivo ou em um negócio em que, obviamente, ambas as partes têm interesses comuns. Lubben explicita este termo de outra maneira[43]:

"Uma das melhores maneiras de se gerar essa confiança é desenvolver os sistemas e procedimentos operacionais utilizados para a manufatura do produto deste cliente em conjunto com ele. Esse sistema deve ser operado de forma que o cliente tenha, com freqüência, completo acesso às informações de qualidade"

Ora, isto ocorrendo, certamente fornecedor e cliente se entenderão, não sendo necessário despender energia com programas de comunicação através de "discurso", para explicar ou justificar problemas. Aliás, outro princípio do *JIT* é[44]: "É mais importante prevenir problemas que resolvê-los".

Os parceiros, ao estarem a par das informações, situam-se em iguais condições de exercício de poder, portanto, de barganha. Esta é a situação ideal para o "jogo do ganha-ganha", refletindo o estado de confiança em que ambos estão envolvidos.

Tudo isto posto em prática, o *Just-in-time* passa a ser uma ferramenta de vendas[45]: "Ser uma empresa *JIT* permite vender não só o produto, mas também a própria empresa". Veja-se aqui a vinculação com o marketing, finalidade última (ou primeira) das Relações Públicas. Principalmente em situações especiais, como diz Lubben[46]: "quanto mais comum for um produto (isto é, quanto menos distinção tiver em relação aos produtos dos competidores em termos de custo e desempenho), mais importante se torna 'vender' a empresa para o cliente".

---

42. CHAUMELY, J. & HUISMAN, D. *As Relações Públicas, cit.*, p. 19.
43. *Id., op. cit.*, p. 35.
44. *Id., op. cit.*, p. 9.
45. *Id., op. cit.*, p. 42.
46. *Id., op. cit.*, p. 42.

Em síntese, estas três óticas parciais também não atingiram o objetivo de definir Relações Públicas. Elas, no entanto, ressaltam um dos pontos mais importantes da função e da atividade: a relação comunicação e exercício do poder legítimo e alertam para o princípio de que as decisões legítimas são aquelas obtidas em negociações diretas entre as partes ou, quando isso é impossível, aquelas com o máximo de transparência.

(3) Retórica — Realizar o melhor possível na busca da integração de interesses, onde o resultado do exercício de poder deixa de ser igual a zero (um ganha, outro perde), mas todos ganham, não é ainda suficiente para o exercício de poder com bom nível de Relações Públicas. A razão disso é o fato de o público poder estar desatento ou, se atento, não perceber a irrepreensível ação organizacional. Podem, ainda, ter interesses imediatistas, corporativistas, contrários a benefícios futuros e para a sociedade maior. Por último, podem estar influenciados pela concorrência ou por outras ideologias que os opõem à organização.

Assim sendo, é necessário persuadi-los através de um discurso, dizendo o que a organização fez, faz e o porquê de sua decisão, a fim de que os mesmos modifiquem suas atitudes. Reardon[47], dizendo que na persuasão, em absoluto, existe o logro e tampouco a persuasão é algo que uma pessoa faz a outra, senão algo que alguém faz *com* outro, define melhor este constructo: "Quando a conquista dos objetivos de uma pessoa resulta bloqueada pelas condutas de outra em busca de seus objetivos, emprega-se a persuasão para convencer o opositor a redefinir seu objetivo ou modificar os meios para atingi-lo".

Persuasão, no sentido que lhe dá Reardon, apesar de essa autora dizer que persuasão não é uma atividade unidirecional, assemelha-se à comunicação teleológica ou ação estratégica de Habermas[48], nada mais, nada menos que a "comunicação *one-way*, ou seja, o envio de uma informação por um canal na busca de um determinado e específico retorno, quando a definição de comunicação confunde-se com a de exercício de poder.

A interpretação de Wrong[49] ajuda a compreender esta base de poder, acrescentando mais alguns dados explicativos à questão:

> "... quando A apresenta argumentos, solicitações ou exortações a B e B, após avaliar, independentemente, os conteúdos dos ar-

---

47. REARDON, Kathleen K. *La persuasión en la comunicación*. Barcelona: Paidós, 1991, p. 25.
48. HABERMAS, Jürgen. *Teoria de la acción comunicativa: complementos y estudios previos*. Madri: Catedra, 1989, p. 483.
49. WRONG, D. *Power. Its Forms, Bases and Uses, cit.*, p. 32.

gumentos sob a ótica de seus próprios valores e objetivos, aceita a comunicação de A com base de seu próprio comportamento, A obtém sucesso em persuadir B".

Persuadir outros através de argumentos lógicos para seus próprios pontos de vista é ação ética e básica da democracia, mesmo porque, como se expressa Arendt[50], "quando argumentos são usados, a autoridade é deixada em suspenso".

O deslize ético, nesta base, ocorre pela manipulação, quando o dizer contém mentiras ou verdades parciais, levando as pessoas a certos procedimentos, mas que, caso soubessem a versão completa ou correta, teriam outro posicionamento. Wrong[51] manifesta-se sobre o assunto de forma radical: "Manipulação apresenta-se como a forma mais desumanizada de poder, até mesmo mais que a força física, donde pelo menos a vítima é conhecedora e objeto de agressão de seu corpo por outros ou a frustração de suas necessidades básicas."

O radicalismo de Wrong, se não aceito em parte ou totalmente, vale para clamar contra a manipulação.

· Finalizando o item e realizando um trampolim para o próximo tema, há um autor: Gordon[52] que chama seu livro *Persuasão* de livro de mitologia, porque, como se poderá confirmar, mitos e símbolos estão entre os veículos mais onipresentes da persuasão.

O mito

O mito é um fenômeno situado nas bases de poder de legitimação e persuasão. Na primeira, pode ocorrer construído através de argumentos histórico-objetivos, enquanto na segunda ocorre implicitamente através do discurso verbal realizado pela organização. Assim a organização torna-se sacralizada e, portanto, modeladora do comportamento dos públicos.

Para compreender o fenômeno, requer-se ajuda de um conceito inicial de Campbell[53]:

"Os mitos são metáforas da potencialidade espiritual do ser humano, e os mesmos poderes que animam nossa vida animam a vida do mundo. Mas há também mitos e deuses que têm a ver com sociedades específicas ou com deidades tutelares da sociedade."

---

50. ARENDT, Hannah. *Between Past and Future*. Nova York: The Viking Press, 1961, p. 93.
51. WRONG, D. Power. *Its Forms, Bases and Uses*, cit., p. 30.
52. GORDON, George. *Persuasion*. Nova York: Hastings House, 1971, p. XXI.
53. CAMPBELL, Joseph. *O poder do mito*. São Paulo: Palas Athenas, 1990, p. 24.

Veja-se que, para esse autor, os mitos fazem parte da vida e são úteis à sobrevivência e à realização pessoal, pois é nos mitos que se encontram os seres sobrenaturais, as entidades divinas, os heróis que orientam, modelando todas as ações humanas, uma vez que os mitos contam uma história sagrada. Confirma-se este ponto de vista em May[54], quando ele diz: "Os mitos são padrões narrativos que dão significados a nossa existência... os mitos são nossa forma de encontrar esse sentido". Também "os antropólogos argumentam que nos mitos estão as chaves para entender as atitudes culturais para com a realidade."[55]

A partir do momento em que, para legitimar-se, a organização utiliza-se da palavra, em substituição à ação, constrói um outro mundo, diferente do mundo da ação, diferente do mundo dado. Neste caso, quem escreve pode transformar a organização em mito. A justificativa desta asserção é encontrada inicialmente em Cassirer[56], que, dissertando sobre a exaustiva definição de Kant dentro dos cânones do pensamento discursivo, diz:" ...e que quando a intuição imediata se concentrou num só ponto, sendo — pode-se dizê-lo — reduzida a ele, surge então a forma mítica e a lingüística e emerge a palavra ou o 'deus momentâneo' da mitologia".

A demonstração desse teorema em que Cassirer coloca a palavra, em um quadro a-histórico como formadora do mito, ou seja, do "deus momentâneo" pode ser iniciada por argumentos encontrados neste mesmo autor[57], no momento em que comenta as idéias de Usener[58] sobre a formação e a estruturação dos conceitos teológicos, dizendo que a fase mais antiga, no sentido de inicial, da criação de deuses pelo ser humano, foi aquela caracterizada pelos "deuses momentâneos".

"Estes seres não personificam nenhuma força da natureza, nem tampouco representam qualquer aspecto específico da vida humana, e menos ainda se fixa neles um rasgo ou valor literário, que logo se transforma numa imagem mítico-religiosa estável; pelo contrário, é algo puramente instantâneo, uma excitação do momento, um fugaz conteúdo mental que aparece e desaparece com análoga rapidez, por cuja objetivação e exteriorização se cria a imagem do deus momentâneo".

---

54. MAY, Rollo. *La necesidad del mito*. Barcelona: Paidós, 1992, p. 17.
55. RETHORST, John C. "Myth and morality". *Journal of Moral Education*. Vol. 20, n? 3, 1991.
56. CASSIRER, Ernst. *Linguagem, mito e religião*. Porto: Rês, 1980, p. 99.
57. CASSIRER, E. *Op. cit.* p. 31.
58. Trata-se da obra: USENER, Götternamen. *Versuch einer Lehre von der religiösen Begriffs bildung*. Bonn, 1896.

Cassirer[59] afirma que isto ocorria (*e certamente ocorre*[60]):

"...devido à vivacidade e excitabilidade do sentimento religioso do ser humano, quando qualquer conceito ou objeto que, em dado instante dominasse todos os pensamentos, podia facilmente ser exaltado até à hierarquia divina: Inteligência, vinho, corpo do ser amado... (*e por que não a organização?*[61]) tudo o que nos chega, repentinamente, como um bem dos céus, tudo o que nos alegra, entristece ou oprime, parece ser divino, para tão sensível consciência religiosa".

Tem-se, portanto, admitida uma das proposições do teorema. Parte-se agora para demonstrar ou tornar evidente a outra, ou seja, a palavra.

Reportando novamente a Cassirer[62], extrai-se a seguinte asserção: "Toda denotação lingüística é essencialmente ambígua (...) e nesta ambigüidade, nesta 'paronímia' das palavras está a fonte de todos os mitos"

Contudo, caso não tenha sido suficiente a apreciação realizada por Cassirer sobre os aspectos denotativos das palavras, emprega-se o artifício de citá-los por uma quarta e última vez[63]:

"Sempre que uma palavra, que tenha sido antes usada metaforicamente (e, em suas origens, todas foram), é usada de novo, sem ter em conta os passos que deu desde a sua significação original até seu atual sentido metafórico, estamos a braços com a mitologia".

Por fim, ainda buscando explicitar palavra-mito e mito-deus momentâneo, tem-se outro cientista da palavra, Barthes[64], de outra escola, mas também útil para auxiliar a esclarecer através de algumas de suas proposições:

"Mito é (...) uma fala (...) um sistema de comunicação (...) um modo de significação (...) uma metalinguagem (...) constituído pela eliminação da qualidade histórica das coisas: nele as coisas

---

59. USENER, Götternaman. *Versuch einer Lehre von der religiösen Begriffsbildung, cit.*, p. 32.
60. O grifo foi colocado por mim a fim de levantar a questão de que esse fenômeno talvez ainda ocorra hoje em dia, possivelmente com outras explicações que não a de fundo religioso.
61. Com a mesma intenção que a anotação anterior.
62. CASSIRER, E. *Linguagem, mito e religião, cit.*, p. 9.
63. CASSIRER, E. *Op. cit.* p. 143.
64. BARTHES, Roland. *Mitologias*, São Paulo: Difel, 1980, p. 131.

perdem a lembrança de sua produção (...) a transformação e uma intenção histórica em natureza, uma contingência em eternidade, evacuando o real (...) uma fala despolitizada, entendo política no sentido profundo, como conjunto das relações humanas na sua estrutura real, social no seu poder de construção do mundo."

A passagem da abstração mito para a sua utilização *nas* e *pelas* organizações encontra referencial consistente em Kendall[65], com seu artigo: "Pesquisa de Cultura Organizacional: uma história mítica da AT&T". Nesse estudo documentado, cujo objetivo foi uma análise explícita com o público interno, o autor afirma: "Mitologias desenvolvem-se em organizações do mesmo modo como elas se desenvolvem em tribos e nações". Além disso, fornece os passos do processo de construção dos mitos. Veja:

"O processo de construção de um mito envolve:
1. Uma experiência do dia-a-dia ou a fabricação de um evento;
2. uma interpretação existencial da experiência ou do evento;
3. a institucionalização do evento;
4. a emersão da autoconsciência do grupo, de valores éticos e sociais;
5. a evolução de um sistema de crenças, formalizando elementos associados com a origem da organização;
6. a afirmação da maneira correta de acreditar e celebrar a origem e o propósito da organização, conforme doutrinas e rituais."

Testemunhada a existência de mito nas e com as organizações, depara-se agora com outra missão, a de evocar um pesquisador da área de comunicação que contribua para dizer como, através da palavra, surgem os mitos. Encontra-se a prova testemunhal em Shapiro[66].

Essa jornalista, no miolo de seu artigo, explica sua idéia:

"O jornalismo, como uma forma literária, é também um veículo do mito. À semelhança do romancista e do poeta, o jornalista é o criador daquilo que Slotkin[67] chama de 'artefatos de mito' —

---

65. KENDALL, Robert. "Research of organizational culture: A mythic history of A.T. & T." Documento apresentado à Division of Speech Communication Association, em convenção, Chicago, ILL; novembro 13-16, 1986, p. 3.
66. SHAPIRO, Stephanie Ann. "The feature story as mythological artifact." Documento apresentado no Annual Meeting of the Association for Education in Journalism. Atenas, 25-28 de julho de 1982.
67. Trata-se da obra de SLOTKIN, Richard. *Regeneration Through Violence: The Mythology of the American Frontier, 1600-1860*. Connecticut: Wesleyan University Press, 1973, p. 8.

a narrativa. Narrativas de ficção ou de fatos expressam as tradições e as metáforas de determinada cultura. Elas transformam os mitos arquetípicos de toda a humanidade, em mitos únicos de uma cultura (...) o sentido de eternidade, o processo de repetição e a afirmação de valores duradouros são qualidades comuns ao mito e à reportagem''.

Cabe, neste ponto, o destaque ao jornalismo (ou à mídia como um todo) e ao jornalista como seu operador, pois são estes dois elementos, essência e aparência, aqueles que tratam com a notícia sobre as organizações, em especial as grandes organizações. Assim, como podem desmitificar as organizações denunciando suas injustiças, podem e realizam, por outro lado, a mitificação das mesmas, contando sobre suas realizações em benefício da sociedade.

Concluindo, ao procurar-se justificar a legitimidade da organização através de uma fala, defronta-se com um mundo criado diferente do mundo dado. E se, além disso, através das metáforas, gera-se um conjunto de imagens momentâneas, a-históricas, pode-se transformar a organização em mito. Assim percebido, sendo um "deus momentâneo" um ser sobrenatural, um herói ("alguém que deu a própria vida por algo maior que ele mesmo"[68], ou "aquele que resolve o conflito em que se debate o indivíduo"[69]) possui as soluções mágicas para os problemas com seu público, por isso pode e deve decidir.

O mito está para a dimensão política assim como a imagem está para a dimensão psicológica. Ambos pressupõem problemas éticos, quando utilizados conscientemente para a manipulação. Por outra ótica, a ciência e a atividade de Relações Públicas não podem marginalizar este constructo e seu potencial teórico para a compreensão do fenômeno político no sistema social organização-público. Por sinal, muito superior à contribuição oferecida, até a data de hoje, pelo conceito de imagem.

Por tudo isso e tantas outras variáveis intervenientes que, certamente, deram argumentos a Bailey[70] para fazer uma frase de efeito, interligando o mito à política: "A política é a arte de combater mitos inaceitáveis e de fazer com que os próprios mitos escapem à burla''.

(4) Recompensa — As decisões do público podem ser influenciadas, ou o poder concedido à organização, caso as necessidades do mesmo sejam compensadas através de recompensas materiais ou

---

68. CAMPBELL, J. *O poder do mito, cit.*, p. 131.
69. CAILLOIS, Roger. *El mito y el hombre*. México: Fondo de Cultura Económica, 1988, p. 29.
70. BAILEY, F. G. *Morality and Expediency*. Oxford: Basil Blackwell, 1977, p. 8.

psicológicas, como brindes, prêmios, patrocínios, medalhas, etc. Esses instrumentos contêm intrinsecamente um tipo de informação que busca captar a simpatia e implantar sentimentos de compromisso futuro na parte recebedora para com a doadora.

Observe-se o processo de compensação: a parte que decide de acordo com seus interesses obtém certamente maiores e melhores recursos escassos. Então, ou antes, recompensa com um pouco a parte que cedeu a sua decisão, através de um regalo. Mesmo que coincida com o princípio filosófico "quem ama, dá", e que se empregue esses instrumentos com as melhores das intenções, sucede algum tipo de coerção.

O poder econômico é, neste ponto, esclarecido, pois nada mais é que o exercício do poder pela liberação ou a retenção de recursos de uma para outra parte.

Este tipo de base de poder e sua forma corrompida, a chantagem, encontram-se na mesma linha de um *continuum* de concessões. O fator que os separa está no limite da ética.

(5) Punição — É a forma mais palpável de coerção para influenciar a decisão de outros. Os instrumentos mais desumanos deste aspecto são o seqüestro, a tortura, o assassinato e o terrorismo.

Contudo, em formas suaves, ocorre no sistema organização-público, tais como a demissão de um funcionário, o bloqueio da conta de um cliente, etc. Estes instrumentos devem ser acordados previamente entre as partes e muito bem aplicados, nem em excesso, tampouco em benevolência. Caso contrário, poderá deslegitimar o aplicador perante aqueles que sofreram algum tipo de prejuízo, gerado pelo punido.

A utilização de uma ou várias bases de poder, para se decidir ou influenciar a decisão de outrem, implica sempre persuasão através de um determinado tipo de informação característico de cada base. Assim, a base *legal* sugere a idéia de autoridade de direito, obtida pela lei ou pela tradição. Por sua vez, a base *legítima* envolve informações que ressaltam o bem comum das partes nos interesses envolvidos na decisão. A base *retórica* sustenta-se nas informações da ação argumentativa contida nos dados, fatos, opiniões conforme um raciocínio lógico sob a forma de indução ou dedução. Por fim, as informações contidas na base *recompensa* motivam pela idéia do ganho de algo, enquanto que as informações implícitas à *punição* persuadem pela restrição de um direito, de uma conquista ou de uma liberdade.

Capítulo 9

OS OBJETOS DA CIÊNCIA E DA ATIVIDADE

A intenção de se conhecer Relações Públicas cientificamente implica ir ao encontro do prescrito pela metodologia científica. As regras da ciência exigem, entre outros pontos, que o objeto de qualquer ramo de estudo seja perfeitamente delimitado. Esta imposição tem suas razões, tanto no aspecto da pesquisa do conhecimento, quanto depois, na aplicação tecnológica da prática profissional. O desenvolvimento dos estudos sobre determinado assunto somente se dará se a comunidade científica estiver a par e de acordo com o objeto de estudo. Caso contrário, haverá confusões e desvios de sistematização no aprofundamento do sistema dedutivo.

A concentração de esforços, orientada em torno do objeto de estudo, provoca o desenvolvimento da ciência. Complicações acontecerão também na prática profissional, principalmente no caso de a atividade possuir alguma semelhança de objeto com outras. Passa a haver sobreposições nos campos de atuação, gerando lutas por espaço e, às vezes, até questões trabalhistas e o envolvimento de toda a classe e de seus órgãos. Isto tudo dificulta a cooperação entre as atividades e a solução dos problemas nos quais elas estão envolvidas. Todos acabam prejudicados, tanto as atividades, como os profissionais e a sociedade, ou segmento da mesma em que o trabalho está sendo realizado.

O problema da sobreposição de atividades ocorre em muitas áreas. Não é privilégio da área de comunicação social, onde jornalismo, propaganda, promoção e marketing têm com as Relações Públicas discussões sobre "o que é, de direito, de quem". Em parte, tal problema nasce da indefinição do objeto das Relações Públicas.

Outra razão para especificar o objeto é a necessidade que tem o ensino das Relações Públicas de definir perfeitamente o perfil do profissional a formar. O currículo a ser estabelecido pelo curso deve resultar num certo produto final e não noutro. A relação das matérias, seus conteúdos, as atividades didáticas, os métodos de ensino e todos os outros meios auxiliares dependerão do que se pretende formar.

Ilustro toda esta justificativa através de um problema e de suas respectivas interpretações:

Que atividade seria a de quem atende seus clientes em seu consultório ou moradia dos mesmos; ausculta suas condições físicas, solicita exames de laboratório; elabora diagnóstico; prescreve medicação e, por vezes, faz cirurgias quando necessário?

Intérpretes apressados diriam que esse profissional é o médico. Contudo, análise mais detalhada ou a preocupação paranóide injetada pelo quebra-cabeças já leva a supor outras alternativas, entre elas o veterinário e o dentista. Tudo dependerá do objeto de trabalho do profissional, que poderá ser o homem inteiro, ou parte do mesmo (a boca), ou o animal.

De modo análogo ao que sucedeu, quando da interpretação desta adivinhação, a resposta à pergunta "Qual o objeto das Relações Públicas?", a peritos e iniciados, certamente teria as mais diversas formulações. Para controlar tal divergência, precisa-se de um seguro critério inicial, que possibilite a identificação do objeto das Relações Públicas.

Tem-se que retornar às páginas anteriores e verificar que Relações Públicas, em certo sentido, são uma função organizacional e como tal inserida em uma organização, não existindo sem ela. Opera de modo integrado com a mesma e em seu benefício.

Este funcionalizar-se ocorre em um sistema no qual o outro componente são os públicos e o que eles significam. Organizações e públicos se caracterizam com uma díade. A atividade das Relações Públicas trata exatamente com estes dois elementos concretos ou materiais, pois pode-se identificar muitos dos componentes de ambos. É óbvio que eles não existem isolados e estaticamente. Podem possuir alguns elementos físicos, porém a estrutura significa sempre, além dos componentes, o dinamismo dos eventos em ciclos repetitivos. Neste ponto, pode-se concluir que a atividade de Relações Públicas trata objetivamente com a organização e seus públicos.

A colocação do que faz a atividade, segundo a versão inglesa do Acordo do México, auxilia um pouco mais a consolidar esta posição. Verifica-se, pelo documento, que a primeira grande função do profissional é atentar para as tendências organizacionais correlacionadas com os interesses dos públicos. Prescreve esta definição que o profissional se preocupe com a organização e a direção que ela toma, sempre com referência aos interesses dos públicos. Públicos são a contrapartida da ação organizacional.

Caso ainda se tenha dúvida sobre o fato de que o objeto das Relações Públicas são a organização e seus públicos, pode-se utilizar

126

outro argumento para demonstração. Desta vez, invocam-se todas as definições conceituais, onde certamente verifica-se que todas elas, sem exceção, possuem indicação explícita de que o trabalho de Relações Públicas refere-se à organização (ou outro termo sinônimo) e os públicos (ou também outro termo sinônimo). Um último argumento é a definição operacional detalhada, que diz ser uma dos primeiros passos do trabalho de Relações Públicas conhecer a organização e, em seguida, relacionar e caracterizar seus públicos.

Concluindo, creio suficiente a demonstração de que Relações Públicas tratam e manuseiam uma relação, cujos componentes são a organização e os públicos.

Esta identificação não é, no entanto, suficiente para os princípios científicos. Eles esperam um pouco mais. Para eles é preciso também que seja definida a forma como o objeto material é trabalhado. Detecta-se este problema por analogia ao estudo científico do ser humano. O homem é o objeto material de muitas ciências, mas cada uma possui um modo especial de dissecá-lo. Isto acontece igualmente com a relação "organização-públicos". Outras atividades igualmente tratam com a mesma, cada uma sob sua ótica especial. Fica faltando, portanto, explicitar qual a forma pela qual Relações Públicas tratam o seu objeto.

Duas alternativas apresentam-se imediatamente. A primeira, por tradição, seria a de considerar a comunicação como objeto formal. Rejeito esta hipótese por considerar o conceito com todas as suas implicações presente em qualquer tipo de relação, por ser por demais genérico e de difícil discriminação e controle. Tenho, contudo, a consciência da dificuldade de afastar-me desta área, pois Relações Públicas, até agora, estiveram colocadas sob essa égide, salvo tentativas frustradas de carreá-la para o seio da administração.

A segunda alternativa seria a de considerar como objeto formal a relação de poder. Todavia, o problema anterior da abrangência se repetiria. A relação de poder é o capítulo básico da política e engloba tudo o que aqui se relata. Neste caso, tenho também em conta que pode ser uma contradição interna deste projeto que, propondo um enfoque político às Relações Públicas, rejeita a relação de poder como objeto formal.

Deixam-se de lado estes dois pontos pelas razões acima expostas e, também, por considerá-los áreas de estudo sob as quais as Relações Públicas se encontram. Ambas se interligam e se complementam. O problema é que não se pode escapar desta polivalência de colocações em razão de todas elas fazerem parte do processo e ganharem destaque conforme a ótica de aproximação ao mesmo.

Permaneça-se, portanto, junto ao objeto material, em busca de uma conclusão de qual seja o objeto formal. A relação organização-públicos tem como pano de fundo toda a conjuntura sócio-cultural-econômico-política. Tudo é dinâmico: organização, público e conjuntura. Cada evento organizacional jamais ocorre em conjunturas iguais e sob a mesma expectativa de seus públicos. A possibilidade de descompasso entre o que faz a organização e o que esperam os públicos é latente. A atividade de Relações Públicas tem a função contínua e permanente de atentar para o que poderá acontecer. Esta é a etapa do prognóstico. O descompasso ocorre dentro de um espaço de tempo cuja extensão é diretamente proporcional a algumas variáveis, das quais, certamente, a quantidade e o impacto das informações recebidos pelos públicos é ponto crucial. Isso poderá levar os públicos a perceberem a ação organizacional como contrária aos seus interesses. Quanto maior a discrepância entre o esperado e o percebido, maiores as possibilidades de acionamento do mecanismo de posicionamento dos públicos.

A velocidade do processo dependerá (também, ou talvez) da maneira como é feita a tomada de conhecimento pelo público. Será lenta, se feita boca a boca, uma pessoa passando para outra. Será mais rápida se ocorrer divulgação através dos meios de comunicação de massa. Aceleradíssima, se estes meios encamparem a idéia e realizarem campanhas contra a organização.

O fato é que o descompasso pode desembocar no conflito. No conflito há o impasse, demorado ou não. Pára-se para discutir. O processo produtivo recebe as rebarbas do conflito. Se resolvido, tudo fica bem, há evolução. Porém, caso as soluções não sejam encontradas ou ocorram outros fatores, pode-se cair na crise, isto é, perde-se o controle da situação. Nesta etapa, os problemas de relacionamento entre as partes tornam-se sérios e os prejuízos de toda sorte são incalculáveis.

A atividade de Relações Públicas cuida de tudo isso, mas o âmago de seu trabalho está exatamente na preocupação com o conflito, no processo de trocas entre a organização e os públicos. Essa é a forma como se olha tal vínculo. O ponto de referência para se interpretar a interação entre organização e públicos é o conflito.

Assim posto, tem-se que o objeto material das Relações Públicas é a organização e seus públicos, e o objeto formal é o conflito no processo decisório em que ambos participam. Com esses dois pontos, a função e a atividade de Relações Públicas tratam e atuam. Tudo é feito com a intenção de evitar ou resolver conflitos.

A extensão do conceito à relação homem-públicos

Pode-se considerar também que as Relações Públicas atuam para o homem. O termo "homem" não significa, aqui, o ser humano em si, mas as ações que o ser humano realiza frente à comunidade em que vive. O projeto de Relações Públicas, neste caso, é tanto mais adequado quanto mais público for este homem, isto é, quanto mais de interesse público forem suas ações. O cidadão simples ou a massa (certamente sem qualquer atuação junto aos interesses de outros a não ser sua família, colegas e vizinhança, onde exerce suas influências e faz suas trocas) pouco afeta interesses maiores. Ao contrário, um político, deputado ou senador está em outro ponto da escala ascendente de mercados e públicos. O empresário, dependendo do poder de sua empresa e da influência desta e de suas decisões, encontra-se entre ambos. Tudo o que são e o que fazem as Relações Públicas adapta-se também à ação humana que seja do interesse público.

A extensão do conceito à instituição

Comentário explicativo deve ser feito sobre o termo *instituição*, pelo fato de o mesmo existir na definição da Associação Brasileira de Relações Públicas e, por vezes, surgir em alguma definição ou proposição de um ou outro artigo referido ao tema. Entende-se por instituição, antes de tudo, um padrão normativo reconhecido (uma ou mais normas aceitas, interiorizadas e sancionadas por um sistema social). Por extensão, entende-se também o órgão institucional criado pelo sistema social para cuidar, fiscalizar ou mesmo administrar a instituição. Apenas como exemplo: "educação" é a instituição, a escola é o órgão institucional. "Comércio" é a instituição, as casas comerciais são os órgãos institucionais. Por princípio de economia de linguagem, acaba-se designando ambos "instituição". O termo instituição, referindo-se às organizações, possui ou origina-se também de uma outra vertente muito similar à anteriormente citada, apenas que no sentido inverso. Exemplo: quando uma organização estabelece uma cultura especial, ela se torna valorizada, é introjetada pela sociedade e dela passa a fazer parte, transformando-se em "instituição".

Comete-se um equívoco quando se diz que há e fazem-se Relações Públicas de produtos, serviços, datas, fatos sociais, específicos ou genéricos como a saúde, o café, o Carnaval, etc. Tais elementos, em si, são inertes e irracionais. De sua ascensão ao mercado, ocupa-se o marketing, e essa operação, exclusivamente mercadológica, denomina-se "lançamento", geralmente garantida por um forte esquema promocional, tanto para estabelecer os primeiros contatos com o público, como para manter o alto nível de consumo. A atividade de Relações Públicas atua em outra esfera, como justificativa e suporte de decisão mercadológica das lideranças da organização de criarem esse produto ou serviço e interessar compradores. É necessário que haja boa vontade de todos os públicos, tanto para com a empresa, quanto para com o que ela deseja comercializar, já que práticas de produção e de mercado afetam toda a comunidade. A confusão ou sobreposição de atuações acontece porque a atividade de Relações Públicas também realiza programas promocionais da organização.

O que difere entre ambas é o objeto.

Concluindo, as Relações Públicas, qualquer que seja o significado do termo que venhamos a tomar, têm como objeto material a díade organização e seus públicos, estendendo-se para homem e públicos enquanto aquele posicionar-se como homem público. Além do mais, as Relações Públicas têm como objeto formal o conflito, latente e iminente, no processo decisório comum às duas partes do objeto material.

Capítulo 10

OS PÚBLICOS

Os envolvidos, direta ou indiretamente, com a atividade de Relações Públicas, qualquer que seja o nível de intensidade, estão habituados a se referirem à tradicional classificação de públicos, sob o critério geográfico, em *internos, mistos e externos*. Tal distribuição tem sido satisfatória ou, pelo menos, ninguém a contestou na visão anterior de Relações Públicas, apesar de sua restrita utilidade para a elaboração de diagnósticos e prognósticos da dinâmica da relação. Serve para enquadrar os distanciamentos dos públicos quanto ao centro de poder da organização.

Este ponto de vista, entretanto, não resiste à análise, caso se considerem os deslocamentos constantes das fronteiras organizacionais e, também, das pessoas, através dos vários públicos a que pertencem. O reposicionamento teórico apresentado nesta tese não se contenta com essa classificação e seu critério. Considera-os insuficientes para caracterizar o tipo de relação público-organização. Os públicos precisam ser compreendidos sob outra ótica. É imprescindível identificá-los, analisá-los e referenciá-los quanto ao poder que possuem de influenciar os objetivos organizacionais, obstaculizando-os ou facilitando-os.

A relação de poder como critério para outra tipologia

Em vários elos do sistema desta teoria tive que criar ou, pelo menos, adaptar conceitos. Desta feita, isto é dispensável. Uma tipologia de público, sob tal enfoque demandado, existe na documentação de Relações Públicas, mais precisamente na francesa. Matrat[1], em uma de suas obras, na década de 70 apresentava esquema classifica-

---

1. Perdi o referencial da obra em que Lucien Matrat apresenta essa classificação às pp. 40-42, sob o título *Méthodologie de la communication*.

tório de públicos quanto ao tipo de poder, enquadrando-os em quatro tipos:

Decisão, consulta, comportamento e opinião

No primeiro, situam-se aqueles públicos cuja autorização ou concordância permite o exercício das atividades organizacionais. Um exemplo universal é o do governo, que através de seu poder concedente permite o surgimento e a permanência legal da organização, concretizados em registro e alvará. Esse poder também se exerce em caráter suspensivo, desde que a organização venha a descumprir sua parte em relação ao Estado ou à comunidade.

Ao segundo tipo pertencem aqueles públicos que são sondados pela organização, quando a mesma pretende agir. Os acionistas, por vezes, estão aí compreendidos. Igualmente sucede com os sindicatos patronais, quando houver ação organizacional que afete as políticas do setor econômico a que pertencem.

No terceiro tipo, encontram-se os públicos cuja atuação pode frear ou favorecer a ação da organização. Os funcionários são exemplo perfeito deste tipo. As atividades fim e meio dependem deles. A ação organizacional correlaciona-se diretamente com o padrão do potencial e do nível de motivação de seus recursos humanos. Ainda neste nível contam-se os clientes, pois sua conduta individual condiciona a permanência da organização no mercado, na medida em que aceitem, ou não, consumir os produtos oferecidos. O nível de vendas, referenciado à concorrência, fornece indício imediato e máximo da relação. Em termos coletivos, é curiosa a influência dos consumidores, uns sobre os outros, através de seu trânsito espontâneo por lojas, magazines, bares, restaurantes. As pessoas, nos casos de liberdade de escolha, têm o hábito de entrar naqueles estabelecimentos cujo movimento é intenso, preferindo até esperar em longas filas a ir a local semelhante, ao lado, porém sem movimento. Espaços vazios desmotivam funcionários, clientes e clientes em potencial. Caso contrário ocorre com os serviços públicos, bancos e serviços obrigatórios.

Por último, mas não em menor ordem de importância em relação aos anteriores, existem aqueles públicos que influenciam a organização pela simples manifestação de seu julgamento e seu ponto de vista. Faz-se referência a um conjunto de pessoas catalogado como líderes de opinião. A eles recorrem seguidores, habitual e inconscientemente, após as notícias e os acontecimentos para justificar ações e formar atitudes. Encontram-se, entre os multiplicadores de opinião, os líderes comunitários, os colunistas de jornais, os comentaristas de rádio e TV, mas a grande maioria é composta por pessoas indistinguíveis no conjunto dos vários públicos.

Explica-se tais predicados e efetivo poder de condicionamento da opinião por dois princípios:

1) O impacto dos meios de comunicação de massa na formação da opinião é menor que o produzido pela comunicação informal face a face com os membros do grupo primário[2].

2) A modificação de opinião é, antes de tudo, um processo de identificação[3]. Portanto, a formação de opinião não supõe um processo direto de persuasão dos meios de comunicação sobre as pessoas. Ela é mediada pelos líderes de opinião. A maioria dos seres humanos, após tomar conhecimento de um fato, vai cotejar suas idéias com as de outros publicamente creditados, para consolidar seu próprio ponto de vista. Este, como que processo escalonado de formação de opinião, está descrito no modelo do fluxo binário (*two step flow*)[4].

A amostragem

Outros temas, no tocante à natureza dos públicos, são o objeto de pesquisa e o critério para a amostragem estratificada. Da prática das prévias eleitorais herdou-se o costume de pesquisar, em Relações Públicas, a opinião dos públicos, advindo, por silogismo, que o objeto levantado e depois analisado é a opinião pública. Das pesquisas de marketing adveio, também, o critério de amostragem estratificada em classe A, B, C, D e E, por poder aquisitivo. Todavia, dentro da perspectiva da teoria deste projeto há modificações acentuadíssimas quanto a tais aspectos. Em primeiro lugar, o objeto de pesquisa das Relações Públicas é mais a expectativa do que a opinião formada.

Entende-se por expectativa o que os públicos esperam da organização, em termos de suas ações (que, obrigatoriamente, implicam decisões anteriores), pois os conflitos estruturam-se em razão da distância que se forma entre o que é suposto e o que é realizado. Este último conceito, portanto, não comporta a redução dos termos "opinião" e "expectativa" a uma simples equivalência semântica. A pesquisa de opinião tem seu lugar na atividade de Relações Públicas, porém difere qualitativamente da pesquisa de expectativa.

---

2. BERELSON, B. P. L.; LAZARSFELD, P.; McPHEE, W. N. *Voting*. Chicago: University of Chicago Press, 1954. KATZ E. e LAZARSFELD, P. *Personal Influence: The Part Played by People In the Flow of Mass Communication*. Nova York: Free Press, 1955.
3. CHARTERS, W. M. & NEWCOMB, T. M. "Some attidudinal effects of experimentally increased salience of membership groups". *In* : MACCOBY, Elanor E. *et alii* (orgs.), *Readings in Social Psychology*. Nova York: Holt, 1958, pp. 276-281. KELLEY, E. L. Consistency of Adult Personality. *American Psychologist*, *10*, 659-681, 1955.
4. KATZ, E. & LAZARSFELD, P. *Op. cit.*, p. 132.

O critério de escolha dos públicos

Observadas as diversas implicações contidas nas diferentes categorizações possíveis, para públicos, pode-se agora refletir sobre os critérios a serem seguidos, quando o profissional de Relações Públicas precisa delimitar um determinado público para a produção de algum diagnóstico ou parecer.

Não são relevantes, ao que tudo indica, apenas as informações sobre onde está esse público, em relação ao centro de poder da organização, ou sobre qual é seu enquadramento quanto ao nível salarial e poder aquisitivo. A prevenção ou a solução de um conflito torna-se viável a partir de outros parâmetros, como se pode observar nos exemplos seguintes:

Exemplo n? 1

A alteração de programas de ação de uma universidade como um todo e, em especial, de um de seus cursos, precisa ser feita em curto espaço de tempo, a fim de aperfeiçoar-se o relacionamento da instituição e do órgão com a comunidade a eles ligada. Para se atingir esse objetivo, em nível ótimo, o indicador mais útil parece ser, em primeiro lugar, aquele que explicite o que falta aos demandantes da formação acadêmica ali obtida, ou aos usuários dos serviços produzidos pelos egressos desse tipo de estabelecimento de ensino. Através desse quadro amplo de expectativas e de carências configuram-se os públicos dessa universidade, bem como os tipos de trocas a serem providenciadas ou melhoradas. Dados estatísticos sobre número de entrevistados, por faixa de poder aquisitivo, podem ajudar a entender os demais dados coletados, mas não se afiguram essenciais frente ao objetivo de investigação.

Exemplo n? 2

Uma organização estatal precisa pôr em prática um programa de racionalização administrativa que resulte, por exemplo, em redução do número dos funcionários formados em economia.

Uma das pessoas envolvidas com essa medida é um assessor da diretoria, também professor universitário na área de economia. Imaginem-se os conflitos desse indivíduo, decorrentes dos diferentes papéis sociais que desempenha. Em princípio, como assessor deverá ser favorável ao saneamento das finanças; como professor, explanando os princípios teóricos e seus resultados na prática, igualmente deverá posicionar-se como favorável à decisão. Porém, como membro da comunidade de economia, impõe-se a solidariedade aos seus pares, ameaçados pelo expurgo. Nesse estado angustiante e indefinido, embora todas as suas características determináveis (assessor, professor, economista, morador do bairro X, seguidor de culto religioso Y, filiado ao partido Z, etc.), e a possibilidade de verbalização de todas as suas carências, no desempenho de seu papel social não é fácil classificá-lo como membro de um público deste ou daquele tipo. Sua identificação se viabiliza de modo indireto pelo grupo ao qual ele se unirá, num esforço de, através de coligação com iguais, melhor opor-se à organização que o está atingindo, como parte da força de trabalho intelectual e burocrático.

Por estas duas exposições, pretendo ressaltar que os critérios para escolha dos públicos, nas práticas de Relações Públicas destinadas a evitar ou solucionar conflitos, devem contemplar outros parâmetros que os da classificação "geográfica" (público interno, misto ou externo) ou estratificada (classe A, B, C, D e E). Diagnóstico, prognóstico, avaliação de ação e consecução de objetivos de Relações Públicas dependem do tipo de poder dos públicos e das tendências dos mesmos, que por sua vez estão correlacionadas às "correntes de migração" possíveis entre um e òutro grupo, segundo as variações dos quadros de expectativa de cada um deles. Os valores emocionais funcionam como impulsores e, à semelhança das "correntes quentes e frias", provocam o "bom e o mau tempo".

Para se lidar com toda essa mobilidade e vitalidade daquilo que se entende como públicos de uma organização, é preciso, portanto, ter cautela quando da adaptação de conceitos, métodos e técnicas de uma para outra área do conhecimento.

Capítulo 11

COMUNICAÇÃO: O MECANISMO - MEIO

A atividade de Relações Públicas, e por extensão a produção e o ensino do seu conhecimento científico, possui um vício de origem: foi edificada e até hoje mantida, mundialmente, de forma predominante, na esfera de atuação do jornalismo especializado e de escolas de jornalismo. Assimilou, desse meio, o conceito de comunicação de massa como objetivo final, caracterizado desde há muito tempo pelo paradigma estímulo-resposta pavloviano[1], contendo intrinsecamente a idéia de influenciar com intenção. Daí que (ou, ao contrário), a intimidade entre os conceitos de comunicação, persuasão e exercício de poder é tal que determinados autores, por vezes, não os discriminam.

Todavia, a definição de comunicação sustentada por esse paradigma e explicitada pelos modelos lineares *one-way* de Lasswell[2], Shannon e Weaver[3] e até o de DeFleur[4], que introduziu o conceito de *feedback* na comunicação de massa, é insuficiente para explicar, prever e controlar todo o fenômeno que amalgama o sistema organização-público.

Esse modelo sofreu críticas contundentes de Maturana[5]

"Esta metáfora [referindo-se ao emissor-tubo-receptor] é fundamentalmente falsa, porque supõe uma unidade não determinada estruturalmente, onde as interações são instrutivas, como se

---

1. PAVLOV, Ivan. *Los reflejos condicionados aplicados a la psicología*. Montevidéu: Pueblos Unidos, 1960. Ou qualquer outra obra que trate sobre reflexologia.
2. LASSWELL, H. D. "The structure and function of communication in society". *In*: BRISON (org.) *The Communication of Ideas*. Nova York: Harper and Brothers, 1948.
3. SHANNON, C. e WEAVER, W. *Op. cit.* Obra clássica sobre o assunto.
4. DeFLEUR, M. L. *Theories of Mass Communication*. Nova York: David McKay, 1966.
5. MATURANA, Humberto & VARELA, Francisco. *El árbol del conocimiento*. Santiago: Universitaria, 1984, p. 130.

o que passa a um sistema em uma interação ficasse determinado pelo agente perturbante e não pela sua dinâmica estrutural''.

Acompanha-o na crítica Habermas[6]: "Uma interação na qual um trata ao outro como objeto de influência passa ao largo do consenso''.

Em acréscimo, é mister não esquecer que o termo "comunicação de massa" e seu paralelo "sociedade de massa" encontraram críticas em Ortega y Gasset, Karl Manhein, Karl Jaspers, Paul Tillich, Gabriel Marcel e Emil Lederer, entre outros[7]. A própria Igreja Católica, em suas encíclicas sobre comunicação, substituiu o termo "massa" pela palavra "social", possivelmente a fim de isolar e evitar aquela ideologia.

A compreensão e a prática da pesquisa, do ensino e da atividade de Relações Públicas requerem outro suporte teórico para o processo de comunicação, pois o mesmo, no sistema organização-públicos, abarca quatro contextos:

1) "de massa";
2) inter e intra-organização;
3) inter e intragrupo;
4) inter e intrapessoas.

Estes quatro contextos, ou forma semelhante, já foram apresentados por Bateson e Ruesch[8], para a área da psiquiatria. Estes dois autores classificaram a comunicação humana em quatro níveis:

1) intrapessoal: a pessoa com ela mesma;
2) interpessoal: de pessoa para pessoa;
3) intergrupal:
    — de uma para muitas;
    — de muitas para uma;
4) cultural:
    — muitas para muitas, especialmente ligadas;
    — muitas para muitas, temporalmente ligadas.

Ademais, eles sintetizaram as conclusões em uma tabela designada "Especificação a quatro níveis das redes de comunicação", con-

---

6. HABERMAS, Jürgen. *Teoría de la acción comunicativa; complementos y estudios previos.* Madri: Catedra, 1989, p. 504.

7. Esses autores e suas obras são de notório conhecimento tanto na comunidade científica quanto entre aqueles que transitam pela literatura internacional.

8. BATESON, Gregory & RUESCH, Jürgen. *Communication: La matriz social de la psiquiatria.* Barcelona: Paidós, 1984, pp. 226-238.

tendo em uma coordenada os quatro níveis e na outra, os campos referentes a: 1) origem da mensagem, 2) emissor, 3) canais e 4) destino. Sem dúvida, totalmente adaptável ao estudo e à atividade de Relações Públicas.

Quadro VII — As características da comunicação nos diversos contextos.[9]

massa	organizacional	grupal	pessoal
As audiências tendem a ser vastas e heterogêneas.	É influenciada pela estrutura da organização.	A fonte e o receptor interagem pessoalmente.	Existe uma única fonte e um único receptor.
As mensagens tendem a ser públicas, abertas e preponderantemente unilaterais.	As informações fluem em todas as direções do escalão hierárquico.	Há a tendência de aumentar a uniformidade de opinião, gerando a real opinião pública.	A comunicação é face a face.
O *feedback* é limitado.	Depende mais diretamente da motivação das pessoas.	A audiência é bastante limitada.	Depende da atração pessoal.
A moderna tecnologia torna extremamente rápida a transmissão da informação.	O *feedback* é imediato e numeroso.	As normas, os valores e os papéis afetam diretamente a resultante da comunicação.	
A maioria das mensagens origina-se em organizações em lugar dos indivíduos.			

---

9. LITTLEJOHN, S. *Fundamentos teóricos da comunicação humana, cit.*, p. 349. Este quadro é uma síntese das idéias do autor.

A teoria de comunicação apropriada para as Relações Públicas deve integrar estas e outras variáveis. A idéia de insuficiência dos modelos clássicos de comunicação de massa pode ser constatada, também, através do estudo dos inúmeros modelos e teorias existentes nesta área do conhecimento científico, relatados pela e à comunidade científica até a data de hoje.

A proposta de um modelo

Apresento, a seguir, no quadro VIII, um modelo [10]: "... uma representação simbólica de uma coisa, processo ou idéia". No caso, traço um paralelo simbólico entre a estrutura do modelo e aquela presente no processo de comunicação. Apresento-o como um artifício para relacionar, identificar e destacar alguns princípios, teorias e outros modelos que melhor ajudam a explicitar a complexidade do processo de comunicação social, bastante diferente da comunicação física eletro, eletrônica da engenharia, de onde surgiu o modelo *one-way*.

Não existe, absolutamente, a intenção que o mesmo seja um novo modelo. Este artifício será desenvolvido seguindo a direção do sistema maior organização-público, passando pelo sistema grupo-homem, depois homem-homem, concluindo nos aspectos básicos que permitem a comunicação do ser humano consigo mesmo.

A exposição das idéias será realizada paralelamente à interpretação do quadro. A primeira premissa é que o processo de comunicação em Relações Públicas refere-se, em forma global, ao sistema organização e seus públicos. Esses dois componentes não possuem fronteiras físicas delimitadas. Não se sabe até onde chegam as ações e os discursos comunicacionais de ambas as partes. Sabe-se, apenas, que o intercâmbio de mensagens através da ação sucede-se em vários contextos, através de diversas linguagens com signos verbais e não-verbais. Portanto, é impossível identificar e registrar com precisão as mensagens emitidas e recebidas e quem são e onde se encontram seus emissores e receptores.

A proposta da maioria das organizações é permanecer no mercado, transacionando inúmeras vezes em outros espaços e outros tempos e, se possível, infinitamente. Isto não é apenas um ato, mas um processo. Assim também é a comunicação que lhe é intrínseca.

Por isso, identifico, na ordenada, a variável espaço (XT) e na abscissa, a variável tempo (YT).

---

10. LITTLEJOHN, S. *Fundamentos teóricos da comunicação humana, cit.*, p. 19

Quadro VIII — A diacronia e sincronia do processo de comunicação.

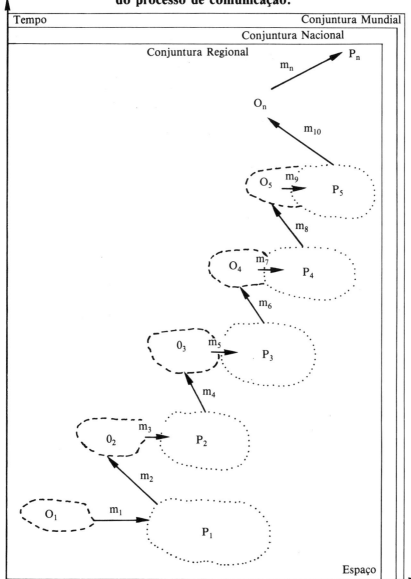

A transferência da idéia simbolicamente para o quadro VIII aponta para as figuras identificadas inicialmente por O_I e P_I, no momento do início do processo, quando o público recebeu a primeira mensagem, enviada pela organização (M_I) e, depois, em razão desta, ou não, retornou com a sua. (M_2). Represento a forma da organização e dos públicos por figuras irregulares, desenhadas, a organização, com linhas tracejadas, e o público, com linhas pontilhadas, desejando significar a porosidade e a elasticidade das fronteiras de ambas.

Aliás, o termo processo pressupõe essa dinâmica. Ademais, conforme Schramm[11]: "De fato é um erro pensar que o processo de comunicação começa com alguém e termina em alguém. É, verdadeiramente, sem fim". A organização e públicos são, ambos, concomitantemente, atores no processo. Esse modelo circular de Schramm antes citado enfraquece a idéia do modelo *one-way*.

Este processo, contudo, não corre no vácuo. Realiza-se inserido em conjunturas cultural-econômico-políticas dos sistemas maiores: região, país e mundo, variando a interferência em ordem direta à amplitude geográfica da organização. Contudo, "a estrutura do meio ambiente somente engatilha as mudanças estruturais nas unidades (não as determina, tampouco as instrui)".[12] Ocorrem, portanto, diacronia e sincronia.

Identifico, simbolicamente, estas estruturas pelos espaços compreendidos entre os limites das coordenadas e das linhas pontilhadas, identificadas por CR = conjuntura regional; CN = conjuntura nacional e CM = conjuntura mundial. Por tudo isso é que o processo e suas constituintes, as mensagens, jamais são idênticos. Daí, ter-se no desenho, representando as mensagens, $M_1...M_2...M_3...M_4...M_5... M_n$ e nunca: M1 e feedback.

Esta continuidade no e do processo, além de outras variáveis, depende da existência no meio ambiente de um objeto de comum interesse das partes para o qual ambas se orientam. Ajuízam este princípio o modelo triangular ABX de Newcomb[13], o enfoque de co-orientação de McLeod e Chafee[14], reforçados indiretamente pelas teorias de percepção seletiva e expectativas segundo as quais as pessoas buscam informações que dão suporte às escolhas que já realizaram. Tais temas foram desenvolvidos por Heider[15], Festinger[16], Osgood e Tannenbaum[17] e Rokeach[18], respectivamente, com as teorias

---

11. SCHRAMM, Wilbur. "How communication works. *In*: SCHRAMM, W. (org.) *The Process and Effects of Mass Communication*. Urbana: University of Illinois Press, 1960, p. 10.
12. MATURANA, H. & VARELA, F. *El árbol del conocimiento, cit.*, p. 50.
13. NEWCOMB, Theodore. "An approach to the study of communicative acts." *In: Psychological Review*, n.º 60, pp. 393-404.
14. McLEOD, J. M. & CHAFEE, S. M. "Interpersonal approaches to communication research". *In: American Behavioral Scientist*, n.º 16, p. 469-499.
15. HEIDER, Fritz. "Attitudes and cognitive organizations". *In: Journal of Psychology*, n.º 21, 1946, pp. 107-142, e *The psychology of interpersonal relations*. Nova York: John Wiley and Sons, 1958.
16. FESTINGER, Leon. *A Theory of Cognitive Dissonance*. Stanford: Stanford University Press, 1957.
17. OSGOOD, Charles & TANNENBAUM, Percy H. "The principle of congruity in the prediction of attitude change". *In: Psychological Review*, n.º 62, 1955, p. 45.
18. ROKEACH, Milton. *Beliefs, Attitudes and Values*. San Francisco: Jossey-Bass, 1969.

do equilíbrio, da dissonância cognitiva, da congruência e das crenças, atitudes e valores. Por isso, a anedota de que a comunicação seria dificílima, senão impossível, entre as lavadeiras chinesas e os jogadores de peteca brasileiros.

A sucessão de intercâmbio de mensagens no transcurso do tempo, sob a influência da conjuntura, altera a estrutura do sistema e das partes componentes do mesmo. Assim, cada mensagem, ao sair e ao chegar, já o faz de um componente diferente do anterior. O emissor da M_3 não é o mesmo da mensagem M_1. Dance[19] percebeu muito bem esse fenômeno e dele extraiu seu modelo helicoidal: "O processo de comunicação, como todos os processos sociais, contém elementos, relações e meios ambientes que estão continuamente mudando. A hélice descreve como os diferentes aspectos do processo mudam através do tempo".

O fator helicoidal pode ser interrompido e revertido caso se estabeleça o bloqueio das mensagens.

A representação desta figura de imagem pode ser observada através da seqüência de $O_1...O_2...O_3...O_{n\ e\ 1}.. P_2...O_3...P_n$

Neste ponto, tendo colocado todas as variáveis, é permitido uma aproximação ao modelo geral de comunicação de Gerbner[20] que, na apresentação do mesmo, assim se expressa: "Este modelo sugere que o processo de comunicação humana pode ser considerado como subjetivo, seletivo, variável e imprevisível e que os sistemas de comunicação humana são sistemas abertos".

A complexidade deste quadro torna-se mais intensa, dificultando a aceitação do modelo *one-way*, quando se aceita o ponto de vista de Riley e Riley[21] sobre a posição ocupada pelas pessoas na sociedade. Assim dizem:

"As pessoas, componentes de massa, não existem isoladamente e tampouco flutuando, perdidas no meio de uma multidão. As pessoas, com exceção dos eremitas, sempre vivem em grupos primários e secundários dos quais assumem valores, normas, ideologias, crenças, etc., que servem de apoio a sua existência".

Esta proposição dos dois cientistas, aceita na psicologia social, serve também para sustentar a teoria de Katz e Lazarsfeld[22], notória

---

19. DANCE, Frank E. X. "Para uma teoria da comunicação humana". *In*: DANCE, F. *et alii: Teoria da comunicação humana*. São Paulo: Cultrix, 1973, pp. 364-390.
20. GERBNER, George. "Toward a general model of communication". *Audiovisual Communication Review*, n? 4, 1956, pp. 171-199.
21. RILEY, J. K. & RILEY, Matilda. "Mass communication and the social system". *In*: MERTON, Robert *et alii* (orgs.). *Sociology Today*. Nova York: Basic Books, 1959, pp. 537-578.
22. KATZ, Elihu & LAZARSFELD, Paul F. *Personal Influence: The Part Played by People in the Flow of Mass Communication*. Glencoe: Free Press, 1955.

pela metáfora de *two steps* (dois degraus), que discorda da relação direta do emissor ao receptor e afirma que o processo de comunicação, quanto à interpretação das mensagens, não ocorre diretamente do emissor ao receptor, com reação imediata deste último. Passa, antes da reação, pela influência de algumas pessoas do grupo do qual o receptor é membro, com maior poder de persuasão, catalogadas como "líderes de opinião".

Vinte anos mais tarde, Rogers e Shoemaker[23] apresentaram algo mais moderno: *multistep flow* (difusão múltipla), cuja hipótese é semelhante à do fluxo binário, mas admite possibilidades mais complexas. O conceito básico de liderança de opinião permanece.

Abandonando o nível do contexto de massa, reduz-se a perspectiva e penetra-se agora no contexto da organização. Aqui, encontram-se inúmeros trabalhos de cientistas sociais que auxiliam a compreender o complexo processo de comunicação. É mister citar alguns, sua importância e suas teorias, a fim de sustentar a argumentação de que o modelo *one-way* é insuficiente para explicar todo o processo das Relações Públicas.

Inicialmente, Fayol[24] com a teoria das funções organizacionais e dos catorze princípios. A seguir, ou ao mesmo tempo, Taylor[25] com o compêndio de administração científica. Depois Weber[26] com a teoria da burocracia, constituída pelos elementos: hierarquia, ordem, racionalidade, impessoalidade, legitimidade e regras.

Algumas décadas mais tarde, a escola das Relações Humanas, cujos princípios básicos citados por Etzioni[27] incluem os seguintes:

1) A produtividade é determinada por normas sociais, não por fatores fisiológicos;

2) as recompensas não-econômicas são de suma importância para a motivação dos trabalhadores;

3) os trabalhadores reagem usualmente como membros de um grupo e não como indivíduos;

4) a liderança é extremamente importante e envolve aspectos formais e informais;

5) a comunicação é o elemento facilitador mais importante da tomada de decisões coletivas.

Estes cinco princípios encontram-se distribuídos nas diversas teorias existentes nesta escola. O iniciador foi Roethlisberger[28] estudando

---

23. ROGERS, Everett & SHOEMAKER, Floyd F. *Communication of Innovations, a Cross Cultural Approach*. Glencoe: Free Press, 1973.
24. FAYOL, H. *Administração industrial geral, cit.*, p. 71.
25. TAYLOR, Frederick. *Princípios de administração científica*. São Paulo: Atlas, 1963.
26. WEBER, Max. *The Theory of Social and Economic Organization*. Nova York: Oxford University Press. 1947.
27. ETZIONI, A. *Organizações modernas, cit.*, p. 38.
28. ROETHLISBERGER, F. J. & DICKSON, R. *Management and the Worker*. Cambridge: Harvard University Press. 1939.

a motivação. Contudo, o pai do movimento foi Mayo[29]. Há também Lewin[30], de grande influência na psicologia, com sua teoria de campo psicológico em espaço vital, concebendo o ser humano envolvido em um campo de energia, com facilidades e barreiras. Outro membro importante foi Argyris[31] com a teoria de energia psicológica humana e seus efeitos na comunicação interpessoal dentro da organização. Mais um a ser citado é McGregor[32] e sua teoria X e Y.

Paralelamente, outros cientistas da organização apresentaram propostas teóricas não enquadradas nas duas escolas anteriores, mas ajudando a levantar o véu do processo de comunicação. Barnard[33], para quem as organizações somente podem existir se houver comunicação. March e Simon[34] e as teorias do conflito e de poder vinculadas à comunicação. Katz e Kahn[35], explicando a organização através da teoria geral dos sistemas abertos.

Faz-se uma abstração e chega-se ao contexto do grupo, realizando-se uma curta incursão, apenas com a idéia de compreender que a comunicação ocorre no contexto do pequeno grupo, sem se reduzir a ele. Um dos que afirma isto é Shepherd[36]: "O pequeno grupo serve uma importante função mediadora entre o indivíduo e a sociedade em geral." Aqui, provavelmente, encontra-se o princípio básico que debilita o monopólio da idéia de comunicação de massa e dá sustento à teoria de difusão múltipla de Rogers e Shoemaker e também de Lewin. Se isso não bastasse, há Homans[37], para quem a comunicação é realizada através das ações a que as pessoas se dedicam em sua vida cotidiana. Por último, para dar-lhe maior destaque, tem-se Janis[38], cujos estudos comprovam que o pensamento de grupo não é, obrigatoriamente, melhor que o do indivíduo. Ocorrem problemas de comunicação, internos e externos, que geram estereotipias. Em síntese, o processo de comunicação sofre interferências

---

29. MAYO, George E. *The Human Problem of an Industrial Civilization.* Boston: Harvard University Press. 1933.
30. LEWIN, Kurt. *Resolving Social Conflicts: Selected Papers on Group Dynamics.* Nova York: Harper and Row, 1948.
31. ARGYRIS, Chris. *Personality and Organization: The Conflict Between System and the Individual.* Nova York: Harper and Brother,1957.
32. McGREGOR, Douglas. *The Human Side of Enterprise.* Nova York: McGraw-Hill, 1960.
33. BARNARD, Chester. *The Function of the Executive.* Cambridge: Harvard University Press. 1938.
34. MARCH, J. & SIMON, H. *Teoria das organizações, cit.,* pp. 160-183.
35. KATZ, D. & KAHN, R. *Psicologia social das organizações, cit.* Toda esta obra é baseada na teoria geral dos sistemas abertos.
36. SHEPHERD, Clovis. *Small Groups: Some Sociological Perspectives.* San Francisco: Chandler, 1964, p. 1.
37. HOMANS, G. *Social Behavior; Its Elementary Forms, cit.*
38. JANIS, Irwing. *Victims of Groupthink: A Psychological Study of Foreign Decisions and Fiascos.* Boston: Houghton Mifflin, 1967.

nos mais diversos contextos, sendo que o grupo é onde, de fato, estão as condições e a dinâmica que irão caracterizar a decodificação da mensagem.

Finalmente, tem-se a comunicação, processo e resultante, no contexto da pessoa. Neste âmbito, a variável essencial interveniente na comunicação é a percepção, cujo significado e papel no processo de comunicação relacionam-se ao aspecto biológico da personalidade da pessoa e seu estudo encontra-se em capítulo específico da psicologia geral.

Gemeli e Zunini[39], grandes estudiosos do fenômeno, relatam que:

> "...a percepção é uma atividade biológica (...) intimamente ligada à conduta dos indivíduos, (...) de organização dos dados fornecidos pelos sentidos, (...) de forma subjetiva, mas não infiel (...) regida pela atitude geral do indivíduo e do significado do mundo para ele, (...) a fim de permitir ao indivíduo operar no mundo em que vive e agir sobre ele".

Em continuidade à descrição do processo de percepção, estes mesmos cientistas[40] a decompõem nas seguintes fases:

1) O sujeito nota a 'presença do objeto';
2) o sujeito reconhece no objeto uma forma definida e precisa que 'lhe é conhecida';
3) o sujeito "compreende" o significado da coisa, dá-se conta do que é";
4) o sujeito "encontra" o nome do objeto apresentado.

Analisando-se os elementos da natureza da percepção em suas quatro etapas, identifica-se que o significado é o elemento fundamental no processo de construção da percepção. É o elemento terminal, no qual se completa e aperfeiçoa a percepção. Ora, significado vincula-se à semântica e esta, por sua vez, à linguagem. O sistema social humano somente pode operar se houver algum tipo de linguagem, em seu sentido amplo: ações e palavras, que possuam significado que estruture a percepção e, a seguir, a ação daqueles que interagem.

Crítica pode ser realizada à proposição, muito repetida e pa-

---

39. GEMELLI, Agostinho & ZUNINI, Giorgio. *Introdução à psicologia*. Rio de Janeiro: Ibero-Americano, 1962, pp. 223-269.
40. *Idem*, p. 249.
41. WATZLAWICK, Paul; BEAVIN, Janet H.; JACKSON, Don D. *Pragmática da comunicação humana*. São Paulo: Cultrix, 1973, p. 44.

rece que pouco refletida, de propriedade de Watzlawick[41]: "uma pessoa não pode deixar de comunicar-se". Caso os autores estejam conceituando comunicação como processo e resultante, o que eles propõem não ocorre. Há muitas pessoas que não chegam a um significado comum com outras. Quer porque não sejam percebidas pelas outras, quer porque não percebem as outras. Todavia, caso aconteça a percepção, muitas ainda, assim mesmo, não o conseguem porque não adaptam seus interesses aos das outras.

Contudo, pode-se aceitar tal proposição, caso estes cientistas coloquem comunicação como sinônimo de informação, implicando, portanto, a novidade. Sem dúvida, as pessoas, pela palavra e pela ação, sempre informam algo novo, especialmente em pequenos grupos. O problema ocorre no meio da multidão, quando inúmeras pessoas passam por outras e não são percebidas. Pode ser esta a razão pela qual os artistas, necessitados de estar sempre em evidência, buscam ações espalhafatosas, contendo alguma novidade, quebrando algum estereótipo, para serem percebidos pelo seu auditório. A comunicação e sua matéria-prima, a informação, dependem da percepção.

Outro ponto a comentar neste nível é o fenômeno da expectativa, de muita utilidade nas Relações Públicas. Veja-se Jones e Gerard[42] definindo-a como "experiências passadas em certos tipos de situações nos orientam a esperar que certos eventos ocorram com mais probabilidade que outros". É um espécie de auto-instrução que as pessoas dão a si mesmas. No caso das Relações Públicas, a expectativa refere-se a que ocorram os fatos conforme o compromisso assumido pela organização, ou de acordo com fatores culturais introjetados. Caso não venham a se materializar, os componentes dos públicos ficarão frustrados, gerando um problema emocional e dando início a fricções na relação.

Finalmente, neste contexto, algo ainda relacionado ao processo de percepção e de extrema importância ao exercício da comunicação. Trata-se do princípio do mágico número sete (7), mais ou menos dois (2). Miller[43], que o identificou, assim se expressa:

"Há um limite claro e definido à exatidão com que podemos identificar absolutamente a magnitude de uma variável de estímulo unidimensional. Proponho chamar este limite de 'âmbito de juízo absoluto', e sustento que para os juízos unidimensionais esse âmbito está geralmente ao redor de sete".

Esta afirmação baseia-se em inúmeras pesquisas dele e de outros cientistas sociais. Em uma delas, eram projetados em uma tela,

---

42. JONES, Edward E. & GERARD, Harold B. *Foundations of Social Psychology*, Nova York: John Wiley and Sons, 1967, p. 136.
43. MILLER, Georg. *Psicología de la comunicación*. Barcelona: Paidós, 1980, p. 34.

durante um quinto de segundo, estruturas de pontos feitas ao acaso. Variavam de um a duzentos pontos e a tarefa do sujeito consistia em dizer quantos pontos havia. Os resultados demonstraram que até sete (7), mais ou menos dois (2), os sujeitos não cometiam erros. Dito de outro modo, isto significa que a capacidade de canal de recepção de informação do ser humano para mensagens com dados unidimensionais está limitada na proximidade de sete estímulos simultâneos.

Conclui-se, para aprendizagem e utilização na prática da comunicação, que as informações às pessoas, em um determinado momento, tanto em nível de organização como de grupo e pessoa, não devem exceder a sete.

Concluindo, este capítulo apresentou uma crítica ao modelo *oneway* da comunicação e um artifício para demonstrar a complexidade do conceito "comunicação" em Relações Públicas.

Esboçou a proposta de que a comunicação, qualquer que seja o contexto de sua realização, tem como base o ser humano. Neste sentido, a comunicação é observada como resultado de ações das pessoas, compreendida a conduta e as palavras, que expressam uma linguagem com significado ou, na terminologia de Habermas[44], num "acordo".

"Acordo e influência são mecanismos de coordenação da ação que se excluem um ao outro, pelo menos desde a perspectiva dos participantes (...) Um acordo não se pode forçar, não pode vir imposto por uma parte ou pela outra — seja instrumentalmente, por intervenções diretas na situação de ação do outro, seja estrategicamente, por meio de uma calculada influência sobre as atitudes do próximo."

A conclusão última é que a essência do processo de comunicação não é sua forma, sua aparência, os canais. O âmago da comunicação em Relações Públicas é a sua resultante, ou seja, uma relação reconhecida como legítima. Isso exige que os autores apresentem suas ações com retidão, verdade e veracidade. Para tanto, o enunciado do que dizem deve ser verdadeiro; a ação pretendida seja correta por referência a um contexto normativo vigente; e, finalmente, a intenção do emissor seja, de fato, a que ele expressa.

---

44. HABERMAS, J. (1989), *Teoría de la acción comunicativa: complementos y estudios previos*, cit., p. 482.

Capítulo 12

INFORMAÇÃO: A MATÉRIA-PRIMA

A pretensão de elaborar dedutivamente um teorema de aplicação dos princípios da teoria da informação às Relações Públicas e, depois, reportá-la a essa comunidade, defronta-se com o obstáculo da coisa nova. Ao se intervir na vida social, sabe-se que, em determinados estados e situações, acontece, normalmente, de a informação não atravessar a barreira da percepção por deficiências de informação anterior e, também, por outras múltiplas premissas impregnadas no grupo. Designa-se tal fenômeno, conforme a teoria, por "quadro de referência ou nível de consciência possível"[1].

Para superar tal problema, parece importante, neste ponto, refletir mais demoradamente sobre o modo como a informação entra no processo de comunicação e sob que conceito, entre vários tentados por diferentes cientistas[2] seria conveniente vincular-se a informação à atividade de Relações Públicas. Tem-se consciência da dificuldade dessa tarefa, mas é preciso trazer à luz algumas idéias, mesmo que ainda em caráter embrionário, para que elas, pelo simples fato de terem sido manifestadas, tornem-se objeto de crítica e de reforma e contribuam para a produção do conhecimento ainda existente. Talvez seja o momento, como diz Escarpit[3] de perfilar a distinção entre os dois termos: "Comunicação e informação, que seguidamente são empregados um junto ao outro e, todavia, mais freqüentemente, um pelo outro. A distinção está em que a comunicação é um ato e a informação seu produto".

---

1. GOLDMAN, L. "Importância do conceito de consciência possível para a comunicação". *In:* ZEMAN, L. *et alii*. *O conceito de informação na ciência contemporânea*. Rio de Janeiro: Paz e Terra, 1970, pp. 38-68.
2. Ver os interessantes debates sobre o tema nos *"Cahiers de Royaument"*, traduzidos sob o título de "O conceito de informação na ciência contemporânea" (cf. nota 1 deste capítulo).
3. ESCARPIT, Robert. *Teoría general de la información y de la comunicación*. Barcelona: Icaria, 1981, p. 135.

Este projeto justifica-se, portanto, pela necessidade de se depurar a linguagem técnica, contaminada pelo discurso rotineiro, no qual convivem imprecisões e polissemias cujos efeitos negativos são controlados pela intervenção direta de um interlocutor sobre o outro. No caso das mensagens escritas do discurso científico, que aspiram à universalidade, tais fenômenos precisam ser administrados de outro modo, e convém circunscrever de modo claro e consensual o que se nomeia através de uma determinada terminologia.

Com este espírito, empreende-se uma retomada do conceito de informação, visando inseri-lo adequadamente na teoria das Relações Públicas, sem fugir ao cunho científico com que, até este momento, foi marcada a construção desta obra.

Informação — seu significado

Informação, como qualquer outra palavra, possui significados formados nos diferentes contextos em que ela viajou ao longo de sua existência. Assim, etimologicamente, informação vem da palavra latina *informare*, no sentido de dar forma ou aparência, pôr em fôrma, formar, criar, mas também representar, apresentar, criar uma ideia ou noção. No uso diário, pelo homem comum, este sentido se amplia para o conhecimento de um fato, a certeza de alguma coisa. Na esfera dos veículos de comunicação, a informação está ligada à quantidade de novidade e de certeza que subjazem ao corpo, à carne das mensagens.

Estes dois traços semânticos — novidade e certeza — parecem constituir, à primeira vista, aquilo que constitui o núcleo do conceito de informação. Faça-se um teste, com o auxílio dos teóricos Shannon e Weaver[4] e Miller[5]. Diz o primeiro: "Informação é uma redução de incerteza, oferecida quando se obtém resposta a uma pergunta". Declara o segundo, ao desenvolver o tema sobre a medida da quantidade de informação: "Um *bit* de informação é a quantidade de informação de que necessitamos para decidir entre duas alternativas igualmente prováveis".

A explicação e a compreensão destes significados requerem, como em outros capítulos desta tese, o longo caminho dedutivo da demonstração do teorema. A elaboração de um artifício, à semelhança de uma pesquisa experimental, é útil para demonstrar a interligação das duas citações e seu significado comum. Veja-se:

---

4. SHANNON, C. & WEAVER, W. *Teoria matemática da comunicação, cit.*, p. 53.
5. MILLER, G. *Psicología de la comunicación, cit.*, p. 22.

Situação

Imagine-se pessoas, respondendo a um teste de conhecimento, em um prazo de trinta minutos, referente a um determinado assunto, onde as 32 questões são do tipo múltipla escolha, com oito (8) alternativas de respostas, identificadas pelas letras R1, R2, R3, R4, R5, R6, R7 e R8. O delineamento (*design*) da pesquisa compreenderia três condições experimentais a fim de que se pudessem fazer comparações. Na primeira condição, designada por A, o sujeito que responderá às perguntas é um perito no assunto. Na segunda condição, designada por B, o sujeito desconhece totalmente o assunto, inclusive seus conceitos básicos. Na terceira situação, identificada pela letra C, o sujeito desconhece o assunto na sua essência, porém possui noções básicas sobre o mesmo, e lhe é permitido consultar outra pessoa que, além de bem informada sobre o tema, ainda tem à disposição toda sorte de documentação para consulta em caso de dúvida. Esse auxílio, contudo, não lhe é acenado de forma direta. O examinando formula uma hipótese e a testa junto ao seu ''consultor'', sendo que este se expressa apenas com SIM ou NÃO. Infira-se agora o que ocorrerá em cada uma das situações anteriores.

Condição A

Para o sujeito em A, certamente nenhuma questão-resposta será novidade e ele não terá dúvidas ou incertezas para responder. Não terá dúvidas ou incertezas para escolher e tomar decisões de assinar tal ou qual item em sua folha de resposta. O resultado final é extremamente positivo. Acerta todas as questões. Atinge a meta, em concordância com a intenção do elaborador do teste ou do pesquisador. Há significado comum. O examinador e o examinando possuem o mesmo saber, o mesmo poder e ambos controlam (''a informação é o elemento essencial de qualquer sistema de controle''[6]) a situação.

Se fosse uma prova escolar, essa pessoa não teria tido incertezas em seu processo decisório de escolha de uma alternativa de solução, nem na marcação de uma letra na folha de resposta. Tiraria a nota máxima. Seria aprovada com destaque e comprovaria a posse do conhecimento determinado como relevante pela escola ou pelo professor. Tudo estaria sob controle e haveria ''boa forma''. No caso de um

---

6. EDWARDS, Elwin. *Introdução à teoria da informação*. São Paulo: Cultrix, 1971, p. 14.

administrador, certamente que esta situação dificilmente ocorreria, pois as variáveis no processo administrativo são infinitas. Sempre há algo que o perito não conhece ou não pode prever, logo, não possui o controle total da situação.

Condição B

Para o sujeito em B, tudo é novidade. Ao ler as questões e alternativas de respostas, ele não possui critérios de escolha. É o caos. A realidade que se apresenta é completamente obnubilada. Tudo é incerto e ele tem apenas trinta minutos para responder. As respostas serão escolhidas, certamente, na roda da sorte ou do azar. O exercício do poder é nulo ou quase.

Segundo as leis do acaso, presume-se alguma ocorrência de acerto. Desejando-se saber quais suas chances, pode-se quantificá-las através do índice de medida de "probabilidade", cuja variação é de zero (0) a um (1). Zero (0) indica a impossibilidade e Um (1) corresponde à certeza de acertar.

Todos os outros resultados entre estes dois valores terão um número fracionário.

A equação mais simples para a medida de probabilidade é:

$$P = \frac{\text{número de respostas certas}}{\text{número de resultados possíveis}} = \frac{1}{8} = 0,125$$

Portanto, o sujeito terá 0,125 de probabilidade de acerto em cada questão. Assim seria em uma prova escolar e assim normalmente é em uma decisão administrativa, se bem que neste caso o valor do denominador é determinantemente maior. Neste ponto pode-se interferir o vínculo da probabilidade com o exercício de poder. Considerando-se que para exercer o poder (controle de uma situação) é necessário ter a informação e esta, por sua vez, correlaciona-se com a probabilidade, o exercício do poder é também uma probabilidade.

Condição C

Para o sujeito em C, há algum auxílio previsto, ou seja, a presença de um conselheiro, mas lembre-se que não é direto. O teste é realizado por respostas dicotômicas através de SIM ou NÃO. O sujeito, neste caso, dispõe de três linhas de ação para descobrir as respostas certas. Poderá, por exemplo, consultar se cada questão, letra por letra, está certa, seguindo a ordem R1, R2, R3... R8. Considerando que um dos princípios de construção de testes é a distribuição equitativa de respostas certas por alternativas, o sujeito saberá que cada uma das letras ou alternativas terá a resposta correta quatro vezes, 32 pois dividido por oito (8), resulta neste número. Assim escolhendo, ele fará, para responder a toda a prova, matematicamente, a seguinte quantidade de consultas:

$$R1 = 4 \times 1 = 4$$
$$R2 = 4 \times 2 = 8$$
$$R3 = 4 \times 3 = 12$$
$$R4 = 4 \times 4 = 16$$
$$R5 = 4 \times 5 = 20$$
$$R6 = 4 \times 6 = 24$$
$$R7 = 4 \times 7 = 28$$
$$R8 = 4 \times 7 = 28[7]$$

Sua média de consultas será $\dfrac{140}{32} = 4,3$

Certamente que essa maneira de chegar ao resultado final é demorada e o prazo para conclusão do exercício é de apenas trinta minutos.

Outra estratégia que esse sujeito possui é escolher aleatoriamente as letras em cada questão.

Um exemplo prático: tomar a questão 1 e perguntar, com referência a ela:

É R4? É R7? É R1?, e assim sucessivamente, até acertar. Assim, o número de consultas dependerá também da sorte ou do azar. Sorte, se em todas as primeiras perguntas obtiver imediatamente o "SIM" do seu conselheiro. Ocorrendo tal fenômeno em todas as questões, haveria apenas 32 perguntas.

Sua média de perguntas por item seria $\dfrac{32}{32} = 1$

Azar, se ele, em todas as questões, reduzisse sua incerteza somente na sétima pergunta. Ora, isso significa que ele teria formulado sete consultas para todas as questões, significando $32 \times 7 = 224$ perguntas.

Sua média seria $\dfrac{224}{32} = 7$

---

7. Será também 28, pois, ao lhe ser respondido que não é R7, ele saberá de antemão que é R8.

A terceira estratégia compreende a técnica de dividir o conjunto de respostas em dois grupos seqüenciais e, então, fazer a pergunta. Exemplo: Grupo 1: R1, R2, R3, e R4; Grupo 2: R5, R6, R7 e R8. Pergunta: A resposta certa está no primeiro grupo? Resposta: SIM. Dividir, então, o primeiro grupo em dois subgrupos, também seqüenciais. Exemplo: Grupo 3: R1 e r2; Grupo 4: R3 e R4. Pergunta: A resposta certa está no grupo 3? Resposta: NÃO. Finalmente, restando R3 e R4, fazer a pergunta direta. Exemplo: R3 e R4. Pergunta: É R3? Resposta: NÃO. Logo, a resposta certa é R4. Somando-se as perguntas realizadas tem-se apenas três (3). O total de todo o teste seria obrigatoriamente 32 X 3 = 96 e sua média, também, seria 3, pois neste caso há coincidência.

Recordando os dados das três alternativas, tem-se:

1ª — quantidade de consultas: 140 média: 4,3
2ª — quantidade de consultas: 32 a 224 média: 1 a 7
3ª — quantidade de consultas: 96 média: 3

Em todo o percurso de busca de informações, observou-se que através da atividade mental estruturante do indivíduo que precisava resolver o problema aqueles dados foram submetidos a sucessivas operações, mais ou menos pertinentes a cada conjuntura (com auxílio, sem auxílio), de modo a se produzir um sentido, uma certa ordem, uma certa probabilidade de se vir a reduzir a incerteza máxima inicial.

Em aditivo a esse ponto, não é de se perguntar por que as chefias, qualquer que seja o seu nível, não auscultam seus auxiliares diretos e seus clientes e fornecedores? Por que há tanta estupidez humana em não querer trabalhar em equipe, quando, provavelmente, a quantidade de informação no sistema seria maior?

Espero que o exercício tenha demonstrado o que são a incerteza e a informação e como, através dela reduz-se a outra, utilizando-se alternativas empregadas pelo ser humano no seu dia-a-dia.

Relações Públicas e informação

O problema, agora, está em vincular as Relações Públicas à informação. Numa primeira linha de raciocínio, parte-se de traços semânticos constitutivos do próprio termo informação, como aqueles denotativos do processo de dar forma a algo, conformar. Por este lado, informação seria tudo aquilo que contribuísse para dar forma à organização, numa escala variável de transformação, do caos ao cosmo.

O estado caótico de um sistema caracteriza-se pelo grau de incerteza de onde não emerge nenhuma forma ou Gestalt. A necessária busca de um estado menos perturbador justifica-se logo, porque, conforme Epstein[8], "a forma desempenha papel importante na percepção, no reconhecimento dos objetos e, portanto, na memória e no aprendizado". Se não houver forma, não haverá percepção da organização pelos públicos, tanto internos como externos. A percepção é uma das primeiras fases do processo de comunicação.

A entrada de informação, segundo um certo padrão e com a presença de algum nível de redundância, isto é, excesso de sinais sobre o estritamente necessário para a transmissão de uma dada mensagem, põe ordem no caos e o transforma em cosmo. Concorda com isso Zeman[9]: "Informação não é apenas uma medida da organização, é também a organização em si, ligada ao princípio da ordem, isto é, ao organizado (considerado como resultado) e ao organizante (considerado como processo)".

Esta vinculação do conceito de informação à idéia de quantidade e complexidade de dados disponíveis à percepção torna-se particularmente útil à compreensão do conceito e da dinâmica da "negentropia", ou seja, a possibilidade de se controlar a "entropia" — tendência natural dos organismos para a morte — , em função da desordem maior ou menor em que se encontrem os elementos que os constituem. Vistas por este prisma, informação e negentropia são correlatas. A informação é necessária para a existência de qualquer organização, seja qual for sua natureza.

Em termos de organizações humanas, pode-se verificar isso, na prática, quando se fala em integração. Ora, como as Relações Públicas visam integrar interna e externamente a organização, parece óbvio, a esse ponto, que isso somente se operacionaliza através da informação e do processo de comunicação.

Numa segunda linha de raciocínio, tento relacionar informação ao processo decisório da organização — esfera onde o profissional de Relações Públicas exerce sua influência (ou pelo menos deveria) — durante os diferentes estágios de ajustamento da organização à sociedade. Essa sucessão de trocas espontâneas ou planejadas produz aquilo que foi nomeado, ao se trabalhar sobre o conceito de

---

8. EPSTEIN, Isaac. *Teoria da informação*, São Paulo: Ática, 1986, p. 8.
9. ZEMAN, I. "Significado filosófico da noção de informação. *In*: ZEMAN. I. *et alii. Op. cit.*, p. 156.

informação, como redução da incerteza, algo intrínseco a toda remoção do desconhecimento ou a todo jogo de compatibilização de expectativas que possam ocorrer no cotidiano da empresa.

Esta consideração dos interesses do público, em última análise, nada mais é que o resultado da entrada de informações no quadro de referências dos dirigentes das organizações. Elas aí funcionam como setas, diante das alternativas não equiprováveis inerentes a toda tomada de decisão. Seu efeito sobre a história da empresa é visível e, na rede dos acertos e dos erros registrados, pode-se aprender a controlar o processo decisório e a torná-lo menos falível.

Na medida em que se aprende a decidir e se obtém, pela justeza e pela adequação das decisões, o estatuto da legitimidade da organização frente aos públicos, pode-se gerar nova fonte de evolução conjunta da empresa e da sociedade, que aperfeiçoa e condiciona o desempenho dos profissionais responsáveis por tal tipo de interação. A acumulação deste tipo de conhecimento, ao que tudo indica, induz o surgimento de centros de informação privados ou estatais, nos quais passa a existir todo um referencial novo, disponível para os mais diversos usuários.

Com esse material o profissional de Relações Públicas e os dirigentes organizacionais podem cercar melhor os problemas e ponderar com mais exatidão todas as variáveis a serem controladas. Informações são, portanto, especialmente úteis nas decisões de alto risco, aquelas que os públicos talvez não entendam por apressarem demasiadamente a chegada do futuro ou envolver medidas difíceis de suportar. Nessa situação encontram-se freqüentemente os estadistas cuja autoridade e prestígio estão sempre sob a iminência de abalo. Elas são úteis tanto para a tomada de decisão como para esclarecer aos públicos as razões da alternativa escolhida.

É esse informar e informar-se que garante a sobrevivência da organização, ou, como quer Bonsach[10], "as informações intervêm para instruir o agente quanto: 1) ao estado do mundo exterior; 2) ao seu próprio estado". Estes dados entram no processo da comunicação como *feedback*, termo criado por Armstrong (1914) para designar o circuito de regeneração em um circuito de rádio. Por extensão, *feedback* passou a significar qualquer retorno, ao emissor, sobre condições existentes para transmissão, recepção e reação relativas à mensagem.

As funções do *feedback*, segundo Escarpit[11] são três:

---

10. BONSACH, E. "Pode a informação ser objetiva?" *In:* ZEMAN, I. *et alii. O conceito de informação na ciência contemporânea, cit.*, p. 181.
11. ESCARPIT, R. *Teoría general de la información y de la comunicación, cit.*, p. 70.

"1) De regulação, para manter um sistema em um estado estável;

2) de acumulação cíclica, a fim de fazer evoluir um sistema;
3) de acumulação didática, destinado a remeter, à memória da fonte, informações sucessivas sobre os efeitos de suas mensagens, a fim de lhe permitir elaborar estratégias que se traduzirão tanto em novos programas, como em intervenções diretas".

Aplicadas à atividade de Relações Públicas, todas estas funções têm lugar certo nas sociedades democráticas participativas, nas quais os públicos conseguem fazer valer seus direitos e revelam-se imprescindíveis quando houve situações de turbulência e de instabilidade da conjuntura.

Numa terceira e última linha de raciocínio, decorrente da anterior, chega-se à relação entre informação e poder. Inicie-se por Santillana[12]: "A partir do momento em que foi inventada a escrita, 3900 a.c., data da primeira escavação de SUSE I, é que surgiu uma classe de pessoas capaz de fixar e conservar os dados, para com eles constituir centro de poder".

Daí que a quantidade de informação retida ou liberada numa organização, portanto, está diretamente relacionada aos pressupostos ideológicos e programáticos que subjazem aos objetivos maiores da mesma.

Em resumo, a atividade de Relações Públicas, enquanto ocupada em:

1) contribuir para que a organização defina sua forma de atuação face aos públicos;

2) propor esquemas para afastar a ameaça latente de deterioração ou "morte";

3) fundamentar e amparar o poder decisório dos dirigentes organizacionais;

4) regular a concentração ou distribuição do poder;

5) legitimar a ação organizacional,

está intrinsecamente comprometida com a pesquisa dos métodos e dos efeitos da inserção das informações nos diferentes processos necessários à sobrevivência das organizações.

Em suma, a informação é a matéria-prima da atividade de Relações Públicas, e a otimização do seu aproveitamento requer um esforço especial de teóricos e técnicos, para que se preencham as lacunas já detectadas na área do conhecimento científico que embasa o exercício dessa profissão.

---

12. SANTILLANA, G. "O historiador e a teoria da informação". *In*: ZEMMAN, I. *et alii. O conceito de informação na ciência contemporânea, cit.*, p. 24.

Capítulo 13

OS INSTRUMENTOS

A organização, ao comunicar suas decisões a seus públicos, através de sua atuação e de seu discurso, e ao escutá-los, utiliza inúmeros instrumentos ou meios de comunicação que buscam e levam mensagens, contendo ou não informação.

Compreendem-se como instrumentos ou técnicas de Relações Públicas todos os recursos utilizados administrativamente como pertencentes à função de Relações Públicas e, como tal, variáveis intervenientes no processo do sistema social organização-público que servem para controlá-lo. Deve-se ressaltar que tal controle é para o benefício do sistema, segundo princípios éticos.

Os instrumentos se enquadram em dois segmentos. O primeiro deles abrange todas as políticas, normas e programas de ação implementados pelo poder decisório organizacional, sugeridos, ou não, pelo profissional de Relações Pública, frente a uma necessidade detectada, a fim de que a organização atue de maneira a integrar seus legítimos interesses com os de igual posição dos seus públicos. Nesse nível, os instrumentos caracterizam-se, perceptivelmente, como ações organizacionais. Dificilmente são identificados com originários da área de Relações Públicas.

O segundo segmento abarca todos os instrumentos criados especialmente para levar e, supostamente ao mesmo tempo, trazer informações elaboradas pelas partes envolvidas. Seguramente há um predomínio de instrumentos que apenas levam informações, em cuja origem se detecta a marca do profissional ou do setor de Relações Públicas.

Estes dois tipos de segmentos estão em correlação direta. Quanto mais integrada estiver a ação organizacional com os interesses dos públicos, menor será a necessidade de programas explícitos de comunicação.

A literatura específica desta área contém diversas classificações dos mesmos. Todas são válidas segundo os critérios utilizados. Contudo, há que se chamar a atenção para alguns aspectos:

1) O profissional de Relações Públicas deve conhecer a influência que a introdução do instrumento com seu tipo de informação irá gerar no sistema social organização-público. A seguir, deve saber produzir os mais simples e repetitivos. Por fim, deve, também, conhecer peritos na produção de outros mais específicos e saber contratá-los, quando necessário.

Além do mais, existem inúmeros instrumentos de Relações Públicas que estão situados sob outras esferas de responsabilidades que não a de Relações Públicas. Expurga-se aqui a idéia coorporativista de que deva ser realizado pelo profissional ou setor de Relações Públicas. O instrumento, em si, é isento de propriedade setorial. Ao profissional cabe a atenção ao mesmo, verificando se não está desfuncionalizado. Neste caso, um encontro, com quem o está manejando definirá seu retorno ao exercício correto de sua função.

2) Uma vez realizada a contento a etapa de definição da técnica, é preciso, ademais, que esta tenha características estéticas, ou seja, além de levar significados e preencher as funções a que se destina, venha contribuir para a produção de novas percepções, através de sensações agradáveis aos receptores e à busca de um ideal de verdade e de integração.

Esse cuidado para que todo instrumento de Relações Públicas possua também um traço de arte, acrescido dos limites de capacidade do ser humano, no caso o profissional de Relações Públicas, leva à dedução de que, preferivelmente, um perito e um artista na execução das técnicas deva ser contratado para produzi-las, não cabendo ao profissional a obrigação ou a pretensão de implementar sozinho todos os seus projetos. O nível de risco e de desgaste seria insuportável e os benefícios, quase nulos.

3) A quantidade de instrumentos é infinita. Utilizam-se de forma repetitiva os mais testados e aprovados em seus resultados. Porém, cabe ao profissional de Relações Públicas, projetando sua subjetividade em seu exercício profissional, criar outros tantos quanto necessários.

4) O instrumento de maior potencial comunicativo, pressupondo a legitimidade da organização e minimizando problemas posteriores, seria o contrato psicológico prévio sobre as decisões da organização com todos os seus públicos, como propõe o princípio do "quimono aberto" Contudo, isto é inviável, e inexeqüível para todas as situações com todos os públicos, pois os processos produtivos, fins e meios, ficariam totalmente emperrados pelas permanentes trocas de opiniões.

À organização só lhe resta arriscar em menor ou maior grau de probabilidade de acordo com as informações que possui.

A escolha do instrumento, portanto, é um ato original, em dependência direta da estratégia estabelecida, a qual, por sua vez, foi definida em função de uma conjuntura e do plano geral da organização. Os limites de tais decisões são desenhados e orientados por um referencial maior ao qual devem, de algum modo, servir. Esse quadro reporta-se diretamente a todas as dimensões de relacionamento do processo (cultural, econômica, política, etc.) e torna produtivas ou eficazes, conforme o caso, técnicas que visem a interação, a troca, a doação, a participação, a persuasão.

Para garantir o máximo possível de acerto, quando da opção por um ou vários instrumentos, o profissional precisa movimentar os seguintes recursos básicos: um amplo quadro de referências e grande capacidade de análise, para que não se deixe seduzir por uma alternativa apenas porque esta resolveu perfeitamente o problema de uma outra organização qualquer.

O aperfeiçoamento dessa capacidade só se torna possível na continuidade das ações e na reelaboração constante dos dados da experiência diária.

Tipologia dos instrumentos

Sem desprezar os diversos parâmetros para a categorização de instrumentos, suficientemente explorados em outras obras sobre Relações Públicas, optei, neste estudo, por reuni-los sob uma tipologia e um comentário sobre aplicabilidade dos mesmos numa determinada conjuntura. A primeira utiliza o critério do sentido do fluxo de informação e dos efeitos a ele inerentes, para discriminar tudo o que pode contribuir à prevenção, ao tratamento e à solução dos problemas organizacionais. O segundo, numa outra perspectiva, agrupa os instrumentos conforme sua função, nos diversos momentos que constituem um certo contexto, numa organização.

Pela exposição a seguir é possível acompanhar o raciocínio subjacente aos dois pontos de vista acima referidos:

Tipologia dos instrumentos: quanto ao fluxo de informação.

Justifico a escolha de fluxo de informação como critério para uma tipologia com o argumento de que o mesmo encontra-se relacionado a alguns aspectos pertencentes à rede teórica desta tese, a saber:

1) a necessidade de distinguir comunicação, processo e resultante, de exercício de poder, de influência e de persuasão; todos estes termos são muitas vezes usados como sinônimos;
2) a definição de comunicação, enquanto processo, como intercâmbio de informação por um mesmo canal;
3) a corrente, segundo a qual Relações Públicas são uma via de dupla mão;
4) o conceito de *feedback* como a resposta linear e unidirecional a uma mensagem;
5) a superação do conceito de comunicação, segundo o paradigma estímulo-resposta.

A utilização destes critérios e seus três tipos (mistos, de saída e entrada) ajuda a compreender que os instrumentos mistos seriam os mais adequados para a atividade de Relações Públicas, segundo as proposições da rede aqui apresentada, enquanto aqueles, exclusivos de saída de informação, estariam mais sintonizados com a persuasão e com a propaganda. Por fim, os instrumentos, exclusivamente de entrada de informação, caracterizariam, por vezes, o *feedback*, e por outras, mensagens iniciadoras do processo, por iniciativa dos públicos.

Instrumentos mistos

São aqueles que permitem o intercâmbio de informações através de um mesmo canal. São técnicas ou canais de dupla via, perfeitos para realizarem a comunicação no seu sentido de processo e resultado, o que os torna particularmente adequados à consecução do objetivo essencial das Relações Públicas: a legitimação. Este tipo de instrumentos, e também os outros, tem seu uso limitado pelas suas características. Se por um lado os instrumentos mistos possibilitam o processo de comunicação imediatamente, por outro lado, seu uso fica restrito aos pequenos grupos ou, somente, às pessoas. Por isso, ajustam-se mais às Relações Públicas internas.

Alguns são intrínsecos à ação organizacional cotidiana e outros implicam o concurso do setor ou do profissional de Relações Públicas para a sua agilização. Eis uma relação dos mais comuns:
— Planejamento (e administração) participativo.
— Círculos de Controle de Qualidade (CCQ).
— Contrato psicológico.
— Avaliação de desempenho pelo sistema de entrevistas e objetivos.
— Entrevista de demissão.
— Público interno.

— Cerimonial e protocolo.
— Contato.
— *Lobby*.
— Evento.
— Negociação.
Desenvolvendo-se o esquema acima tem-se:

Planejamento participativo

É o estabelecimento dos objetivos da organização, suas estratégias, suas metas e os vários projetos necessários para a consecução dos mesmos, com origem na equipe diretiva em acordo com os demais departamentos e setores, até o último escalão, pressupondo o conhecimento, a participação e o comprometimento de todos.
Operacionaliza-se através de reuniões, com a manifestação de todos, para exposição e ajustamento de pontos de vista, até chegar-se ao consenso. A divisão responsável das decisões sobre aspirações e riscos afigura-se como condição *sine qua non* para a existência de uma organização. Se não houver essa partilha, tem-se apenas pessoas recebendo ordens para realizar tarefas, sem entrar na questão do mérito ou da conveniência. Não há sinergia nesse caso. Ao contrário, o sistema como um todo, vai perdendo energia na escala hierárquica do centro de decisão à periferia, com a agravante de não receber *feedback* (se o recebe, é somente na sua qualidade positiva; "ninguém quer entrar em atrito com o chefe") e, assim, descontrolando-se.
O planejamento participativo exerce uma função política e seu efeito positivo é a distribuição do exercício de poder entre todos os membros das diferentes alçadas de decisão e competência.

Círculos de controle de qualidade

Baseados na premissa de que os que encaram rotineiramente os problemas de produção estão mais aptos a analisá-los, sugerir e implementar ações corretivas, pois possuem a informação, os CCQs funcionam como mecanismos reguladores da distribuição do poder. Certamente, há toda um tecnologia de implantação e execução do sistema.
Ocorrem nas empresas de concepção administrativa participativa, com a maximização do princípio de delegação, colocando as alçadas de decisão e de competência ao nível daqueles que enfrentam o problema.
Pela sucessão de trocas realizadas entre os participantes e a recompensa dos esforços despendidos, manifestas no controle ou na

163

reversão das situações difíceis, constrói-se aquilo que se chama *esprit de corps* — sem dúvida, algo que contribui para o estabelecimento de excelente nível de Relações Públicas internas.

Contrato psicológico

Este termo, seu significado e sua natureza foram extraídos da psicologia organizacional[1] com a finalidade de identificar e operacionalizar o acordo estabelecido entre duas ou mais partes, antes da realização de um negócio ou de um trabalho em conjunto, a fim de que o mesmo se suceda com o mínimo possível de conflito. Este instrumento especifica todas as tratativas entre as partes, as expectativas de cada uma delas e como poderão, mutuamente, satisfazerem-se uma à outra. Constitui a etapa preliminar e necessária para ajuste da linguagem, das atribuições e das responsabilidades — das normas básicas do convívio profissional — em face do objetivo comum. Compatibilizam-se então as condições para as trocas de idéias e para as tomadas de decisão, prevenindo-se malentendidos e frustrações futuras. Isso legitima as decisões a serem tomadas e minimiza a probabilidade da ocorrência de conflitos. A dinâmica de um contrato psicológico assemelha-se ou até mesmo iguala-se à "negociação". Contudo, o termo negociação é reservado e aceito pela comunidade que o maneja, apenas para a realização de negócios comerciais e a solução de conflitos. Contém os mesmos princípios da filosofia do "quimono aberto".

Avaliação de desempenho pelo sistema de entrevistas e objetivos

Trata-se de outra técnica de dupla via, desde que se cumpra o requisito de ser realizada com a presença do avaliado, seguindo o roteiro de uma ficha objetiva, cujo critério essencial é atingir ou não as metas previstas, com justificativas para este último caso.

A avaliação de desempenho em uma só direção, normalmente no sentido superior-subordinado, sem que este último possa discutir o parecer emitido, serve apenas para criar idéias paranóides nas pessoas avaliadas e gerar descontentamento.

Um acompanhamento racional e aberto do desempenho dos funcionários tanto serve para reforçar as atuações satisfatórias, como para detectar ocasionais deficiências e induzir a tomada de medidas cabíveis: promoções, prêmios, transferências, treinamento, etc.

---

1. KOLB, David; RUBIN, Irwin; McINTIRE, James M. *Psicologia organizacional: uma abordagem vivencial*. São Paulo: Atlas, 1978, p. 26.

Bem conduzido, esse processo faz trafegarem livremente informações entre avaliador e avaliado, até que cheguem ao consenso e passem, ambos, a mover-se na direção dos objetivos da organização.

Entrevista de demissão

Pertence à área de recursos humanos e funcionaliza-se como instrumento de Relações Públicas desde que existam políticas de que jamais alguém é despedido sem ter passado por uma avaliação de desempenho extraordinária na ocasião em que demonstrou atuação deficiente e tenha ganhado um prazo para corrigir seu desempenho.

A organização, através deste instrumento, tem seu último ensejo de esclarecer e ser esclarecida, oportunizando ao demissionário ou demitido uma reflexão dirigida sobre as circunstâncias que motivaram seu afastamento. A organização obtém dados para poder aperfeiçoar seu sistema, além de minimizar possível má vontade por parte do demitido. O funcionário, por sua vez, recebe informações sobre sua ação, o que lhe poderá valer, no futuro, se ele souber aproveitar produtivamente os ensinamentos dedutíveis das falhas.

Público interno

As organizações têm nomeado seus integrantes, que não os proprietários ou acionistas, pelos termos: empregados, funcionários, operários, colaboradores, parceiros, na dependência direta com o tipo e a filosofia das mesmas.

Essas pessoas situam-se em distintas posições da cadeia hierárquica que vai do ponto mais próximo ao mais distante do centro de poder máximo da organização. As posições ocupadas e as responsabilidades de suas atribuições são critérios para a segmentação dos mesmos em diretores, gerentes, secretárias, supervisores, etc.

Na terminologia de Relações Públicas, este conjunto total de pessoas denomina-se público interno e, obviamente, é identificado pelos públicos externos como a própria organização, o que de fato o são. É comum alguém, ao realizar alguma solicitação ou reclamação para um membro do público interno, utilizar-se da expressão: "vocês deveriam...", dispondo todos no mesmo grau de responsabilidade. Todavia, se alguém do público interno, ao referir-se à direção ou outro segmento de sua própria organização, empregar a palavra "vocês", está a revelar indícios de problemas de integração interna.

Tudo o que o público interno faz e diz constituem mensagens com algum tipo de informação ou redundâncias para os outros públi-

165

cos. As informações estão na atuação, nos gestos, nas palavras, no vestuário, na maneira de atender, etc. Se elas são de natureza positiva, esclarecedoras, simpáticas, e se ainda vão ao encontro das expectativas das pessoas constitutivas dos outros públicos, geram a boa vontade das mesmas para com a organização. Caso contrário, se a ação do público interno conota negativamente, sucedem frustrações, indicativos certos para problemas posteriores.

Exemplificando a importância da conduta do público interno recordo uma mensagem existente, no passado (não sei se ainda perdura), nas portas da maioria dos alojamentos de cabos e soldados dos quartéis do Exército brasileiro. Havia um espelho grande, para corpo inteiro e, ao lado, também do mesmo tamanho, um desenho de um soldado asseado e uniformizado com perfeição. Acima do desenho, estava escrito, aproximadamente, o seguinte: "Soldado! Você vai sair! Lembre-se: você não está só. Todo o Exército o acompanha. Represente-o bem!"

O impacto das mensagens transmitidas depende da credibilidade do cargo ocupado pelo emissor. É possível que, em quase todas as culturas, o que diz um diretor signifique mais do que afirma um servente. É assim que, pessoas insatisfeitas com a explicação de um funcionário, dizem: "Você nada resolve, quero falar com o gerente". Se o gerente posicionar-se de maneira diferente da do membro de sua equipe, apenas dará razão ao reclamante.

Percebe-se, então, que todos os integrantes do público interno, cada um em seu nível, relacionam-se publicamente e, portanto, todos devem estar treinados, motivados e integrados para utilizar linguagem semelhante. A ação do público interno deve ser em bloco, coerente, jamais fragmentada ou ambígua. Para tanto, o profissional de Relações Públicas deve atuar estreitamente relacionado com o responsável por recursos humanos.

Contudo, o desempenho do público interno não se restringe apenas ao levar mensagens ou, pelo menos, não deveria ater-se somente a esta função. Todos os membros de uma organização acumulam, com a anterior, a tarefa de colher informações e relatá-las a algum centro catalisador das mesma ou a alguma chefia.

Tal função, normalmente, é totalmente desleixada pela maioria das organizações. A preocupação em buscar informações ou obter *feedback* é mínima. Há até os que consideram isso uma perda de tempo.

O sério, entretanto, é que um público interno bem treinado para a receptividade das informações, ajudado por dispositivos facilitadores de centralização dessa informações, é excelente elemento de controle do sistema organização-público, evitando qualquer surpresa e mantendo a relação no melhor nível possível.

166

Cerimonial e protocolo

Este instrumento, cheio de simbolismo, é um dos muitos critérios para demonstrar a vinculação das Relações Públicas ao funcionamento do cenário político do mundo. O presidente espanhol Jordi Pujol I Soley, assim falou sobre o tema: "O protocolo é a expressão plástica da estrutura do poder". É utilizado, normalmente, quando se tem que reduzir o espaço de relação de poder de uma comunidade, ou de uma sociedade mais ampla, para o espaço de um salão. Délano[2] especifica a diferença existente entre os dois termos:

"Tende a existir uma confusão entre os conceitos de cerimonial e protocolo, referindo-se as pessoas de forma indistinta a ambos. Pois bem, eles estão intimamente ligados, mas não são equivalentes, senão complementares. O protocolo ordena as regras do cerimonial e controla sua execução. A aplicação prática e concreta do cerimonial está entregue ao protocolo".

Este instrumento reúne uma série de praxes e normas para garantir, a cada participante de um evento, tratamento condizente com a sua posição na escala hierárquica de honra e poder, diante dos demais componentes do grupo reunido com certo fim. Orienta-se pelo princípio da justiça e tem uma caráter universal. Normalmente fica a cargo de especialistas, que vão aperfeiçoando, nas mais diversas situações enfrentadas, sua capacidade de resolver problemas complexos na distribuição das precedências, principalmente quando há eventos aos quais concorrem inúmeras personalidades, das mais distintas esferas de mérito e poder.

Periodicamente, documenta-se por escrito esses casos especiais, para auxílio aos investidos desta delicada e importante tarefa.

Contato

Esta técnica, personificada no profissional, tem sido algumas vezes interpretada como algo mais amplo, chegando-se, inclusive, a utilizá-la como uma definição da atividade através da expressão: "Relações Públicas são contato".

Sabe-se que muitos intelectuais e profissionais de Relações Públicas renegam a concepção acima e até a consideram acintosa, porque seu sentido está ligado a um desagradável modo de a empresa rela-

---

2. DELANO, Barbara. *Las relaciones publicas en Chile*. Santiago: Universitaria, 1990, p. 140.

cionar-se com parte do seu público, em alguns centros. Como exemplo disso podem ser citados os efeitos desastrosos da ação enganosa de vendedores que se apresentam como "contatos" e acabam por impingir a compradores mais ingênuos mil e um elefantes brancos, provocando uma justificada resistência a tal proposição.

Entretanto, caso se consiga superar tal preconceito e se torne possível manter íntegra a idéia de proximidade, influência, relação, desprendimento de energia, subjacentes ao termo "contato" e às ações originadoras de tais situações, descobrem-se estratégia e instrumento de Relações Públicas muito adequados à realidade de algumas organizações. Porém, não existe a equivalência da atividade com um dos seus meios, ou do todo com a parte; apenas há a utilidade de uma forma de operacionalizar o órgão.

O conhecimento da realidade do mundo dos negócios, do Brasil e do mundo, diz que predominam as micro, pequenas e médias empresas, totalizando cerca de 90% de todo o universo. Entre estas, as microempresas destacam-se, também, com outra estimativa de 90% das três.

Os empresários que as dirigem não exercem suas funções num nível de representatividade e eficiência compatível com sua posição de líderes na sociedade. Caracterizam-se mais como negociantes e, não faz muito, começaram a freqüentar a escola dos executivos, porém de um modo muito discreto. Uma organização assim gerida não possui estrutura para admitir um profissional encarregado de uma atividade específica de Relações Públicas, e muito menos verbas para financiar programas como os utilizados pelas corporações multinacionais e divulgados através de estudos de casos promocionais, fazendo inveja à maioria dos profissionais da área.

Parece escassa, também, qualquer semelhança ou coincidência com procedimentos dos órgãos governamentais ou empresas estatais, em torno de cujos interesses gravitam inúmeros assessores de imprensa, redigindo incontáveis *releases*, naturalmente publicados na íntegra, em face da contingência de as rubricas das verbas de comunicação serem vultosas.

As micro, pequenas e médias empresas necessitam de outra concepção de Relações Públicas, mesmo porque seus públicos não são numerosos e, normalmente, elas não se constituem como fonte de notícias para os meios de comunicação de massa. Para articular os interesses de tais organizações, seja qual for seu tamanho, ao se optar por uma estratégia de contato, necessita-se de um profissional de Relações Públicas, egresso da universidade, com visão teórica, propondo novas orientações e realizando a tarefa de levar e trazer informações da organização aos seus públicos.

A educação permanente do responsável pelas Relações Públicas incrementa o universo empresarial com um leque de alternativas da nova tecnologia administrativa. Com isto, estimula-se a empresa a passar de um nível a outro de desenvolvimento e controlam-se melhor as variáveis decorrentes dessa evolução. Um profissional bem formado, capaz de traduzir seus conhecimentos teóricos, técnicos e práticos numa ação produtiva, de que resulte o bom relacionamento entre empresa e públicos, pode, tranqüilamente, quando necessário, exercer o cargo de contato (cumulativamente ou não a outro qualquer), além de descrever as funções e atividades aí compreendidas, em um manual organizacional. Por esse documento são estabelecidas normas e diminuída a possibilidade de alguém servir-se indevidamente do título que ostenta, comprometendo o bom nome da empresa e da profissão de Relações Públicas.

A estratégia de contato serve, ainda, à empresa grande ou média, cujos públicos sejam facilmente reconhecíveis, até em número, e possam ser atingidos suficientemente por um instrumento de informação face a face: neste caso encontram-se muitas indústrias que comercializam seus produtos para poucos clientes atacadistas. Há também outras organizações, não do mundo dos negócios, que se beneficiam com a aplicação de táticas específicas de contato em Relações Públicas: algumas entidades assistenciais, sociedades culturais, movimentos comunitários de pequeno alcance.

Enfim, contato é uma técnica de Relações Públicas, e ao dizer-se que Relações Públicas são contato, confunde-se a parte com o todo, o instrumento com a função e a atividade. Comete-se um erro de conceito.

Lobby

Sem dúvida é um instrumento de Relações Públicas, embora não seja usual sua aplicação pelo próprio profissional, mas sim pelo *lobista*, um especialista no contato com o Legislativo (e somente com este), quer seja municipal, estadual ou federal, no fornecimento e no recebimento de informações capazes de conduzir de modo favorável, nessa esfera, à solução de problemas dos grupos interessados. Tudo o que ultrapassar esse limite, pretender outros fins ou servir-se de outros métodos, merece outro designativo qualquer. *Lobby* é o instrumento que liga a esfera da micropolítica com a da macropolítica, colocando o poder organizacional em função com o poder legislativo de uma das instâncias do governo de um país.

Evento

É um acontecimento criado com a finalidade específica de alterar a história da relação organização-público, face a necessidades observadas. Caso ele não ocorresse, a relação tomaria rumo diferente e, certamente, problemático.

Ponte Pierre[3], analisando filosoficamente a formação universitária dos profissionais de Relações Públicas, e, em certo momento, dissertando sobre a organização de eventos, apresenta de modo muito adequado a relação dos mesmos com o mito, apesar de não ter utilizado este termo, mas a palavra "imagem". Veja-se:

"O evento busca fortalecer a imagem através de um ato. Ele procura sacralizar um poder que nos ama, uma providência que zela por nós, uma racionalidade superior. Melhor que um ato, o evento insere-se na categoria da celebração religiosa (...) Com seu caráter tribal, o evento solidifica vínculos, realiza a fusão que só a crença proporciona".

Aliás, não é somente o evento que possui bases psicológicas e filosóficas. Todos os instrumentos os têm. O conhecimento das mesmas assemelha-se à medicina quanto ao conhecimento da química dos medicamentos.

Considera-se o evento como um canal de dupla via, porque, normalmente, durante o acontecimento, há uma reunião de representantes da organização e do público, o que favorece a troca de idéias e de informações.

Negociação

Os conflitos acontecem em número e gênero ilimitados, entre a organização e seus públicos, conforme se pode constatar através da análise do noticiário da mídia. O conflito, em si, nada possui de violência, altercação, é apenas um colapso no mecanismo decisório das partes. Caso não seja resolvido impede o andamento da interação e pode trazer sérios prejuízos aos negócios.

O instrumento que a função de Relações Públicas possui para solucioná-lo é a negociação[4]:

---

3. PONTE PIERRE, Francisco E. "O Relações-Públicas como intelectual: Considerações sobre a formação universitária." Artigo referente à palestra na Universidade de Goiás. Obtida por correspondência pessoal.
4. KENNEDY, Gavin; BENSON, John; McMILLAN, John. *Managing Negotiations.* Londres: Hutchinson Business, 1988, p. 4.

"...Um processo para resolver conflitos entre duas ou mais partes, durante o qual as mesmas permutam opções e objeções através de informações e argumentações e modificam suas pretensões a fim de alcançar um compromisso mutuamente aceitável".

Não se deve confundir negociação com comunicação em si. Negociação é um instrumento de comunicação e utilizado quando nenhuma das partes, isoladamente, possui poder absoluto de decisão. Ademais, deve ser concentrada no problema sobre o qual está o conflito, jamais sobre a relação total.

O exercício de negociação não é algo extraordinário, faz parte do cotidiano das pessoas; elas apenas não se dão conta do fenômeno. É corriqueiro, no dia-a-dia, enfrentar-se em casa, no trabalho, com os amigos, situações nas quais há um impasse. Para manter-se a integração com os outros, por habilidade política, permutam-se alternativas de opções e rejeicões e aceita-se aquela que agrade a todos os envolvidos. O ambiente cultural democrático, em que o direito de diferir é aceito, facilita a ocorrência de tal processo.

Atualmente, o princípio básico, pragmático e ético da negociação é expresso pelo mote "ganha-ganha", significando que todas as partes devem ganhar e não somente uma. Para tanto, certamente, todos devem ceder. É pragmático porque a negociação assim realizada satisfaz as partes, julgam que atingiram seus objetivos, voltam a negociar, se necessário, a reputação de cada uma é preservada e todas procuram cumprir o acordo. É ético porque nenhuma prejudica as outras, praticam justiça e geram uma sociedade co-responsável.

Negociação, obviamente, não é um instrumento específico da atividade de Relações Públicas, mas cabe ao profissional dessa área conhecê-la, praticá-la e promovê-la na cultura organizacional, tanto para uso interno, como para situações externas.

Instrumentos de saída

São aqueles que podem servir de veículos de informação da organização aos públicos e, como tal, estão adjetivados como de única via. Veja-se alguns deles:
— Políticas e normas (programas de ação) organizacionais.
— Produto e serviço.
— Identidade organizacional.
— Marca.
— Propaganda institucional e comercial.
— Balanço financeiro e social.
— Informativos (boletim, jornal da empresa [magazine], informação para a mídia [release]), memorandos, etc.

— Brindes.

— Patrocínio.

— Correspondência.

Desenvolvendo-se o esquema anterior, tem-se:

Políticas e normas (programas de ação) organizacionais

O princípio das Relações Públicas, "antes de tudo arrumar a casa e, somente depois divulgá-la", principalmente para aquelas organizações cujos políticos externos possuem contato direto e interpenetrante, está diretamente correlacionado com os tipos de políticas e normas administrativas e a maneira de estabelecê-las. Uma norma justa, integrando interesses dos acionistas com os dos empregados, e estabelecida após debates e explicações resultando no consenso, produz um resultado totalmente diferente de uma ordem baixada sem qualquer explicação.

O sistema de papéis, do qual é composto qualquer organização, somente funciona a contento e atingindo, com sinergia, o propósito de existência da mesma, se, entre outros fatores, as pessoas que o desempenham estiverem imbuídas de suas atribuições e motivadas para a produção, isto é, "vestirem a camisa".

Esta resultante somente ocorre se o interesse impessoal da organização (difícil de separar dos interesses pessoais do dirigente máximo), materializado em suas metas de negócios, concatenar-se com os interesses dos indivíduos e dos grupos que compõem o chamado público interno. O elemento catalisador para tal integração de interesses são as informações intrínsecas aos programas de ação, estabelecidos pelo centro de poder da organização. Se o público interno interpretar essas informações como justas a ambas as partes, ocorrerá a motivação e a conseqüente integração. Em oposição, é provável a desmotivação e, mais grave, o conflito.

Público interno é uma classificação errônea, e somente quando ela for extirpada se terá condições para ocorrer a real integração, ou melhor dito, a verdadeira organização. Neste momento, a teoria e a prática organizacional serão idênticas.

Reportando-nos, novamente, à definição de organização, constata-se que um de seus componentes são as pessoas em desempenho de papéis. Portanto, as pessoas não são um agregado, mas sim a própria organização. A organização desaparecerá se tirarmos as pessoas.

Enquanto se falar em público interno, está se considerando todos os integrantes da organização, exceto os proprietários e os acionistas como um apêndice, logo não há organização no sentido da definição anteriormente estabelecida. A existência do termo "público interno" já é sintoma de má política administrativa. Pressupõe, por um lado, um poder central que manda e um grupo de pessoas que obedece, por outro.

Este fenômeno ocorre tanto no setor privado como na área pública. Decidem os donos, os proprietários, os acionistas e cotistas majoritários, os governantes, os homens do partido.

Esta dicotomia, existente desde as idéias de Taylor, que compreende a empresa comportando dois segmentos, aquele que planeja e ordena e o que executa, agregada da ideologia de que o dono, o proprietário, o controlador, tem autoridade para decidir e o faz melhor que seus colaboradores, tem impedido a estruturação das organizações conforme a definição.

Há alguns anos, contudo, novas filosofias administrativas, tais como administração participativa, *just-in-time*, teoria Z, propugnam pela delegação aos diversos estamentos. Se, e somente se isto ocorrer, acontecerá a organização e não haverá público interno, ou seja, a fragmentação. "Vestir a camisa" ocorrerá espontaneamente, dispensando-se a fajuta política da "cenoura e chicote", pois todos se sentirão co-responsáveis pelos propósitos da organização, os quais se confundirão com os objetivos das próprias pessoas.

Contudo, essa necessidade da existência de um modo especial da organização agir foi percebida há muito tempo pela comunidade de Relações Públicas, tendo sido expressa pela proposição: *Relações Públicas são uma filosofia social.*

Entenda-se este título, de maneira mais adequada, como: Relações Públicas contêm uma filosofia social, porque elas se constituem em pressuposto, em fonte de princípios para qualquer organização que vise um bom nível funcional de Relações Públicas, fruto de uma política inatacável.

Estes princípios, na civilização ocidental atual, sob a influência da ideologia da democracia de massa e da doutrina social da Igreja Católica, condensam-se em torno de três núcleos principais que mantêm, entre si, relações de identidade e de interdependência: justiça, bem comum e democracia.

Uma estratégia centrada nos princípios de justiça leva a organização a dar a cada um o que lhe é devido e a agir respeitando os direitos dos outros, conforme o que se entende como justo, para os públicos. Justiça e justificar, portanto, são termos cognatos, isto é, de uma mesma família etimológica. Havendo justiça, podem-se justificar decisões tomadas e assim caracterizar como legítima a autoridade da tomada de decisão, pela organização. Este aspecto, acrescido da idéia de bem comum, ou seja, daquilo a que tanto a organização como todos os públicos têm direito (que é de direito de todos), orienta a empresa segundo uma perspectiva de interesses globais, jamais particulares.

Este círculo se completa com uma base democrática nas políticas e normas, de modo a permitir a participação adequada e responsável de todos e levando em consideração o desejo da maioria, no processo decisório. Assim assistido, o público interno motiva-se a trabalhar eficiente, eficaz e efetivamente. Em tais circunstâncias, dilatam-se as possibilidades de se minimizarem conflitos, pois a organização irá trabalhar buscando o ótimo.

O afirmado constitui um ponto de convergência para os teóricos da atividade e função de Relações Públicas, já que a organização, conduzida pelos princípios anteriormente enunciados, providencia, naturalmente, um bom relacionamento com seus públicos, num nível ético muito elevado.

À medida que se consegue perceber a freqüência e a intensidade com que estes princípios incidem sobre todas as profissões humanas, pode-se dizer que praticamente não resta à pequena, média ou grande organização outra alternativa senão a de fundamentar sua estratégia de Relações Públicas numa filosofia social.

Trata-se de um verdadeiro imperativo, de uma condição *sine qua non*. Se não houver uma filosofia prática norteando todo o comportamento da organização, de pouco adiantará realizar a atividade extrínseca do discurso organizacional, pelo órgão específico de Relações Públicas. Mesmo que a empresa sobreviva por muitos e muitos anos, usando a alternativa de manter seu poder de autoridade de força, jamais o terá como legitimado. Haverá sempre, na linha de suas fraquezas e deficiências, a iminência de mobilização dos públicos que, ao se organizarem, terão força suficiente para exteriorizar suas expectativas reprimidas. As conseqüências de tal comoção não se fazem esperar e a mais grave (não a mais rara) seria, sem dúvida nenhuma, o desaparecimento da organização que, lutando artificial e inadequadamente para evitar o conflito, acabaria desestabilizando a ordem social.

Na continuidade deste enfoque, verifica-se que os demais tópicos e subtópicos anunciam posições teóricas que sustentam e ampliam o que foi enunciado.

Outra ótica para perceber a importância de uma filosofia social, contida no sistema de organização e, portanto, fazendo parte da estrutura da mesma, é aquela transmitida pela asserção: *Relações Públicas são a projeção das relações humanas.*

O modo mais preciso de dizer esta proposição é: as bases da função e atividade de Relações Públicas estão nos princípios da escola de administração das relações humanas. Esta colocação visa evitar que se caia no erro comum de entender relações humanas apenas como relacionamento entre pessoas, procurando seus fundamentos diretamente em algum capítulo da psicologia.

Na verdade, relações humanas é um capítulo da teoria de administração. Significa um modo especial de administrar, cuja essência é a valorização do ser humano, explorando seu nível de motivação, através da importância dada às necessidades das pessoas e das relações informais. Daí sua ligação indireta com a ciência do comportamento. Entre os nomes ligados a essa escola tem-se Mary Parker Follet, George Elton Maio, Kurt Lewin, Fritz Roethlisberger, William Dickson e outros[5].

Assim sendo, quero dizer, com projeção das relações humanas, que a função e a atividade de Relações Públicas, além de se ocuparem da valorização do público interno, fazem-no também em relação às pessoas que compõem os demais públicos, numa verdadeira reação em cadeia.

Num primeiro nível, compreendem toda atenção especial, dirigida aos funcionários, motivando-os, através de treinamento de "relações humanas", qualificando-os para um melhor atendimento aos fornecedores, clientes e outros públicos. O termo "relações humanas" está entre aspas, chamando a atenção para o seu sentido científico, aquele de uso na teoria de administração importado da psicologia, do capítulo que explicita "relações humanas" com os princípios da *psicodinâmica do comportamento interpessoal*.

Através desse treinamento, entretanto, não se providencia tudo aquilo de que se necessita para dar às Relações Públicas uma dimensão de projeção das relações humanas.

É preciso chegar-se a um segundo nível, onde se definam táticas através das quais se colocam em prática políticas e normas empresariais valorizadoras dos funcionários para que estes, atendidos em suas necessidades básicas, traduzam seu bem-estar num relacionamento adequado com o público externo, não porque alguém os ensinou a agir assim, mas porque estão motivados a fazê-lo e encontram vantagens nesse modo de proceder.

A utilização desta estratégia implica dar à função e à atividade de Relações Públicas uma dimensão bem característica, dentro dos limites das relações informais, como manifestação e complemento dos princípios da filosofia social.

Tomadas sob este ponto de vista, as ditas "relações humanas", por seu alcance direto sobre os públicos com os quais a organização se

---

5. Ver LODI, João Bosco. *História da administração*. São Paulo: Pioneira, 1981, pp. 67-78, ou outras obras que descrevam a história da teoria de administração.

relaciona, devem ser providenciadas em caráter prioritário e constante, ajustando-se à maior parte das conjunturas e, em alguns casos, sendo a única estratégia adequada para resolvê-los.

Novamente cabe ressaltar que políticas e normas organizacionais não são técnicas de criação do setor ou do profissional de Relações Públicas. Cumpre a este identificar os programas de ação que não se coadunam com as expectativas e interesses dos públicos, encontrar alternativas de solução e dar pareceres à direção responsável pela implantação de um determinado programa, num certo horizonte político.

Produto e serviço

O produto e o serviço são dois canais que levam, concretamente, mensagens da organização a seus públicos, principalmente aos clientes. Mensagens essas de conteúdo e significado proporcionais à qualidade do que é oferecido.

O termo "qualidade" possui, atualmente, duas concepções. A primeira, a tradicional, é quando o produto é isento de defeitos, falhas, erros. Este enfoque está vinculado à qualidade da execução. Por analogia à teoria de motivação de Herzberg[6], é adjetivada de higiênica. Se existir, é apenas obrigação. Não motiva. Porém, se não existir, desmotiva.

A segunda acepção, bem mais recente, numa concepção mais estratégica, é quando o produto ou serviço apresenta um conjunto de fatores, características, propriedades ou elementos que satisfazem as necessidades ou desejos dos clientes. Ganha, neste caso, a qualificação de motivadora. Se existir, motiva. Se não existir, desmotiva.

Em adendo ao conceito de qualidade, deve-se analisar o seu processo de obtenção que, ao passar do tempo, teve seu enfoque alterado. A filosofia administrativa de décadas passadas propunha que qualidade se controlava. Esse modo de pensar obrigava a linha de produção a possuir um ou mais pontos de controle de qualidade. Contudo, percebeu-se, através da análise do processo, que, se por um lado elevava o padrão final de qualidade, por outro emperrava a linha de produção, com o retorno do produto refugado a pontos anteriores da linha para corrigir os defeitos. Ou, então, era jogado fora, aumentando o desperdício. Ambas as situações eram geradoras da elevação de custos.

Os princípios da administração moderna de produção preceituam que a qualidade se faz, antes que se controle. Isto é, a qualidade do

---

6. HERZBERG, Frederick. *Work and the Nature of Man*. Nova York: World Publishing Co., 1966.

produto ou serviço é realizada em todos os pontos da linha de produção. Cada operário produz sua peça, ou parte da montagem, de acordo com parâmetros preestabelecidos estatisticamente. As peças e a sua montagem seguem a esteira somente se, em cada elo, determinado operário fizer de acordo com as especificações estabelecidas e o operário, situado na posição seguinte na esteira, as aceitar.

Outro ponto que mudou na filosofia administrativa da produção foi a parte referente à responsabilidade pela qualidade da mesma. No passado, somente as gerências de produção e controle e suas equipes respondiam pela qualidade. Os demais membros despreocupavam-se. Assim foi até o surgimento das idéias de Feigenbaum[7] sobre Total Controle de Qualidade. Todos na organização, sem exceção, cada um em seu nível de alçada, são responsáveis pela qualidade. À guisa de exemplo, o diretor financeiro, ao liberar verbas para a aquisição de um tipo de matéria-prima mais econômica que outra e com características diferentes, está interferindo na qualidade do produto. Uma telefonista que atende mal ao telefone e não anota corretamente uma solicitação também poderá prejudicar a qualidade do serviço.

Infere-se de tudo isto que, para ocorrer qualidade, é necessário, primeiro, qualidade na comunicação entre todos os membros da equipe, e esta só é possível com qualidade no processo de relacionamento político, fornecido pela legitimidade das decisões.

Portanto, mesmo não sendo o profissional ou o setor de Relações Públicas os responsáveis diretos pela produção ou pela prestação de serviços, tais atividades lhes dizem respeito na medida em que se tornem veículos de informação positiva ou negativa.

Toda organização que elabora produtos ou serviços de qualidade inferior às expectativas de seus públicos, consumidores ou não, está funcionando publicamente mal. A responsabilidade do profissional de Relações Públicas é detectar o problema e orientar o poder de decisão organizacional quanto às alternativas de providências cabíveis. Não se entenda, contudo, que tais providências incluam o mascaramento da realidade. Sugestão de campanhas publicitárias, comerciais e institucionais em cima de produtos e serviços ruins implica risco do efeito bumerangue. Todo esforço e dinheiro gastos retornam negativamente contra a organização, instaurando e mantendo o clima psicológico propício à percepção de ilegitimidade.

---

7. FEIGENBAUM, A. V. *Total Quality Control*. Nova York: McGraw Hill, 1961. Obra clássica que relatou a idéia do autor à comunidade de administradores.

Identidade organizacional

Engloba-se sob este título tudo aquilo que identifica a organização: logomarca, material de expediente, apresentação visual dos prédios, uniforme dos funcionários, viaturas. Todo esse material "personifica" a organização, ocorre através de uma metamorfose e é canal de informação.

Se tais instrumentos tiverem sido programados para ter afinidade estética, certamente isso contribui para a construção de uma representação mais forte e significativa da legitimidade da organização. Tudo bem apresentado leva os públicos a identificarem um processo decisório preocupado com a apresentação da organização e, logo, com os próprios públicos. Efeito inverso decorreria de uma multiplicidade não integrada ou pouco cuidada dos identificadores referidos.

Embora não seja freqüente na cultura das organizações atribuir-se ao profissional de Relações Públicas a tarefa de providenciar a harmonização de todos esses itens, seria de bom alvitre pelos menos consultá-lo a respeito. O ideal, certamente, seria responsabilizá-lo pela coordenação do uso desse tipo de instrumento. Há, porém, algumas tradições e espaços conquistados pelas agências de propaganda e por arquitetos que interferem nesta pretensão.

Marca

A marca é um item especial da identidade institucional e, à semelhança da propaganda institucional, é um instrumento que se situa na área das Relações Públicas quanto na esfera do marketing. A credibilidade da mesma é construída tanto pela qualidade do produto e serviço quanto pela ação organizacional como um todo, contendo intrínseco a si as conotações positivas ou negativas pelo que fez ou deixou de fazer a organização, e pelo produto e serviço bom ou ruim entregue ao consumidor e ao cliente, durante a existência da organização. Uma marca com *status* facilita tanto as vendas quanto a comunicação entre a organização e seus públicos.

Propaganda institucional e comercial

Com maior ou menor alcance, a propaganda institucional e a comercial cumprem sua finalidade através de código essencialmente afetivo, pois sua força de indução supera a das referências explícitas contidas nas ações e textos organizacionais. A primeira, obviamente, reporta-se à organização. As impressões que provoca nas mentes das pessoas constitutivas dos públicos estão presas aos dados selecionados. É o instrumento situado na linha limítrofe de responsabilidade entre propaganda e Relações Públicas. A segunda, pertencente à esfera do marketing, que por sua vez veicula, indiretamente, informações sobre as decisões organizacionais. Se bem feita, de bom gosto, sem mentiras, identifica decisões legítimas. Ao inverso, se realizada com intenções contrárias aos costumes e com finalidades manipuladoras, evidencia decisões ilegítimas.

Balanço financeiro e social

O balanço financeiro, com seus dados sobre lucros ou prejuízos, informa à comunidade o estado de saúde das contas internas e externas e gera ou não a credibilidade pública da empresa.

O balanço social, por sua vez, possui a filosofia de documentar e divulgar a contribuição organizacional, dos mais diversos tipos, ao desenvolvimento da comunidade, a partir de dados concretos e de resultados efetivamente constatados. Em absoluto é um programa social nem uma manifestação paternalista e tampouco apenas o cumprimento de uma política de assistência social, nos termos legais. O balanço social foi estruturado por Lucien Matrat[8], em 1951, na França, sob a designação de *Bilan Social*, chegando a transformar-se em lei com Giscard D'Estaing, em 1977.

Essa boa idéia, entretanto, tem sido bastante corrompida no seu trânsito entre a França e os países que a colocaram em prática. Há alguns onde valoriza-se mais o aspecto promocional das ações que a orientação das mesmas, no sentido de promoverem o aperfeiçoamento da organização, pelo princípio da responsabilidade social dos seus investimentos.

Há organizações que, ao término de seu exercício fiscal, estão prestando contas à comunidade através de um documento designado por Balanço Anual ou Memórias, contendo os dois tipos de balanços.

Informativos

Em essência, destinam-se a manter os públicos devidamente a par do que está acontecendo. Vários são os seus tipos, em razão de suas finalidades. O informativo para mídia (*press-release*), busca informar a mídia e, a seguir, obtendo o aval desta, a comunidade como um todo. Os boletins (*newsletter, magazine*) cujo nível de sotisficação

---

8. Cf. LEMOS, Roberto Jenkins de, através de correspondência pessoal.

em suas apresentações possui os mais diversos matizes, dependendo dos recursos e das políticas da empresa, tanto alcançam grandes tiragens e vários destinatários como limitam-se ao público interno.

UMA RESSALVA: OS MEIOS DE COMUNICAÇÃO MASSIVOS (OU A MÍDIA)

Os meios de comunicação de massa dão forma pública aos instrumentos de Relações Públicas da organização e não podem confundir-se com eles. São independentes do poder organizacional e sua função específica, além de denunciar as injustiças, é fazer circular todo tipo de informação, sem que lhes caiba o controle dos efeitos que esse volume de dados possa produzir numa determinada comunidade.

Caso se pretenda utilizá-los de modo dirigido, é preciso providenciar que tanto a construção da mensagem quanto o modo de divulgá-la estejam orientados por princípios e por técnicas que garantam os resultados desejados. Neste sentido, ao setor de Relações Públicas compete coordenar a ação criadora dos especialistas em comunicação e a contratação dos veículos mais adequados aos fins em vista.

Explicando melhor esta idéia, pode-se afirmar que a atividade de Relações Públicas necessita da mídia e dela serve-se com duas finalidades:

1) busca de parcela das informações colhidas para os diagnósticos da conjuntura;

2) veiculação de alguns dos instrumentos (*release*, avisos, anúncios institucionais).

Quanto ao primeiro aspecto, o profissional de Relações Públicas precisa manter-se atualizado, em contato com os principais periódicos e informativos audiovisuais. A aquisição de tais informações é realizada através da simples compra de exemplares de jornais e revistas e a escuta do rádio e TV. Há quem tenha diretamente em seus escritórios terminais das agências internacionais. Pode-se, ainda, contratar empresas especializadas na coleta das informações transmitidas por esses veículos.

Quanto ao segundo, impõe-se-lhe um fácil trânsito entre as agências de criação para que as idéias, a serem concretizadas em som e imagem, tenham a melhor e a mais adequada forma possível. Além disso, o profissional de Relações Públicas deve possuir sensibilidade para identificar fatos organizacionais que sejam notícias e para transferir seu ponto de vista para os jornalistas. Observa-se que as boas relações com profissionais da área de editoração e a troca constante de idéias com esse tipo de pessoa acabam criando o ambiente propício para que as notícias de interesse da organização sejam mais bem interpretadas pela mídia e tenham veiculação adequada.

Brindes

Têm por objetivo sensibilizar as pessoas, afetivamente, para a boa vontade com referência à organização. Fundamentam-se no princípio: "quem ama, dá". Variam em tipo e qualidade de acordo com seus objetivos, público, quantidade, potencial econômico da organização, etc. Um brinde necessariamente deveria confirmar, por sua aparência externa, a forte conotação afetiva do gesto do doador em relação ao seu destinatário. Ocorre, muitas vezes, de o brinde estar excessivamente investido da função de propaganda e o recebedor não chegar a considerar-se presenteado. Para garantir esse efeito, a preocupação com a estética é fundamental. O brinde de Relações Públicas difere de seu congênere de marketing exatamente por esse aspecto.

Patrocínio

Aceitando custear integral ou parcialmente eventos não relacionados, de modo direto, com as práticas usuais de divulgação de serviços ou produtos, a organização projeta, na comunidade, uma idéia de permanente interesse em relação a tudo aquilo que possa contribuir para o bem comum: concertos, torneios, festas regionais, programas de pesquisa, seminários, congressos, concursos de todos os tipos, etc. Com isto, a organização transmite intrinsecamente a mensagem: "Eu não estou interessada somente em lucro. Eu faço parte da comunidade e para ela e por ela eu trabalho".

Esta prática supõe grande sensibilidade de parte do profissional de Relações Públicas, para que recomende aqueles investimentos realmente lucrativos, em termos de benefícios para quem financia e quem operacionaliza o programa selecionado. Esta tarefa possui um fator problemático, pois a partir do momento em que a organização auspicia alguma coisa, defronta-se com o aumento insaciável do volume de pedidos.

Correspondência

As comunicações administrativas, além de veicularem as informações necessárias à interação verbal entre organização e públicos, também contribuem para construir e consolidar a credibilidade da empresa, através da habilidade dos redatores ao organizar e apresentar originalmente os conteúdos. O uso politicamente perfeito das palavras e a estética da apresentação causam receptividade favorável naqueles que as recebem.

Instrumentos de entrada

São aqueles instrumentos que trazem, para análise, a informação para junto do setor de Relações Públicas. Após este processo, garantem a chegada da informação ao poder de decisão organizacional. As organizações que compreenderam e valorizaram as informações para todos os seus processos decisórios, principalmente os relativos·a relações de poder e não apenas aos específicos à área de marketing, criaram um elemento centralizador de todas as entradas de informação: um centro de informação. Detecta-se aí o aproveitamento da cultura das Forças Armadas, às quais a informação põe como insumo essencial na produção de um plano de batalha. Eis alguns dos instrumentos:

— Pesquisas e levantamentos de expectativas, atitudes e opinião.
— *Clipping*.
— Relatórios.
— Caixa de sugestões.
— *Ombudsman*.
— Auditoria social.
— Reclamações.

Desenvolvendo-se o esquema acima tem-se:

Pesquisas e levantamentos de expectativas, atitudes e opinião

Considera-se a pesquisa como a busca estruturada de informações, por abordagens quantitativas e qualitativas. Levantamento, uma maneira de realizar a pesquisa, compreende a busca de dados, aceitando questões abertas e, muitas vezes, entrevistas conduzidas espontaneamente e sem roteiro.

A pesquisa de expectativas tem por meta captar o que os públicos esperam da organização e como valorizam suas decisões. É por este tipo de investigação que se deve orientar, predominantemente, o profissional de Relações Públicas, quando seu plano de ação é preventivo. Essa idéia toma forma quando se analisa a técnica conhecida pela sigla RISC — *Research in Social Change*, buscando identificar os vazios emocionais de uma população. O RISC, como dizia um folheto promocional do Grupo IPSA Latinamerica — Audits & Survey, é um observatório permanente da população, fornecendo uma análise das correntes sócio-culturais que constituem os seus hábitos, atitudes e comportamento.

A pesquisa de atitude, algo mais profundo e originário da psicologia social, pretende identificar as crenças, os afetos e as tendências à ação frente a um objeto social. A escala do Diferencial Semântico[9] é excelente exemplo desta área de investigação.

Por último, por pesquisa de opinião entende-se a busca de informações sobre o que as pessoas pensam de um objeto social. Não se deve imaginar, porém, que pesquisa pressuponha grandes estruturas e custos elevados. Um setor ou profissional de Relações Públicas eficaz não pode prescindir do exercício diuturno e aplicado da pesquisa, através de instrumentos e amostragens, adaptado aos diferentes casos ligados à dinâmica da organização.

Clipping[10]

É um método peculiar de pesquisa. Este termo abrange, obrigatoriamente, a leitura de jornais e revistas (se possível a escuta e assistência de rádio e TV); a identificação e o recorte (gravação, no caso de rádio e TV) de notícias vinculadas de alguma maneira aos interesses da organização. Posteriormente à análise dos dados, contidos nas diversas notícias, a dedução de causalidade com outros fatos passados e presentes, as inferências de efeitos futuros na conjuntura, mas principalmente na organização. Por fim, a elaboração de um documento objetivo, preciso e conciso, contendo os recortes e a resenha com o diagnóstico e os prognósticos de toda a situação.

O próposito deste trabalho especializado é economizar tempo e facilitar a compreensão dos centros de poder da organização quanto à conjuntura e às expectativas dos públicos e seus impactos na ação organizacional. Vale, inclusive, como elemento catalisador das idéias dos integrantes da organização, pois todos passam a ter um referencial comum do que ocorre na conjuntura, posicionando a todos com premissas, em absoluto idênticas, mas semelhantes e, logo, facilitadoras da integração.

Erro tradicional é realizar-se, mecânica e exclusivamente, o recorte das notícias, fotocopiá-las e distribuí-las às pessoas situadas nos pontos mais altos da hierarquia de poder. Certamente, seria o mínimo que qualquer organização deveria fazer, porém poucos resultados eficazes produz.

---

9. Ver OSGOOD, C. E.; SUCI, G. J.; TANNENBAUM, P. H. *The Measurement of Meaning*. Urbana: University of Illinois Press, 1957.
10. Preferi deixar o termo em inglês por não se possuir em português um único termo conhecido e aceito por toda a comunidade de profissionais de Relações Públicas. Há regionalismos na designação desta técnica.

Relatórios

Outra fonte de (entrada) informação são os relatórios das mais diversas áreas da organização. Este material deveria estar disponível no Centro de Informações, com livre acesso ao profissional ou ao setor de Relações Públicas. Com tal providência, contorna-se o sério problema da setorização das informações que impede a compreensão do significado desses dados parciais, frente aos objetivos maiores da organização.

Cabe aos executantes da atividade de Relações Públicas a dedicação de algum tempo ao processo pedagógico, para que os responsáveis pelas diferentes áreas se motivem a produzir seus relatórios e remetê-los à área de Relações Públicas, a fim de que esse tipo de instrumento seja aproveitado em toda a sua utilidade e potencialidade.

Caixa de sugestões

Operacionaliza-se pela coleta sistemática de idéias colocadas em uma caixa, pelos públicos internos, seguida da análise das idéias por uma equipe designada e, finalmente, pela premiação daquelas sugestões que implicam algum tipo de benefício à empresa em termos de racionalização, aperfeiçoamento, qualidade, etc.

Esteve em moda em décadas passadas. Significou a abertura de um canal de comunicação de todos os níveis com a direção; portanto, um tipo primitivo da administração participativa.

Em face do aperfeiçoamento da teoria e das práticas administrativas foi substituída, internamente, pelo CCG e outras técnicas. Externamente, ganhou um assemelhado: a "linha aberta" (telefone)

Ombudsman

O significado do termo e as funções do cargo encontram-se original e respectivamente na língua e constituição suecas. Tratava-se de uma pessoa designada pelo órgão legislativo para ajudar os cidadãos no processo de queixas contra o governo. Apenas como curiosidade, a tradução literal da palavra para o português é o "o homem que procura". Por outro lado, o designativo do cargo nas constituições que o adotaram, pelo menos nos países de língua espanhola, agregou o significado de "defensor do povo". Na constituição brasileira, traduziu-se a palavra e o cargo correspondente por "Ouvidor".

É possível que a popularização do termo na língua de origem deveu-se a sua utilização pelos jornais. Ao *ombudsman* de um jornal compete analisar o produto jornalístico em base à sua experiência de muitos anos e sabidamente qualificada, juntamente com outras informações recebidas e comparadas, principalmente do leitor, e então apresentar críticas e sugestões à direção do jornal a fim de aperfeiçoar a qualidade do mesmo.

O cargo e seu designativo extrapolaram os espaços da constituição e da imprensa, chegando ao seu uso pelas empresas. Nesta área, cabe a este profissional auscultar aos públicos, em especial aos clientes, provocados ou não, quanto às suas expectativas, frustradas ou não, sobre os produtos e serviços e tudo mais que diga respeito à organização. E, após a análise dos fatos, apresentar à direção os problemas e as alternativas de solução. Ao final, deve dar respostas àqueles clientes que se identificaram.

Esta função pode restringir-se somente às fronteiras organizacionais, como o descreve Rowe[11]:

> "O *ombudsman* da corporação é um diretor ou gerente neutro ou imparcial pertencente à organização que pode prover assistência informal e confidencial aos chefes e empregados, a fim de resolver problemas relacionados ao trabalho".

Ora, se tivermos como premissa, para o significado da atividade de Relações Públicas, a definição operacional anteriormente relatada com suas quatro funções básicas, conclui-se que a tarefa do *ombudsman*, nas empresas e nos governos, corresponde à atividade de Relações Públicas, diminuída da última atribuição — implementar programas planejados de comunicação. O máximo que lhe cabe é elaborar ou orientar a elaboração de um instrumento com informações, prestando satisfações aos públicos das providências tomadas.

Exclui-se, dessa similaridade, o *ombudsman* do jornal, por ser uma atividade cuja experiência é específica de um jornalista e refere-se ao produto e não à organização como um todo.

Auditoria social

É um instrumento com linguagem assemelhada à da auditagem contábil e que pode ser definido como: verificação da função de Relações Públicas, isolada e integrada no contexto, quanto ao seu desempenho, eficiência e estabilidade, além de propostas de alternativas futuras.

---

11. ROWE, M. "The corporate ombudsman". Apresentada no Industrial Relations Research Seminar. Sloan School, MIT, Cambridge, 1986.

Deve ser realizado por profissionais externos à organização quando:

1) A gerência de Relações Públicas é nova ou irá planejar programas extras:

2) não existe setor de Relações Públicas e deseja-se implantá-lo;

3) a organização necessita revisar suas práticas de comunicação social;

4) prevê-se a reestruturação organizacional;

5) o faturamento está caindo.

Reclamações

Na verdade, não é um instrumento específico, mas possui um papel relevante no sistema dos instrumentos de entrada de informação. A reclamação é um indício de que algo não agradou a alguém. Se o fato ocorreu com um percentual baixíssimo de componentes dos públicos, pode-se considerá-lo como apenas idiossincrásico. Porém, mesmo assim, merece algum tipo de resposta. No entanto, se as reclamações tomam a feição de clamor na defesa de interesse básico de um público ou segmento de público, o problema torna-se sério e, no caso, apontam para a iminência de um confronto. Razão lógica do porquê deste instrumento afigura-se particularmente adequado à detecção e à prevenção de futuros conflitos.

O termo reclamação, para muitos — senão para a maioria — daqueles que administram algum tipo de organização, conota essencialmente o negativo. Por isso, estas pessoas ficam inquietas quando informadas de que alguém quer ou está a reclamar algo. Normalmente, defendem-se da reclamação não dando a devida atenção ao reclamante, perdendo, assim, excelente oportunidade de melhorar seu negócio. Por falta de espírito público, esses donos do poder não percebem os aspectos positivos da reclamação.

O fato de clientes, ou membros de outros públicos, se disporem a reclamar algo, significa que estão dispostos a colaborar com a organização, mesmo que o façam emocionalmente perturbados. Certamente, que as reclamações deverão sofrer um processo estatístico e serem analisadas a fim de separar aquelas indicativas de problemas de outras pertinentes a aspectos circunstanciais.

Se ocorrer a atenção e imediata resposta aos reclamantes, ocorrerá, ao mesmo tempo:

1) A catarse do sentimento de revolta daqueles que se julgam prejudicados, evitando-se que os mesmos se tornem porta-vozes negativos ou que se afastem da organização.

2) A doação gratuita de dados à organização para aperfeiçoamento de seus sistemas, sem ser necessário pagar por pesquisas e pedir por favor para que as respondam.

Enfim, faz-se "de um limão uma saborosa limonada". Por isso que os sensores da organização devem sempre estar simpáticos às reclamações.

Os instrumentos e sua adequabilidade à conjuntura

Como as organizações tendem, de modo geral, a definir suas relações com os públicos a partir do prisma das trocas econômicas, a seleção de instrumentos de Relações Públicas corre o risco de vir a ser condicionada, fortemente, pela necessidade de se atender, em primeiro lugar, ao objetivo do lucro imediato.

Neste sentido, o público fica configurado apenas como consumidor e todos os esforços dirigem-se a mantê-lo nesse estado, satisfeito por haver realizado bom negócio, sem considerar aspectos correlatos ao ato de compra e venda, tais como: valores pessoais, culturais, sociais e outros, comprometidos no processo de industrialização, comercialização e uso de algum bem.

Nesse nível, é possível a manutenção de condições favoráveis de convívio entre organização e público, mas dificilmente se providencia ou se garante a legitimação da empresa na comunidade, o que se deve ao fato de que os demais interesses dessa comunidade não são auscultados e nenhum instrumento de Relações Públicas é suficiente, em si, para preencher as expectativas e as carências não consideradas.

Observe-se a facilidade com que as organizações sem fins lucrativos atingem o estágio da legitimação. Desprovidas da angústia de artificialmente manterem elevado o nível de motivação dos públicos, obtêm tal efeito ao natural, pela simples provisão das necessidades sociais, culturais e políticas dos mesmos, através de instrumentos adequados aos fins previstos.

As organizações, com fins lucrativos, portanto, ao dedicarem também atenção às outras relações possíveis com a sociedade, estabelecem novos vínculos e novos interesses, os quais certamente contribuirão para que aquele dito fundamental — o da troca econômica — possa a vir a realizar-se nas condições desejadas. No que diz respeito à concorrência, é flagrante a vantagem de quem ampara as operações de compra e venda por uma credibilidade de comprometimento social, cultural e político — em suma, uma atitude de identificação com o universo dos consumidores, clientes, usuários ou simples vizinhos.

Como orientador e indutor das políticas das empresas em face de seus públicos, o profissional de Relações Públicas precisa sugerir os instrumentos não só em função da natureza específica dos mesmos, mas também em função de sua preponderância circunstancial, numa determinada conjuntura.

Quadro IX — A ótica conjuntural dos instrumentos.

Reforço pretendido no conceito da organização junto à comunidade.	Instrumentos
CULTURAL	Promoções culturais, brindes, patrocínios, normas estéticas (padronização de indicadores da presença da empresa na comunidade).
POLÍTICO	Negociação, planejamento participativo, *lobby*, afiliação e atuação em entidade de classe, normas de comportamento frente aos públicos (manual do representante, manual do candidato a cargo eletivo).
SOCIAL	Programas de saúde e lazer familiar, eventos sociais, atendimento, apoio explícito a causas comunitárias.
ECONÔMICO	Propaganda comercial, o próprio produto, os serviços, a assistência técnica.

Segundo esta ótica, talvez seja conveniente reunirem-se os instrumentos existentes a partir da hipótese de que uns contribuam mais efetivamente para a produção de um determinado efeito do que outros.

Após a apresentação e descrição dos instrumentos de Relações Públicas, devem-se reforçar dois pontos:

1) O profissional de Relações Públicas não precisa necessariamente saber aplicar todos os instrumentos. Seu compromisso principal é perceber qual o tipo de transação a ser estabelecida entre organização e públicos e definir qual ou quais meios mais aptos a promoverem e sustentar, em caráter ótimo, a relação desejada entre os envolvidos numa situação qualquer. Cumpre-lhe, ainda, cercar-se de informações sobre os especialistas em comunicação social que podem ser incumbidos da execução dos planos autorizados pelas alçadas de decisão da organização.

2) A escolha dos instrumentos e técnicas nem sempre é provocada apenas por uma necessidade imediata da organização, ou por súbita demanda de informações e estímulos, de parte da comunidade. De modo indireto, as próprias transformações maiores a que está sujeita a humanidade, acabam determinando a obsolescência de alguns rituais de inter-relacionamento social, na mesma medida em que "ensinam" e "consolidam" novas práticas de aproximação e/ou eliminação de focos de conflitos entre grupos de interesses potencialmente positivos.

Um profissional eficiente de Relações Públicas, portanto, não é apenas aquele visto em febril atividade, movimentando recursos humanos e materiais para gerar e não deixar arrefecerem-se ou deteriorarem-se os laços desejados entre organização e públicos.

Faz parte do seu perfil o traço do filósofo, do político e do psicólogo social que consegue abrir espaços para reflexão, a análise, a discussão, visando compreender, em toda a sua abrangência, o sentido maior das suas ações profissionais.

Capítulo 14

O OBJETIVO DAS RELAÇÕES PÚBLICAS

O objetivo das Relações Públicas, função organizacional e atividade profissional, é legitimar as ações organizacionais de interesse público. A sustentação desta assertiva inicia-se pela explicação de que toda e qualquer ação organizacional é efeito de uma decisão tomada anteriormente, por algum membro da mesma. Nada é feito sem que se tenha decidido fazê-lo.

O hábito de se agir baseado em normas faz, entretanto, que passe despercebida, à maior parte das pessoas, a etapa de escolha entre alternativas, anterior à ação. O homem é privado desse direito, ou até desse prazer, ou ainda, por vezes, dessa tortura, apenas em circunstâncias especiais, quando a ação se torna rotineira, quando não há opções, ou quando a decisão já é estabelecida por escalão superior.

No que diz respeito à organização, o fenômeno parece ainda mais evidente, pois havendo uma filosofia empresarial e um conjunto de normas que orientam a ação, nem sempre a pessoa está consciente do que está decidindo. Age-se, no desempenho de papéis, na maioria das vezes por hábito, e só se questiona tal estado de coisas quando a conjuntura impõe a tomada de outros cursos de ação e apresentam-se alternativas. Nesse momento, pára-se para pensar.

Procurando entender mais cientificamente o processo decisório, extrai-se de March e Simon[1] o seguinte: "O processo decisório consiste na seleção de um curso preferencial de ação a partir de duas ou mais alternativas, na tentativa racional de atingir os objetivos de uma organização".

A tomada de decisão, presente em todos os subsistemas organizacionais, estabelece uma dinâmica de relação tanto nas perspectivas internas como nas externas da organização. Envolve, assim, na

---

1. MARCH, J. & SIMON, H., *Teoria das organizações*, cit., p. 78.

mesma medida, os que decidem e os que sofrem as influências de sua colocação em prática.

Por outro lado, a tomada de decisão não é, em absoluto, um ato estanque, mas um processo. Como tal, supõe uma série de resoluções que se sucedem, cada uma preparando a seguinte, isto é, trazendo conseqüências que certamente vão originar novas decisões, o que se confirma em Griffiths[2]: "A tomada de decisão significa não somente a decisão, mas, também, os atos necessários para pôr a decisão em funcionamento e assim influenciar realmente o curso de ação de uma empresa".

Portanto, o processo decisório envolve decidir e fazer, na medida em que se estrutura uma relação constante entre os mesmos. A dinâmica organizacional consiste, pois, em estabelecer diretrizes e executar, ou seja, decidir e operar.

O processo decisório, porém, não ocorre sem problemas. Por vezes, conforme vimos anteriormente com March e Simon[3], detectam-se conflitos. Coletivamente, em casos de grupos (o que interessa particularmente às Relações Públicas), isso tende a acontecer quando as partes envolvidas dependem de recursos limitados e quando uma delas não pode tomar decisões sem levar em consideração os interesses da outra. As repercussões do primeiro ponto, de natureza econômica, e as do segundo, de natureza política, revelam, assim, os esquemas de interdependência em que convivem organização e público. Observando-se a teoria do processo de Relações Públicas sob esta perspectiva, constata-se a perfeita correspondência do que lá se propôs com o que se acaba de dizer.

Prosseguindo com o raciocínio que se vinha desenvolvendo, é possível afirmar que o conflito, em princípio, está muito relacionado às condições que cercam o momento da tomada de decisão. Três causas concorrem para tal:

1) percepção da necessidade de decisão coletiva;
2) diversidade de objetivos;
3) diferença de percepção da realidade.

O quadro acima serve de base para desenvolver-se a explicação e justificativa de todo o complexo jogo da comunicação e da ética que estão a bordo das Relações Públicas.

Da primeira causa, "percepção da necessidade de decisão coletiva" parte-se para estudar o que acontece no processo de interação organização-público.

A organização, ao operar inserida na sociedade, retira insumos desta, expande suas fronteiras e ocupa espaços, pois sem eles não é

---

2. GRIFFITHS, Daniel E. *Teoria da administração*. São Paulo: Nacional, 1971, p. 19.
3. MARCH, J. & SIMON, H. *Teoria das organizações, cit.*, p. 160.

possível sua existência. Tais insumos e o espaço são também de interesse dos públicos. Inicialmente, esse interesse está em nível latente em cada pessoa, e assim permanece enquanto ela estiver satisfeita ou não perceber que está tendo desvantagens na troca oferecida pela organização. A cadeia de informações que se produz, de modo contínuo, em torno da empresa, pode alterar a percepção do público compreendido em sua área de influência, nele provocando o desejo de participar do processo decisório.

Começam, então, as pessoas a se reconhecerem, isto é, a formarem, através de lideranças, uma percepção própria, o que acelera o processo de modificação da percepção, acentuando mais ainda a necessidade de participar e lhes dá força para atribuírem-se o direito de serem ouvidas.

A organização, em razão disto, tem três alternativas:

1) Ir sempre ao encontro das expectativas de interesse de seus públicos o que é alcançado através de pesquisa constante neste sentido, desde que se levem em consideração os dados colhidos, sempre que for necessário deliberar sobre algo.

Porém, nem sempre é possível identificar fielmente o que esperam os públicos e tampouco decidir de acordo com os seus desejos, pois se, por vezes, estes implicam desenvolvimento, por outras contêm preconceitos e visões retrógradas que impedem o avanço da organização e da sociedade como um todo, na consecução de seus objetivos. Além de tudo, a organização precisa detectar e compatibilizar o interesse de todos os públicos. Se ela conchavar apenas com uma parte, entrará em deslizes éticos.

2) Estabelecer mecanismos que permitam a participação dos públicos naquelas decisões que os afetam, o que é atingido através de uma representatividade de todos os seus públicos. Ora, isso não é exeqüível, tampouco viável quanto aos públicos externos. Ao encontrar-se nesse dilema, a organização tem que buscar artifícios de pelo menos consultar os anseios.

3) Evitar que as pessoas percebam a necessidade de decidirem com elas.

A consecução desta ação, se não é ética, pelo menos se apresenta como tal. Conclui-se isto porque, para bloquear essa percepção, deve-se bloquear as informações que condicionam as percepções. Apenas como exemplo, é aqui que se compreende o papel da censura e das meias verdades.

A segunda causa do conflito, "diversidade de objetivos", é explicada pelo fato de, por vezes, aquilo que pretende a organização não coincidir com o que pretendem seus públicos ou parte destes. O termo "diversidade" é colocado não no sentido de colisão, mas de diferença, pois é raro acontecer que uma organização possua objetivos totalmente contrários a toda uma sociedade. Normalmente, o desencontro se dá apenas ao nível de alguns públicos, pois até com a concorrência há pontos comuns.

No entanto, pode haver situações em que se evidenciem pretensões extremamente egoístas de ambas as partes, e uma organização terá escassa possibilidade de sustentar-se em meio a uma comunidade, se nada tiver em comum com a mesma. Portanto, cabe-lhe o cuidado de verificar a conjuntura, as modificações em curso e as que poderão ainda advir, a fim de que não seja surpreendida e se retarde qualquer processo de adaptação.

A terceira causa de conflito — "a diferença de percepção da realidade" — ocorre também em função do sistema de informações a que estão submetidas as partes envolvidas no sistema organização-público. Por esta razão, cabe à organização pesquisar constantemente a realidade de seus públicos e informá-los quanto a sua própria percepção da realidade. Ora, como jamais se pode chegar à verdadeira percepção da realidade, vê-se que aqui está o gancho para a entrada da ideologia.

A organização, ao informar sobre sua realidade, está implicitamente colocando sua ideologia, o que seria aceitável se ela estivesse produzindo notícias coerentes com sua filosofia, alicerçadas por uma convicção lógica. Entretanto, se ocultasse intencionalmente detalhes importantes, manipulando as condições em que seria dado ao público decidir, ter-se-ia uma postura aética.

Das três causas, tira-se um ponto comum: percepção[4]. Essa variável psicológica é básica em todo o processo de Relações Públicas, constituindo-se em acesso ao conceito de legitimar, a fim de integrar e concluir as explicações do objetivo das Relações Públicas.

Salienta-se a importância desta variável pelo fato de se entender legitimação, inicialmente, como o ato de colocar bons argumentos, para que uma decisão seja caracterizada como um direito de quem decide e justa para as partes envolvidas. A legitimação serve para mostrar como e por que a organização está aparelhada para exercer seu poder, de tal modo que sejam providenciados os valores que tornem uma sociedade reconhecível. As razões disso variam de acordo com a situação e com o nível de justificação necessário para a avaliação de tais valores.

---

4. Percepção é o ponto central da ação humana. Veja-se, para isto, toda a teoria a respeito na documentação existente na área da psicologia geral. Ao que tudo indica, as Relações Públicas valeram-se dos princípios desse aspecto da personalidade do ser humano para elaborar seu discurso. Dito de outro modo: a maioria das propostas para as ações da área de Relações Públicas (conforme o enfoque psicossociológico ou, também, teleológico) restringiram-se ao nível psicológico, esquecendo-se das dimensões maiores do processo das Relações Públicas.

A legitimação do seu poder de decisão coloca a organização em um dilema: ou se deixa penetrar na privacidade de sua área de decisão, ou demonstra, através da "competência", que tem condições de se legitimar por suas próprias forças.

Daí porque uma das melhores asserções para explicar Relações Públicas, indo ao encontro dos princípios contidos neste capítulo, é a fórmula: Relações Públicas são 90% R e 10% P, cujos termos significam 90% Realização e 10% Publicação, numa tradução não literal da expressão inglesa: *"90% Performance and 10% Reporting"*. A tradução foi adequada à questão do significado. Contudo, outras explicações devem ser dadas para melhor compreensão da fórmula e de seus termos.

"Desempenho" seria a palavra mais precisa para a tradução de *performance*, pois seu significado em inglês contém o que e como é feito, extensão que não possui a palavra "realização". No caso deve ser entendido como tal e não apenas como o somatório de ações feitas.

Traduzir *reporting* por *publicação* não é o mais adequado, mas é correto para a função. Publicação é entendida aqui como divulgação. Está longe de ser sinônimo de propaganda ou publicidade. Também não se refere à promoção. Restringe-se apenas à simples ação de "tornar público", sem maiores ornamentos.

Com estas observações, evita-se que um simples malentendido, no momento da tradução de um dos termos da expressão acima, venha condicionar quem dela quiser fazer uso, a eleger os instrumentos errados. O essencial é ler-se corretamente a própria proposição. Esta significa que a organização deve desempenhar-se da melhor maneira possível, e tornar pública essa competência. Em francês, tem-se esta idéia na seguinte proposição: *"Bien faire et savoir dire"*. A maneira francesa, com certa extensão de significado, quer dizer que não basta, para legitimar o poder de decisão organizacional, fazer bem as coisas. É a condição necessária, mas não suficiente. É preciso também dizer o que se fez.

Origina-se essa necessidade:

a) Na justificativa que toda instituição deve dar à sociedade, em razão da ideologia da democracia de massas, existente na cultura ocidental. Esta ideologia gera a expectativa nos públicos, quanto às organizações, de que estas estão a seu serviço e devem oferecer-lhe o melhor possível.

b) Na desatenção eventual dos públicos daquelas organizações que estão indo ao encontro dessa expectativa, distraídos por inúmeros estímulos e mensagens que, de modo informal, assistemático ou planejado são veiculados pela concorrência e o restante do mundo circundante. Além do que, até por questões de estrutura neurológica do ser humano, há limites para a quantidade de sensações provocadas por objetos, como há princípios de prioridades de percepção. A organização precisa evitar de aparecer somente nas más horas. Deve confirmar sua presença através das coisas boas. Assim se estará prevenindo para o caso de algum desleixo na sua atuação, que poderá prejudicar sua credibilidade, e com isso sua autoridade racional-legal.

A idéia de que a legitimação do poder de decisão organizacional possa ser obtida através do desempenho, encontra subsídios em Drucker, quando, ao tecer comentários sobre uma teoria das organizações, diz[5]:

> "Indubitavelmente, só existe um fundamento para a autoridade que nossas organizações e suas administrações precisam ter: desempenho. Este constitui a única razão pela qual existem as organizações. É a única razão por que podemos tolerar o exercício do seu poder, e sua reivindicação de autoridade (...) será mais legítima na medida em que basear sua autoridade mais estritamente na justificação por sua atuação".

Drucker chega a esta conclusão desenvolvendo todo um raciocínio sobre responsabilidade social das organizações, originado na observação da ação das organizações sobre o meio. Assim, diz: "Qualquer instituição tem de ter um impacto na sociedade a fim de cumprir sua missão"[6], o que se pode justificar declarando que a organização, ao ocupar seu espaço, utiliza recursos naturais e sociais da comunidade, alterando o equilíbrio desta.

Tal alteração de equilíbrio pode provocar resultados que venham ao encontro da satisfação das necessidades da sociedade, mas produzem também efeitos colaterais indesejáveis. Em face disto, a organização deve respeitar duas leis básicas da responsabilidade social[7]: "a) ...limitar os impactos sobre as pessoas e a natureza tanto quanto possível; b) ...prever o impacto". A organização será responsável socialmente, *se e somente se* puder manter-se dentro do seu papel e procurar evitar ou solucionar os impactos potencialmente geradores de problemas.

Relações Públicas têm toda uma proposta de responsabilidade social, pelo menos em seu estatuto. Se o mesmo fosse cumprido pelas lideranças organizacionais, certamente as feições das empresas, para os públicos, seriam bem outras.

---

5. DRUCKER, Peter F. *Uma era de descontinuidade*. Rio de Janeiro: Zahar, 1974, p. 240.
6. *Idem, ibidem*, p. 230.
7. *Idem, ibidem*, p. 231.

É como, ainda, diz Drucker[8]:

"Sempre que os líderes empresariais previram um impacto da empresa e planejaram sua prevenção ou seu tratamento, suas propostas foram aceitas. Sempre que esperaram até que surgisse um 'escândalo' e um clamor público, foram cerceados por regulamentações punitivas que, na maioria das vezes, agravaram o problema".

Drucker, sem dúvida alguma, dá uma "aula" sobre Relações Públicas, principalmente sob a ótica deste capítulo. Procede à interligação entre desempenho e responsabilidade social e demonstra claramente o que pode acontecer se não ocorrer essa estratégia, a qual, por outro lado, permite que se entenda um pouco mais o significado das Relações Públicas, função e atividade, através da ação e do discurso da organização.

A função de Relações Públicas é exercida através da ação organizacional. É tudo o que a organização faz. É o seu desempenho: são os 90%. A atividade de Relações Públicas através do discurso é aquela realizada pelo órgão de Relações Públicas, qualquer que seja sua dimensão. É o envio e o recebimento de mensagens extra-ação organizacional realizada pelas outras funções. São os 10%. Daí se pode explicar por que é falho ou pouco confiável todo plano de Relações Públicas que se concentre na parte promocional, de modo exclusivo, sem sustentá-la com uma ação empresarial coerente. Casos desse tipo servem para confundir a opinião dos públicos e alimentar a crítica que identifica, errônea ou preconceituosamente, nas Relações Públicas, o objetivo de distorcer a real situação das empresas e enganar seus públicos. Caso isso ocorra, deve-se lhes dar razão.

Uma feliz associação entre desempenho competente e divulgação responsável, quando desejada e providenciada por quem detém o poder dentro da empresa, resulta sempre um posicionamento ético. Afinal de contas, a proposta de Relações Públicas, como a de todas as outras profissões, é ética. Acontece que, em função das fraquezas e das insuficiências humanas dos profissionais, podem ocorrer desvios e confusões no processo de execução da atividade de Relações Públicas. Fica bem claro, todavia, que a "natureza" das Relações Públicas não se deixa destruir pelo "uso" que delas se faz.

A harmonia entre estes dois pólos se provê na prevenção do impasse. Constante preocupação com a qualidade dos produtos e serviços, quer de natureza humana, quer material, é a base de qualquer

---

8. DRUCKER, Peter F., *Uma era de descontinuidade, cit.*, p. 231.

tentativa de evitar e resolver problemas, na esfera dos conflitos humanos.

Ao final da descrição destas três "escolas", pode-se concluir que elas apresentam aspectos essenciais da natureza das Relações Públicas, no entanto não as definem. Ajudam a comprender o significado da mesma. São uma parte de seu conceito, mas, em absoluto, dizem tudo.

A idéia de legitimação é permanente e aberta, tendo evoluído através dos tempos. Antes baseava-se nos mitos, na tradição; hoje apóia-se em argumentos que justifiquem "o estado de bem-estar social na democracia de massa". Este programa é, se não o fundamento, a condição necessária de legitimação, pois pressupõe com certeza um sistema econômico relativamente livre de distúrbios.

Se a organização viola alguns dos princípios que garantem essa estabilidade, através de ações, normas de ação, ou até mesmo de um sistema de normas, irá se defrontar com uma crise de legitimação.

Ora, a satisfação de todos os princípios, se não impossível, é, pelo menos dificílima, pois há sempre presente um descompasso entre o crescimento econômico da empresa, obtido através do lucro, e as políticas de estabilidade social para os seus públicos. Normalmente, a organização, ao agir, buscando seu desenvolvimento, rompe o equilíbrio do sistema com seus públicos. Configura-se um impasse, o início da crise, pois o desenvolvimento da organização provoca a quebra na harmonia, e a recomposição do universo perturbado acarreta uma série de problemas éticos. Daí por que o problema básico das Relações Públicas é, antes de tudo, ético, e tudo o que se fizer, conforme o ângulo de observação, é passível de crítica.

No entanto, só o fato de reconhecer-se a existência dos públicos e suas implicações demonstra o nível de filosofia prática da organização, bem diferente daquela: "O público que se dane"[9].

Os problemas de legitimação das organizações, em algumas culturas, não eclodem ou não se tornam explícitos em razão do baixo nível de consciência e organização política do povo. As grandes crises de legitimação somente vieram à tona quando surgiram lideranças investidas de poder, com acesso fácil aos veículos da comunicação de massa.

Assim sendo, pouca preocupação quanto ao poder de influência dos públicos existiu e ainda existe por parte dos dirigentes, mais

---

9. CUTLIP, Scott M. & CENTER, Allen. *Relaciones Públicas*. Madri: Rialp, 1975, p. 47. Frase notória na história das Relações Públicas. Assim dizem estes autores: "As opiniões divergem sobre a origem desta frase, citada com tanta freqüência. Alguns atribuem-na ao pândego ancião Comodoro Vanderbilt, mas o mais provável é que tenha sido empregada pelo seu filho William Henry Vanderbilt, por ocasião de uma entrevista com jornalistas de Chicago em seu trem privado, em 8 de outubro de 1882".

diretamente o pequeno e o médio, pois suas ordens e ações afetam um público restrito, cuja voz praticamente não se faz ouvir. Convém refletir sobre este ponto já que, no cenário econômico, predominam as pequenas e médias empresas.

Com as empresas multinacionais o quadro é diferente porque:

1) já possuem uma cultura de Relações Públicas adequada aos públicos de seus países, mais conscientes e exigentes quanto a seus direitos;

2) sabem-se alvos constantes de sentimento nacionalista que parte da premissa de que elas, por princípio, são ilegítimas no solo estrangeiro.

Finalizando, deve-se deixar bem claro o caráter "reconstrutivo"[10] da legitimação. É fundamental providenciar a busca de dados que justifiquem a presença da organização, ao longo da evolução sócio-cultural-econômico-política da conjuntura em que aquela está envolvida.

A situação modifica-se e com ela os argumentos; daí por que as Relações Públicas, função e atividade profissional, devem estar atentas aos movimentos no meio ambiente quanto às exigências dos públicos, e prever todas as conseqüências daquilo que a organização venha a fazer ou dizer.

Ao finalizar a argumentação de que, para esta teoria, o objetivo das Relações Públicas é legitimar a ação e, anterior a ela, o poder de decisão organizacional, levanto a questão: E como se situam, face a isso, as várias correntes encontradas historicamente na literatura sobre o assunto, que prescreviam o objetivo das Relações Públicas através do termo "visam formar" (aliás muito apropriadamente relacionado com o título deste capítulo), agora escanteadas pela presente teoria?

As correntes constitutivas deste grupo são Relações Públicas "visam formar": imagem,... conceito,... atitude, ...a opinião pública e...obter a boa vontade. A semelhança entre elas está no fato de todas proporem ações dirigidas aos públicos, através de uma via de mão única, objetivando um resultado direto e final junto aos mesmos. Este resultado é sintetizado num constructo relacionado ao fator percepção, cuja amplitude varia do individual ao coletivo, do pessoal ao social.

Todas as proposições deste grupo, com exceção, talvez, de Relações Públicas, visam formar conceito e são vulneráveis às críticas por serem facilmente desviáveis para fins não-éticos, pois caracterizam-se

---

10. HABERMAS, Jürgen. *Communication and the Evolution of Society*. Boston: Beacon Press, 1976, pp. 178-205. Trata-se de todo o cap. 5, "Legitimation problems in the modern states".

por uma ação teleológica unilateral da organização. Encontra-se referência a tais escolas nos planos de Relações Públicas, quando se depara com o termo "público alvo". Faço, a seguir, uma crítica de cada uma.

Relações Públicas visam formar imagem

Embora muito contestada por aqueles que se preocupam com os aspectos éticos das atividades humanas, a corrente que atribui às Relações Públicas a função de formar imagem é muito aceita e conhecida, principalmente por leigos no assunto. As objeções a quem segue esta trilha encontram-se no argumento de que há, por parte dos profissionais, esforço para a produção de imagens de uma realidade inexistente ou, apenas, sustentando-se em princípios construtivistas de que a imagem não expressa a realidade.

Para que se possa investigar adequadamente a justeza destas afirmações, é necessário suspender os preconceitos formados na comunidade científica, a fim de recuperar o sentido original da expressão "formar imagem".

Considerando-se que formar imagem é uma "escola" como outra qualquer, logo saltam aos olhos dois pontos básicos:

a) As Relações Públicas ajustam-se ao respeito a todos os princípios propostos na filosofia social, acrescidos do aspecto "competência". A organização, que assim atua, apresenta-se a seus públicos através da ação, fornecendo-lhes, de um certo modo, um referencial que lhes permita estruturarem suas percepções dentro de certo contexto semântico. Tal processo resulta, para cada pessoa, numa imagem da organização. As atividades específicas de divulgação são apenas um acréscimo a essa informação inicial, primária. Entretanto, no caso de públicos que tenham escassas oportunidades de contato direto com as fronteiras da ação organizacional, a informação, via discurso, passa a ser a tática sensivelmente mais necessária e condicionante da imagem a ser formada.

b) As Relações Públicas também se funcionalizam de um modo que não requer o esforço de toda a organização, mas apenas o dispêndio de energia e verbas pelo órgão de Relações Públicas ou o de propaganda, em campanhas institucionais, através de *releases* ou anúncios.

Em qualquer dos dois casos, quer se pretenda ou não, formam-se imagens. Isso ocorre porque a organização manifesta-se tanto por suas ações quanto por suas mensagens publicitárias, provocando os receptores a organizar todos os seus sentidos na busca de um significado. Entre as inúmeras variáveis que possam interferir no processo de construção dessa realidade tem peso altíssimo o afeto.

Voltando ao primeiro ponto, cabe ressaltar que o conhecimento da organização, através de suas ações, internaliza-se de modo diferente em cada pessoa e não é possível controlar esse processo de apropriação de um significado, quando se pensa em coletividade.

Em função disso, o segundo ponto revela as iniciativas da organização no sentido de emitir mensagens que lhe permitam controlar e estruturar a percepção dos públicos, minimizando as diferenças individuais de seus membros. Linguagem figurada, metalinguagem, palavras encharcadas de conotações afetivas substituem, sem maior preocupação com a ética, o efeito direto da ação organizacional.

Não se pode perder de vista que, em qualquer das duas situações acima, está-se no terreno do imaginário, uma dimensão peculiar da natureza humana sobre a qual não se pode ter muita certeza. A psicologia geral, a psicologia social e a sociologia ajudam a configurar esse espaço impalpável em que se estabelecem e se desfazem as aproximações e os interesses da humanidade.

Por imagem, podemos entender, segundo Krech,[11] "o 'mapa' do universo cognitivo de cada pessoa", ou ainda, conforme Reynaud[12], "é a representação mental, carregada de valor afetivo que o indivíduo faz de seu trabalho e da sua empresa". Em outras palavras, imagem não é realidade. Imagem é percepção da realidade pela pessoa. A percepção é introjetada ou, como dizem Berger e Luckman[13], "é construída". Porém é com base na percepção da realidade e não na própria realidade que a pessoa age sobre o meio ambiente ou sobre si mesma, donde a necessidade de que essa percepção seja a mais próxima possível da realidade; caso contrário, existirão defasagens que impedirão a pessoa de atuar efetivamente no seu meio ambiente ou, se quisermos, de ser inteligente, considerando inteligência, conforme Wechsler[14] como "a capacidade agregada ou global do indivíduo para atuar com propósito, para pensar racionalmente e para haver-se de maneira efetiva no seu meio ambiente". Tudo apoiado por Boulding[15]: "A imagem é saber o que a mim parece verdadeiro, enquanto que conhecimento é saber o que é verdadeiro, isto é, compreender o inegável, pelo menos em certo momento histórico".

---

11. KRECH, D.; CRUTCHFIELD, R.; BALLACHEY, E. *O indivíduo na sociedade*, *cit.*, p. 21.
12. REYNAUD, Pierre-Louis. *La psicologia económica*. Buenos Aires: Paidós, 1966, p. 68.
13. BERGER, Peter L. & LUCKMAN, Thomas. *The social construction of reality*, Middlesex: Penguin Books, 1971. Não se trata de uma citação, mas toda a proposta da obra desses autores.
14. WECHSLER, David. *La medición de la inteligencia del adulto*. Havana: Cultural, 1955, p. 3.
15. BOULDING, Kenneth E. *The Image*. Ann Arbor: University of Michigan Press, 1956, p. 7.

Conclui-se que na transação entre empresa e público, pelo menos segundo as teorias de comportamento existentes, há sempre formação de imagem e não é imprópria a série: ação organizacional-propaganda institucional-imagem. Logo, uma estratégia voltada à formação de imagem através da ação organizacional legítima não é antiética e tampouco antiestética. Os pecados mortais contra os princípios de uma filosofia social voltada para o desenvolvimento da humanidade, encontram-se nos artifícios de manipulação da mente humana, através, única e exclusivamente, de um discurso, quando não se coadunam realidade e informação. É óbvio que esta asserção não define a globalidade das Relações Públicas e, se enfocada somente no sentido de formar imagem através do discurso, é totalmente limitada, pois não aceita os princípios da ética e da estética que devem estar presentes na função e na atividade de Relações Púlicas, desmerecendo a existência da mesma sociedade. Isto é válido para as outras "escolas" que se seguem.

Relações Públicas visam formar conceito

Para anular a associação negativa que se faz entre a idéia de formar imagem e o uso abusivo de meios não-éticos, transformando a persuasão em manipulação, alguns estudiosos dizem que à atividade de Relações Públicas cabe unicamente a tarefa de produzir informações sobre a organização. Os públicos, em contato com textos "neutros", seriam levados a formar um "conceito" mais ou menos uniforme sobre a empresa.

Esta escola não comporta táticas como anúncios de propaganda institucional, e utiliza apenas instrumentos que levam exclusivamente informações sobre os fatos organizacionais. Não é muito clara essa posição, uma vez que a fenomenologia sustenta que o mundo físico e os objetos chegam a nós apenas na forma de imagens e sendo as palavras um manifestativo desse tipo de relação.

A se permanecer no terreno restrito da palavra, encontram-se, na teoria da semântica geral de Korzibsky[16], indicações de que as palavras, em estado puro, nenhum valor têm. Caso isso não seja suficiente, veja-se também em outra corrente científica, mais precisamente em Ausubel[17]: "As palavras, isoladamente, são símbolos convencionais ou socialmente compartilhados, cada um dos quais representa um objeto, acontecimento *ou conceito".* Depreende-se então, que nem todas as palavras representam conceitos, mas também objetos e acontecimentos.

---

16. KORZIBSKY, Alfred. *Science and Sanity*. Hakeville: The International Non-Aristotellian Library, 1958, p. 24.
17. AUSUBEL, D. P. *Psicologia educativa*. México: Trillas, 1976, p. 61.

A compreensão do termo "conceito" e, portanto, a explicação desta escola, comporta pelo menos dois caminhos: a) uma qualidade do objeto social, tanto positiva como negativa; b) uma qualidade positiva, resultando em sinônimo de credibilidade.

Desenvolve-se a análise do primeiro enfoque através de Novak e Gowin[18]: "Conceito é uma regularidade nos acontecimentos ou nos objetos que se designa mediante um termo". O aspecto regularidade é o critério para se considerar os conceitos como significativos de categorias. Neste caso, o conceito da organização seria atingido pelas suas ações e informações verbais regulares, gerando algum tipo de categoria: boa prestadora de serviço; má prestadora de serviço; produtora de qualidade; produtora sem qualidade; barateira; careira; poluidora; não poluidora; etc. Este princípio é o mesmo quando se diz: O aluno "X" foi conceituado como preguiçoso. O empresário "Y" é um capitão de indústria. O político "Z" é honesto. Todos eles ganharam estes adjetivos em razão de comportamentos observados que se repetiram, tipificando tais categorias.

A segunda maneira de se interpretar o termo *conceito* é quando se o toma como sinônimo de *credibilidade*. Neste caso, quando se diz, "aquela organização é conceituada", deseja-se expressar que a mesma tem credibilidade. Aqui tangencia-se e, a seguir, infere-se a idéia de legitimidade, transladando-se, portanto, a escola para o enfoque político.

A formação do conceito organizacional, qualquer que seja o sentido dentre os dois acima citados, percorre os caminhos da percepção através dos significados lógico e psicológico e de um significado denotativo e ao mesmo tempo conotativo. Moreira[19], da escola de Ausubel, os define do seguinte modo:

"Os significados denotativos de conceitos ou proposições são de natureza social ou compartilhada. São significados atribuídos a conceitos e proposições por membros diferentes de uma dada cultura com suficiente nível de semelhança para que seja factível a comunicação e o entendimento entre as pessoas dessa cultura".

Este mesmo autor prossegue[20]: "Correlacionadas com o significado conotativo de conceitos estão as reações afetivas e atitudinais de

---

18. NOVAK, J. y GOWIN, B. *Aprendendo a aprender*. Barcelona: Martinez Roca, 1988, *cit.*, p. 22.
19. MOREIRA, Marco A. *Aspectos relevantes en la enseñanza y aprendizaje de las ciencias y la matemática*. Conferência na Faculdade de Filosofia, Humanidades e Artes da Universidade de San Juan, Argentina, 1992, p. 4.
20. *Idem.*

caráter idiossincrásico que eles produzem no indivíduo segundo a experiência particular deste." Neste caso, a diferença é a norma. A semelhança de significados, se ocorrer, será circunstancial. A comunicação nesse nível, portanto, sempre é difícil. Haiakawa[21], um seguidor de Korzybsky, diz: "Os aspectos lógicos e psicológicos do significado se apresentam sempre conjuntamente (...) Nos símbolos, o idiossincrásico e pessoal está sempre entremesclado com o geral e o universal". As pessoas, elementos constitutivos dos públicos, têm de aprender o significado das palavras, ou seja, o que elas representam. A aprendizagem, por sua vez, é significativa[22]:

> "O sujeito, para aprender, deve tratar de relacionar os novos conhecimentos com os conceitos e proposições relevantes que já conhece. Daí que o conhecimento é público e compartilhado, mas a aprendizagem é pessoal e idiossincrásica".

Outro princípio da teoria da aprendizagem significativa que vai ao encontro da teoria da comunicação e demonstra a complexidade da formação de conceitos, diz que[23]:

> "Não se pode transferir ao estudante (por inferência, às pessoas dos públicos) significados cognitivos, tal como se faz uma transfusão de sangue. Para aprender o significado de qualquer conhecimento é preciso dialogar, intercambiar, compartilhar e, às vezes, chegar a um compromisso".

Após todos estes argumentos, é uma ilusão, portanto, pensar-se que a organização possa, através de procedimentos artificialmente "higienizados", providenciar a produção de um conceito "adequado" junto a seus públicos. Igualmente não lhe será possível, por mais "neutra" que seja a informação distribuída, evitar a formação de conceitos conotativos e divergentes. Mesmo por que, como afirma Maingueneau[24], "a concepção pragmática se opõe radicalmente à idéia de que a língua seja apenas um instrumento para transmitir informações (...) Um enunciado livre de qualquer coerção é utópico".

A validade desta corrente do pensamento encontra-se na tentativa de evitar a corrupção do discurso organizacional. Contudo, ela,

---

21. HAIAKAWA, Samuel. *Símbolo, status y personalidad*. Barcelona: Sagitário, 1969, p. 9.
22. NOVAK, J. y GOWIN, B. *Aprendendo a aprender, cit.*, p. 26.
23. *Idem*, p. 40.
24. MAINGUENEAU, Dominique. *Novas tendências em análises do discurso*. Campinas: Pontes, 1989, pp. 32 e 38.

como as outras, não estabelece o objetivo da função e da atividade e muito menos define a atividade. Apenas exprime uma dinâmica do processo perceptivo.

Relações Públicas visam formar a opinião pública

A expressão "opinião pública" surgiu pela primeira vez em 1751, em uma tradução do francês para o alemão. Um ano após foi utilizada por Rousseau[25] em seu *Discurso sobre as artes e as ciências*, com o sentido de "vontade geral" (*volonté générale*). Desde seu nascimento, até hoje esteve colocada no discurso da ciência política, a fim de sustentar a ideologia da democracia de massa.

Quanto mais se tenta clarificar o que se entende por "opinião pública", mais complexo e mais amplo se torna seu contexto semântico. Diz-se até que esse é um fenômeno para ser estudado e não restringido a uma fórmula verbal explicativa.

No entanto, atualmente parece haver, se não no campo prático da pesquisa, pelo menos no da teoria, uma identificação com o que Rousseau nomeava sob a expressão "*volonté générale*": a formação de uma vontade geral pela neutralização recíproca das vontades particulares — exprimíveis enquanto opiniões —, até atingir a unidade orgânica. Refere-se aos interesses públicos (comuns). Difere da *volonté de tous*, por esta ser apenas um agregado de vontades particulares e que diz respeito aos interesses particulares (individuais).

Para Habermas[26], a definição de opinião pública exige que o termo "pública" seja interpretado como "comum" e que haja nisto um sentido histórico que se tenha desenvolvido através dos tempos. Para tanto, é necessário que as opiniões formais, privadas, das organizações, em contato com as opiniões informais não públicas, pessoais, das pessoas constitutivas dos públicos, transformem-se, na opinião comum, no sentido de *volonté générale*. Enquanto isto não ocorrer, predominará, normalmente, uma opinião privada de quem detém o poder — jamais uma opinião comum. Portanto, é necessário que haja "publicidade", isto é, que o pensamento se torne "público", transitando do contexto privado-formal para o público-informal e vice-versa. Somente assim se chegará ao denominador comum, àquilo que em inglês se designa *wholeness* e que não possui correspondente adequado em português, por significar algo mais que "totalidade" ou "inteireza".

O difícil é medir, quantificar, tornar sensível e analisável esse denominador comum, mesmo que se recrutem todos os recursos da

---

25. ROUSSEAU, Jean-Jacques. *Apud* HABERMAS, J. (1981) *História y crítica de la opinión pública, op. cit.*, p. 127.
26. HABERMAS, J. (1981), *Op. cit.*, p. 46.

pesquisa de opinião pública. O somatório e a combinação dos dados produzidos por tantos respondentes individuais produzem um resultado confiável apenas em certa medida, porque abrangem apenas parte de tudo o que poderia ser considerado pertinente ou significativo para a solução de um determinado problema. Acrescente-se, ainda, que nem sempre é possível controlar todas as variáveis ou evitar que haja indução das respostas, quer por incompetência do formulador das perguntas, quer por má-fé de quem encomenda a pesquisa. Nesse sentido, aquele conjunto de informações que se considera representativo do que se entende por "opinião pública", parece não ser muito mais do que ficção[27]. E quando se diz que cabe às Relações Públicas formar a opinião pública, está-se navegando em águas cuja transparência há muito desapareceu. Está-se, cientificamente, em posição insustentável. Pior ainda, permanecendo nesta linha, é ter-se que enfrentar as críticas de Habermas[28] quando diz: "As Relações Públicas não têm que ver propriamente com a opinião pública, senão com opinião naquele velho sentido, de reputação". Assim fazendo, ou seja, utilizando-se essencialmente técnicas de tornar público um sentido privado, evitando-se a crítica, está-se fazendo um retorno ao feudalismo.

Contudo, um ensinamento básico deve ser extraído desse modo de perceber as Relações Públicas: a importância do público e de seus interesses, seu poder de organização e de defesa de seus direitos, sua potencialidade latente de obter o apoio da mídia para sua visão do problema e, com isto, a divulgação da injustiça, para toda a comunidade, cometida contra os interesses do mesmo, levando algum poder superior ao da organização a bloquear a decisão desta.

Relações Públicas visam formar atitude

A idéia de que se possa identificar Relações Públicas com a formação de atitudes tem pouco destaque na teoria e na prática desta função e atividade. Esta "escola" e suas implicações, originárias da psicologia social, em termos de conceitos e ações, normalmente foram e ainda são preteridas na comunidade de Relações Públicas pela "escola" "Relações Públicas visam formar opinião pública". Atribui-se tal preferência ao fato de as Relações Públicas estarem mais próximas da práxis da política do que da práxis da psicologia, ainda que ambas coexistam.

Como nada se resolve apenas enfileirando definições, convém analisar mais de perto o que intitula este subtópico. Percebe-se logo

---

27. HABERMAS, J. (1981), *História y crítica de la opinión pública*, op. cit., p. 264.
28. *Idem*, p. 227.

206

que esta perspectiva, além de oportunizar outra alternativa teórica e prática das Relações Públicas, secundariamente, serve para melhor esclarecer o significado de "opinião pública", em face do confronto de idéias resultantes dos estudos acadêmicos.

Por semelhança a proposições: "Relações Públicas visam formar imagem, formar conceito, formar opinião pública", e com este enunciado postula-se que à função e à atividade de Relações Públicas caiba a tarefa de formar, nas pessoas constitutivas dos públicos, uma atitude que as predisponha a opiniões e ações favoráveis para com a organização. O sentido dessa diretividade e dessa intencionalidade só se torna claro quando se explicita o que se entende por "atitude".

Historicamente, "atitude" e seus três componentes, o cognitivo, o afetivo e o conativo, identificam os três níveis existenciais da condição humana, cujas origens datam do Gita dos hindus — *Jñaña, Blakti* e *Karma*; passaram por Platão e Aristóteles; latinizaram-se; entraram para a psicologia social em 1918 com um significado mais restrito; ficaram hibernados até 1935, quando foram revitalizados por Gordon Allport[29] e chegaram à atualidade como um dos pontos centrais dessa ciência, principalmente no que diz respeito à sua mensuração através de escalas de atitude.

Modernamente, "atitude social", segundo Rodrigues[30] é, "a) uma organização duradoura de crenças e cognições em geral; b) dotada de carga afetiva pró ou contra um objeto social definido; c) que predispõe a uma ação coerente com as condições e afetos relativos a esse objeto".

A análise desta última definição, facilitada pela colocação esquemática do seu conteúdo, revela uma constituição também triádica.

Em primeiro lugar, há o componente cognitivo, também chamado de perceptual, informativo ou estereotípico. Refere-se à maneira de a pessoa perceber o objeto, contra um fundo estático de referências instituídas por uma certa cultura, com força suficiente para tornar muito semelhantes todas as manifestações que se possa fazer sobre o que se está vivenciando ou observando. É o elemento básico da atitude, pois as pessoas não se sensibilizam pelos objetos sociais, apenas pelo fato de eles estarem aí. A existência de algo é a condição necessária, mas não suficiente, porque a atitude só passa a concretizar-se a partir do momento em que a pessoa recebe informação a respeito do objeto existente e esse objeto se torna significativo para a mesma.

---

29. McGUIRE, William. "The nature of attitude and attitudes change". *In:* LINDZEY, Garder and ARONSON, Elliot. *The Handbook of Social Psychology*. Nova York: Addison-Wesley, 1969, vol. III, p. 141.
30. RODRIGUES, Aroldo. *Psicologia social*. Petrópolis: Vozes, 1971, p. 397.

O segundo componente é o afetivo, também designado por sentimento ou comportamento sentimental. Relaciona-se com a disposição afetiva de apreciação ou desprezo da pessoa para com o objeto social. É elemento central da atitude. Condiciona os outros dois, quando as emoções se tornam fortes, expressando a irracionalidade do ser humano.

O terceiro e último é o componente conativo. Refere-se às prontidões comportamentais da pessoa em relação ao objeto. Estes três componentes influenciam-se de modo mútuo, formando um sistema arraigado, de difícil modificação por estímulos exógenos. É mais fácil formar uma atitude do que modificá-la.

Deduz-se, destas colocações, que o sentido usual do termo "atitude", denotando apenas ação, não confere exatamente com o sentido na esfera da pré-ação, algo bastante semelhante à idéia que se tem quando se fala em "opinião pública".

Estes dois termos coexistem na terminologia específica de Relações Públicas, às vezes usados um pelo outro e não raro motivo de discussão, principalmente na área da pesquisa, o que é explicado pela dificuldade de se avançar na busca do sentido exato destas palavras, tão viajadas por inúmeros discursos, no bojo dos quais, pelas mais diversas razões, se foram impregnando de significados paralelos.

No caso da área da pesquisa, por exemplo, a constatação de que é impossível medir-se "opinião pública" na forma plena de sua existência, fez com que os estudiosos se convencessem de que buscavam apenas a "opinião", algo individual a tornar-se expressivo apenas enquanto fator para a produção de dados estatísticos.

A idéia do que seja essa opinião evoluiu historicamente, entendida como:

a) expressão sobre um tópico controverso;
b) expressão de uma atitude;
c) a própria atitude.

Pela seqüência anterior, vê-se que os termos se vão confundindo e é preciso verificar como se poderia diferenciá-los. Dois grupos de diversos cientistas sociais vêm insistindo na possibilidade de estabelecer tal distinção. O primeiro entende "opinião" como uma entidade observável e "atitude" como um *status* empírico mais precário, inalcançável, porque existente no âmago da consciência da pessoa. O segundo dá os critérios da verificabilidade e da não-verificabilidade como os mais adequados para caracterizar o que se entende por "opinião" e por "atitude". Um dos componentes deste último grupo, McGuire[31], talvez procurando resolver o impasse,

---

31. McGUIRE, W. "The nature of attitude and attitudes change", *cit.*, p. 153.

assim se expressa: "Sem dúvida alguma que estamos frente a uma situação envolvendo nomes em busca de uma distinção, antes que uma distinção em busca de uma terminologia".

A solução ainda não foi encontrada e talvez não o seja, o que força o usuário de qualquer uma dessas expressões a clarificar o universo simbólico por elas abrangido. Em termos da teoria de Relações Públicas é desejável que não se aproximem indevidamente termos tão equivalentes.

Na esfera da prática das Relações Públicas, a utilização desta escola, sob a forma de estratégia, implica o uso de instrumentos de comunicação que:

a) informem os públicos sobre a organização e os acontecimentos organizacionais;

b) estimulem afetos pró-organização;

c) forneçam pretextos para pôr em ação (motivação) os públicos em benefício da organização.

Nem todos os tipos de mensagem acionam estas três esferas na ordem acima estabelecida. Freqüentemente, insiste-se mais na provocação do afeto, de onde se deduz que as mensagens de cunho conotativo predominam sobre as denotativas. Assim, anúncios institucionais, brindes, promoções, eventos, possuem maior mídia que boletins informativos, *releases* e outras maneiras de informar. A situação dirá a especificidade de cada um.

Finalizando, tem-se que a "escola" "Relações Públicas visam formar atitude" oportuniza um enfoque prático da atividade, sobretudo na área da pesquisa, fundamentada em conceitos e princípios oriundos da psicologia social cuja compreensão é extremamente facilitada pela imensa gama de publicações científicas existentes sobre o assunto no mercado editorial. Todavia, não explicita seu objetivo.

Relações Públicas visam obter a boa vontade[32]

Boa vontade é a tradução literal de *good will*, termo de há muito usado nas Relações Públicas norte-americanas, provavelmente desde a década de 40. Embora raríssimos autores tenham explicitado o que se entende por *boa vontade*, esta expressão é uma das mais presentes nas propostas de trabalhos de profissionais de Relações Públicas, na tentativa de exprimir os objetivos ou os resultados, não

---

32. BLACK, Sam. *Relações Públicas — Teoria e prática*. Lisboa: Portugália, 1966, p. 31. Em nota do tradutor diz: "O *good will* corresponde, em linguagem comercial corrente, ao valor do aviamento obtido por uma empresa em razão do seu bom nome ou reputação, clientela e, de um modo geral, ao sobrevalor decorrente de se encontrar estabelecida e aparelhada para realizar negócios lucrativos".

chegando, na verdade, a constituir-se numa definição. Obter a boa vontade dos públicos para a organização é um resultado que as Relações Públicas buscam.

Na prática, não supõe nem prescreve um esquema rígido de instrumentos. Seja qual for o meio utilizado, espera-se a evidência concreta de ações por parte dos públicos. Tudo, neste sentido, que possa levar à boa vontade por parte dos públicos serve. Porém, observa-se que muitas campanhas com esta finalidade buscam ter um gesto em direção aos públicos, através de mensagens materializadas na forma de dádivas, que representam uma atenção exclusiva a quem os recebe. O sucesso desta prática está ligado à sensibilidade que se tenha para identificar situações e públicos especiais.

Para públicos numerosos, é preciso compensar o reduzido valor monetário do que se oferece (adesivos, chaveiros, chapéus de papel, pequenos frascos de perfume) pelo valor subjetivo que a gratuidade e a surpresa do oferecimento do objeto introjetam no recebedor. É óbvio que, assim fazendo, está-se reduzindo esta escola a uma perspectiva bastante limitada.

A busca do significado de *good will* leva àquilo que Bernays[33] defendia e designava por *técnica do consentimento*, justificando-a como a própria essência do processo democrático. Neste, "toda pessoa ou organização está sujeita, em última instância, à aprovação do povo e, em conseqüência, enfrenta o obstáculo de manejar o consentimento público para um determinado projeto ou objetivo".

Em oposição a este ponto de vista, encontra-se Habermas[34], que o critica:

> "...a aura da boa vontade que produz predisposição para a aquiescência — ou seja, a *engineering of consent* (a engenharia do consentimento), que coincide com a *good will* —, longe está da opinião pública, como unanimidade final, resultante de um longo processo de recíproca ilustração, porque o 'interesse geral', sobre cuja base — e somente ela — podia chegar a produzir-se livremente uma coincidência racional entre as opiniões publicamente concorrentes, foi desaparecendo exatamente na medida em que a auto-apresentação publicista de interesses privados privilegiados dele se apropriava".

Por fim, "Relações Públicas visam obter a boa vontade" parece uma idéia como as outras de seu grupo. Auxilia a ver mais uma faceta da atividade de Relações Públicas.

---

33. BERNAYS, Edward I. *Relaciones públicas*, Buenos Aires: Troquel, 1966, pp. 219-234.
34. HABERMAS, J. (1981), *História y crítica de la opinión pública, cit.*, pp. 221-222.

Concluindo este enfoque, pode-se reafirmar a existência da crítica a todas as suas escolas. A causa desta contestação é devida tanto aos desvios éticos na colocação em prática dos princípios norteadores dos conceitos, como pelo mau uso dos termos utilizados para designar as escolas. Os termos teóricos utilizados não se prestaram ao exercício da prática; portanto não servem para uma teoria.

Capítulo 15

A FINALIDADE DAS RELAÇÕES PÚBLICAS

A finalidade última (ou primeira) das Relações Públicas é de, através da legitimação de sua autoridade de poder de decisão, influenciar os mercados para iniciar, expandir e manter as trocas com a organização, a fim de manter sua existência. Essas três ações são de responsabilidade do marketing, donde a estreita ligação deste com Relações Públicas.

Por princípio da teoria de sistemas abertos, toda organização, para continuar seu ciclo de vida hipoteticamente eterno, deve manter-se em troca constante com seu ambiente. "Trocas têm sentido porque nem todos têm ou fazem as mesmas coisas".[1] O termo "troca" refere-se a tudo o que entra e sai da organização, não se restringe apenas à venda do produto ou serviço organizacional. "A troca é também a relação fundamental, sobre a qual são construídos os sistemas de mercado"[2]. Troca e mercado são faces da mesma moeda em correlação direta.

Estas idéias correspondem aos conceitos atuais de alguns autores sobre marketing, principalmente Kotler e McCarthy[3]. Há tempos, marketing era visto apenas como recurso para obtenção e manutenção do cliente. A perspectiva era essencialmente econômica; hoje é entendido como processo amplo, englobando, inclusive, a troca de idéias. A perspectiva tornou-se sociológica. Essa abrangência do conceito de marketing trouxe consigo um problema: a face do reducionismo, ou seja, tudo no mundo social se explica pelas leis das trocas e todos os demais princípios se submetem a elas.

---

1. HOLLOWAY, R. J. & HANCOCK, R. S. *Marketing para o desenvolvimento*. Rio de Janeiro: Livros Técnicos e Científicos, 1973, p. 55.
2. HOLLOWAY, R. J. & HANCOCK, R. S. *Op. cit.*, p. 55.
3. KOTLER, Philip & SIDNEY, Levy. "Broading the concept of marketing". *Journal of Marketing*. Vol. 33. Chicago, American Marketing Association, 1969 e McCARTHY, Jerome. *Marketing básico, uma visão global*. Rio de Janeiro: Zahar, 1976.

Estas novas premissas sobre a conservação dos mercados podem explicar porque explicar por que as agências de propaganda ampliaram suas concepções sobre si mesmas. Passaram de "fazedoras de anúncios" para "empresas de comunicação social", colocando, embaixo do guarda-chuva deste último termo, inúmeras atividades. Permitem também inferir as causas da transformação do órgão interno designado por "setor de pesquisa de mercado" para "centro de informação" ou "banco de dados", onde toda e qualquer informação pode ser capitalizada para a viabilização de abertura, expansão e manutenção de mercados.

As possibilidades de troca e a extensão da fronteira do mercado dependem de algumas variáveis, entre elas a capacidade limitada de oferecer e adquirir, pela atratividade de alternativas da concorrência. Daí ser necessário buscar o controle do mercado, principalmente quando produto, preços, canais de distribuição têm reduzido seu efeito por semelhança à concorrência. A sobrevivência da organização deve apoiar-se em uma estrutura gerada pela relação de poder legitimado.

Os públicos, com os quais a organização troca, que reconhecem como legítima a autoridade da organização de produzir na sociedade, irão se manter em estreita vinculação com a mesma. Logicamente, uma organização cuja totalidade dos públicos a rejeita, não pode funcionar. Deve-se evitar, caso se desejem mercados de longo prazo, ações coercitivas, como, por exemplo, as decorrentes de um monopólio circunstancial sobre o mercado. Em tais situações, os públicos acatarão as condições impostas, mas acumularão expectativas de surgimento de outras alternativas, exultarão quando elas aparecerem e tripudiarão sobre o coactor quando este perder a força de barganha.

A este ponto, pode-se desejar saber como certas organizações, apesar de não possuírem qualquer autoridade legitimada, continuam a existir, principalmente nos países subdesenvolvidos. É possível que isso se deva a certas formas de coação impostas por tais organizações e, também, pela cultura política das sociedades dessas nações, cujos membros são totalmente (ou quase) destituídos de consciência e de desejo de participação no processo de relação de poder. Pela submissão continuada a formas paternalistas de governo, a elas cedem a responsabilidade de decisão[4], transferindo esse direito também para as organizações.

Na ideologia da democracia de massa, nesses lugares, ainda não se destacou o princípio de responsabilidade social das empresas.

---

4. Veja-se FROMM, Eric. *El miedo a la libertad*. Buenos Aires: Paidós, 1959 e RIESMAN, Daniel. *La muchedumbre solitaria*. Buenos Aires: Paidós, 1968.

Mesmo nos países desenvolvidos tal preocupação é bastante recente, de certo modo originada pelo aumento expressivo de pessoas escolarizadas[5] e pela distribuição democrática das informações a partir do desenvolvimento dos meios eletrônicos de comunicação de massa. A percepção dessa interdependência pelos públicos afeta a relação de poder da organização e seu controle sobre os mesmos. Os conflitos certamente surgirão, e com eles a estagnação na troca. Assim sendo, a concorrência, seja ela qual for, aproveitando o impasse procurará ampliar suas fronteiras e possivelmente o conseguirá. Esta ideologia se destaca no horizonte da sociedade, em correlação direta com as crises pelas quais os povos passam. A consciência de responsabilidade implica consciência de autoridade, pois "há responsabilidade por tudo sobre o que se tenha autoridade"[6].

Concluindo, à função de Relações Públicas, exercida através das ações e dos discursos organizacionais, cabe a finalidade de predispor os mercados às trocas com a organização, valorizando-a, na consciência e nos sentimentos dos públicos, pela sua legitimidade.

É bem provável que aqueles que compreenderam, intuitivamente, mas sem atingirem a abrangência total da finalidade pragmática de um bom nível de relacionamento público, monitorado com ou sem a presença de um profissional de Relações Públicas, tenham criado e condicionado a assertiva: "Relações Públicas são um instrumento de marketing". Esta proposição contém uma premissa verdadeira, pois, sem dúvida, a finalidade última das Relações Públicas são os resultados mercadológicos. Na prática, porém, tem gerado um modelo bastante limitado das Relações Públicas. A transformação desta "escola" em estratégia operacional, usualmente tem:

a) deixado de lado a globalidade da função Relações Públicas, requerendo apenas programas do órgão específico;

b) transformado o profissional em mero executante de eventos promocionais, não tanto da organização, mas muito mais de produtos;

c) subordinado o profissional de Relações Públicas à direção de marketing e, uma que outra vez, à área de comercialização.

Certamente há organizações e conjunturas que requeiram, e mesmo exijam, este posicionamento. O entrave está em generalizar tal modelo para todas e quaisquer organizações e conjunturas.

Não há problemas, entretanto, em se conceber Relações Públicas como instrumento de marketing, desde que a atividade seja entendida como um apoio ao processo de troca, por mais abrangente que este seja. Para provar o acerto desta colocação, recorde-se que

---

5. CUTLIP, S. & CENTER, A. *Relaciones Públicas*, p. 42.
6. DRUCKER, P. *Uma era de descontinuidade, cit.*, 230.

tudo o que se afirmou nos segmentos anteriores, quanto à legitimação, institucionalização, imagem, boa vontade para com a organização, está de algum modo presente no processo de marketing.

Entretanto, para preservar a integridade deste pensamento é preciso explicitá-lo melhor, porque alguns tendem a dar, como função básica de Relações Públicas, apenas a promoção de um produto. Por reduções sucessivas, identificam as atividades de Relações Públicas com as da propaganda e dizem que, em se tratando de trocas, até aquelas realizadas entre pessoas, tudo é somente marketing.

As coisas não são tão simples como parecem. Há diferenças significativas entre as atividades de Relações Públicas e as de marketing. A primeira trata com a organização e seus públicos, regulando o conflito, para que se evitem e superem os impasses causados na relação de poder; a segunda põe no mesmo caminho produtos ou serviços e consumidores ou clientes. Ambas se apóiam mutuamente. A legitimidade da organização favorece o marketing. O produto ou serviço de qualidade é um correlato positivo da organização. Está-se diante de dois subsistemas que contribuem para a consecução do objetivo do sistema maior.

Como exemplo, veja-se o caso de uma indústria, altamente mecanizada, de capital multinacional, que exporta seu produto para o estrangeiro (com toda a produção de cinco anos já vendida); deposita seu capital em bancos não nacionais; pouco emprego oferece à comunidade e muita poluição lhe traz, em razão de despejo de gases no ar e resíduos químicos no rio. Aparentemente todas essas interferências negativas na vida da comunidade não parecem comprometer a ação da empresa, porque esta já assegurou mercado para seu produto, fornecimento da matéria-prima, capital de giro e de risco, reposição de peças e máquinas, leis que autorizem seu funcionamento. Da cidade, ela parece ocupar apenas um espaço físico. Este quadro, entretanto, não é tranqüilo, pois há um ponto de estrangulamento: o das leis, as quais serão acionadas no momento em que a agressão sistemática ao meio ambiente vier a desencadear, mais lenta ou rapidamente, uma reação coletiva da comunidade.

Por algum tempo, até se pode esperar uma certa calma, em razão direta do nível de consciência da população, da capacidade de participação política da mesma, da honestidade de postura das lideranças comunitárias, da posição da imprensa, do rádio e da televisão locais.

Entretanto, submetidos a provocações sucessivas, tais públicos passam a invocar a coligação das variáveis em defesa dos interesses da comunidade e, certamente, obterão junto ao poder concedente do Estado, através de seu judiciário, instrumentos que obrigam essa empresa a parar de poluir, quer seja pela depuração de seus dejetos, quer pela interrupção de suas atividades. E, aí, adeus lucro ou mercado exterior!

No exemplo, tem-se que ao marketing caberia a responsabilidade de manutenção e ampliação dos mercados sob as variáveis: produto, preço, propaganda e canais de distribuição. Às Relações Públicas tocaria a responsabilidade de monitorar o conflito que poderia eclodir nesses mercados. No caso, antes do conflito, a ação de Relações Públicas estaria quase esgotada, com a colocação de filtros, a diminuição da poluição, a reserva de alguma fatia de depósito para os bancos locais, o aumento do percentual de empregados da região e um mínimo de divulgação e promoção. Esta última providência realizada, sem resolver os prejuízos à comunidade, só serviria para acirrar os ânimos e acelerar a deflagração do conflito.

Esta seria a única maneira de legitimar a decisão dessa indústria de existir naquele local. Teria que demonstrar à comunidade que, se está trazendo poluição, ela é de baixo nível (parece improvável qualquer indústria reduzir seus impactos ao ponto zero), o que está compensando com providências para até eliminá-la por completo. Certamente tais iniciativas não poderiam produzir qualquer efeito enquanto permanecesse alto o grau de poluição. Se — e somente se — houvesse redução evidente do nível de estragos, tal empresa estaria fazendo boas Relações Públicas.

Caso o conflito acontecesse e chegasse ao ponto jurídico da controvérsia, as atividades de Relações Públicas, obrigatoriamente, além de prescreverem todas as correções possíveis e outras tantas exigidas, teriam a seu cargo prover a parte extrínseca de explicações à comunidade, pelo que a empresa fez e deixou de fazer; teria que contrabalançar os danos, através de ações paralelas, como doações, campanhas comunitárias e outras, mesmo com custos elevados. Tudo deveria ser realizado até se atingir um bom nível de satisfação da comunidade que, nessas horas, torna-se insaciável. Os programas do órgão de Relações Públicas, na última fase, obrigatoriamente seriam mais substanciosos e, com certeza, não provocariam os mesmos resultados que as ações da organização realizadas na primeira fase, pois a má vontade já existente em face da má imagem teria impregnado todo o público atingido. Modificar tal atitude seria dificílimo, senão impossível. Conclui-se que, havendo conflito, há respingos indesejáveis no mercado e nos resultados contábeis da organização.

Acompanhe-se outro exemplo para demonstrar a interligação do marketing e das Relações Públicas. Seria o caso de um bar que se instalasse na esquina da primeira quadra de uma rua em que não são permitidas casas comerciais, exceção aos primeiros trinta metros do

217

cruzamento com uma avenida essencialmente de comércio. A rua possui associação de moradores bem estruturada, com alguns anos de vivências na solução de problemas comunitários, e tem, em sua diretoria, um vereador, advogados e outros profissionais liberais, pessoas de renome na comunidade. O bar, muito bem administrado, com bons produtos e serviço, melhor preço, além do excelente ponto comercial, começa a ter êxito e acolhe boa freguesia todas as noites, excedendo-se às sextas-feiras e aos sábados. O dono é todo sorrisos, pois o faturamento extrapola suas expectativas. Está fazendo muito dinheiro.

O pequeno espaço do bar, em paralelo ao costume de os jovens permanecerem nos carros ou mesmo em pé nas cercanias do local, transforma o ponto em um aglomerado de pessoas, prejudicando o trânsito. Acontece, também, de grupos musicais ou solitários tocadores de violão e grupos de cantores em *shows* gratuitos alegrarem a noite dos que ali vão buscar diversão. Isto tudo tendo a rua como palco. Acrescente-se mais o barulho das descargas das motos, provocado pela demonstração de exuberância de seus condutores, o que transforma o ponto geográfico citadino em sonora perturbação aos moradores de sua redondeza, que não conseguem mais dormir nas noites desses dois dias da semana.

Os contatos de alguns moradores próximo ao bar com o proprietário, objetivando reduzir o barulho, nada resolvem. O dono não está muito preocupado com seus vizinhos. A queixa chega à associação da rua e esta leva sua reclamação e pressão à Secretaria de Indústria e Comércio do município, agregando o fato de que, além da algazarra, é provável a ocorrência também de tráfico de drogas segundo alguns boatos ouvidos.

A secretaria fecha o bar por trinta dias. Os seus clientes se vão para outros concorrentes. Quando volta a abrir suas portas, os fregueses não retornam. Perderam o hábito. Integraram-se a outros ambientes. O resultado de tudo é pequeno movimento, que gera desconfiança, reduzindo cada vez mais a freguesia. Após dois meses o bar sai do mercado.

Concluindo, o estabelecimento comercial, mercadologicamente, estava perfeito. Seus clientes estavam satisfeitos. Seu pecado foi esquecer-se de um tipo de público organizado e de seu poder junto às autoridades municipais. Seu erro administrativo foi de Relações Públicas.

Estes dois exemplos foram citados para demonstrar que, em absoluto, a função e a atividade de Relações Públicas, como instrumento de marketing, alinhadas ao produto, ao preço, à propaganda e aos canais de distribuição, restringem-se aos eventos promocionais de um produto ou serviço. É algo muito mais abrangente.

Na realidade, as Relações Públicas funcionalizam-se em razão do marketing. Têm-no como finalidade última, mas este, por sua vez, incontestavelmente, não se reduz à comercialização. Apenas por ótica estreita coloca-se o profissional de Relações Públicas, por vezes, subordinado à área de marketing (tanto pior se subordinado ao gerente e não ao diretor da mesma).

Encerrando, Relações Públicas são um instrumento de marketing confunde-se com a finalidade das Relações Públicas, mas em absoluto define a função e a atividade.

Capítulo 16

A ÉTICA E A ESTÉTICA

Os desvios éticos em Relações Públicas enquadram-se em duas situações. Localizam-se ao nível da função organizacional, quando decisões conscientes e intencionadas, pela cadeia de comando, pressupõem ações e resultantes prejudiciais aos direitos dos públicos, ocasião em que o bem comum é solapado e a legitimidade é esquecida. A ética abarca e ultrapassa os limites da esfera do direito. Assim, o fato de as ações organizacionais serem judicialmente defensáveis e absolvidas não significa que eticamente também o sejam. A outra situação é quando o profissional manipula os públicos por intermédio dos instrumentos de comunicação, mentindo, suprimindo parte ou todos os fatos ou, ainda, aliciando-os para posições futuras desfavoráveis.

É mister ressaltar que ações não éticas são cometidas pelas pessoas, como ocorre entre médicos, advogados, jornalistas, etc. As atividades em si, no seu sentido abstrato, são morais. O pilar da moralidade das Relações Públicas encontra-se na legitimidade das decisões organizacionais. Ao sair dessa esfera, desmoronam todos os seus argumentos e conteúdo moral.

Por outro lado, são desconhecidas as razões pelas quais muito se fala sobre ética nas Relações Públicas e nada ou quase nada se comenta sobre estética. O fato, entretanto, é que independente de se concordar ou não com a presença do comportamento estético, neste ou naquele setor profissional, ele adere a todo o campo de ação humana.

Mukarovsky[1], uma formalista russo na esfera da literatura, baseia sua concepção de estética neste vínculo indissolúvel: "O estético é dizer a esfera da função, da norma e do valor estético; está, pois,

---

1. MUKAROVSKY, Jan. *Escritos de estética y semiótica del arte.* Barcelona: Gustavo Gilli, 1977, pp. 101-102.

amplamente estendido sobre a esfera global da atividade humana, sendo um fator importante e multilateral da prática da vida".

Assim dito, tem-se que os fatores estéticos possuem função contributiva para a existência humana. A arte refere-se não somente à produção de objetos materiais, mas igualmente da ação humana. O valor estético é um regulador básico do comportamento e do pensamento humano, que afeta a postura emocional e volitiva do indivíduo frente ao seu meio.

Schiller[2], através de suas *Cartas sobre a Educação Estética do Homem*, visando a reconstrução da civilização em virtude da força libertadora da função estética, afirmava que "a solução do problema político passa através da estética, visto ser a beleza o caminho que conduz à liberdade". A relação do público com a organização somente é estética se a organização se abrir para a experiência dos públicos, assegurando uma margem de liberdade entre o imperativo das prescrições jurídicas e o constrangimento socializante insensivelmente exercido pelas normas. O requerimento da adesão dos públicos permite o estabelecimento coletivo de uma nova norma, sendo, portanto, um fator de socialização, com liberdade. Origina-se um novo "contrato social".

A função e a atividade de Relações Públicas devem ser éticas e estéticas. Tudo o que é realizado pela organização, incluído o que está ligado ao profissional de Relações Públicas, deve sê-lo segundo os princípios da arte do bem viver (ética) que, em si própria, contém os princípios da filosofia da harmonia do comportamento (estética).

Isto somente ocorrerá se a organização, através de suas ações, caracterizar-se como humanística, jamais como um aparelho autoritário. Para tanto, deve valorizar o ser humano, considerá-lo como centro de poder e centro legitimador de sua autoridade, na expectativa de que os quadros diretivos sejam competentes para cumprir o que deles se espera. Portanto, o princípio ético que sustenta toda a ação organizacional é que a autoridade racional tenha sua fonte numa atuação competente.

Como parte de todo este processo, o desempenho das Relações Públicas, tanto na ação como no discurso, deve ser tal que haja *l'adoucissement de la barbarie*, isto é, que a "selvageria primitiva" seja suavizada. Entende-se por selvageria primitiva da organização a busca exclusiva dos seus interesses nos mercados, satisfazendo as paixões de suas lideranças e esquecendo-se de sua finalidade, que é social.

Se for possível controlar essa tendência negativa sucede também a moralização. Num sistema social moral, desenvolve-se uma socie-

---

2. SCHILLER, Friedrich. *The Aesthetic Letters. Essays and the Philosophical Letters.* Boston: Little Brown, 1985, p. 167.

dade "elegante"[3], onde as tendências comportamentais não tenham sido neutralizadas e sim harmonizadas, já que a ética, como ação, apóia-se no princípio da alteridade[4]. A ética e a estética se nutrem uma da outra. Neste sentido, a organização existe para servir a comunidade e não para explorá-la. O "servir" a leva à promoção da unidade, resolve as contradições, harmoniza os comportamentos e confere distinção ao sistema social. A organização passa a destacar-se entre as congêneres, atraindo a atenção pela força da sua própria franqueza, em torno da qual não é necessário fazer-se sensacionalismo. A idéia proclamada é verdadeira e real por excelência. Os fenômenos se justificam e se validam por si mesmos, não se constituindo em meros instrumentos para a publicidade, como os pseudo-eventos.

A organização, cujos atos estiverem orientados pela função estética, não poupará esforços para desvendar e afastar os aspectos de manipulação e ocultação da verdade, para chegar ao reto agir e, conseqüentemente, pensar, levando o desespero e a mentira ao descrédito. Não têm lugar, em tal contexto, projetos estranhos ao interesse de integrar o homem e de comprometê-lo num empreendimento significativo.

A duração e a produtividade de tal empenho estão diretamente relacionadas ao uso e ao aperfeiçoamento da capacidade humana de inovar. Tanto a organização como o profissional de Relações Públicas precisam aprender a detectar os pontos de desgaste e de ruptura das normas, pois elas são válidas para um momento dado e tendem sempre à substituição. Esse moto ininterrupto conduz ao ideal, à perfeição[5].

Tal prontidão e habilidade repercutem até nas menores coisas, como, por exemplo, na escolha de instrumentos adequados à implementação de um programa. Se não houver sensibilidade e um certo nível de angústia quanto à excelência do que se deseja realizar, corre-se o risco de meramente repetir o que foi feito em outra circunstâncias, por outra empresa, sem medir o alcance técnico, ético e estético das medidas adotadas. À guisa de exemplo, o uso indiscriminado de cartões de aniversário, calendários promocionais e certos tipos de brindes que, por sua constante presença e baixa taxa de informação, em

---

3. O termo "elegante", apesar das conotações sociais, possui significados profundos e adequados ao seu uso como adjetivo de uma sociedade harmônica, graciosa, nobre e bem proporcionada.
4. Situação especial na qual o indivíduo percebe os demais seres como distintos dele próprio e sente-se movido a com eles estabelecer comunhão, na troca intencional de bens, especialmente os simbólicos. Este termo é usado como sinônimo de bondade.
5. HEGEL, Georg. "Estética, a idéia e o ideal". *In: Os pensadores*. São Paulo: Abril Cultural, 1980, p. 227.

nada contribuem para alterar as percepções, as emoções e os comportamentos de seus destinatários.

Pelo que se pode observar, no mundo atual, há uma repressão generalizada da criatividade e uma enorme carência de sentimentos e atitudes generosas, solidárias, construtivas. Portanto, isso não é inato. Alguma instituição deve preocupar-se em dar à educação do homem (aí incluídos os dirigentes, os governantes, os empresários e os profissionais de Relações Públicas) uma dimensão ética e estética.

Pelo caminho da análise, da consciência crítica, da partilha da verdade que deveria ser o patrimônio básico das organizações, pode-se chegar ao justo valor da ação definida, situada e explicitada abertamente.

Produzido numa relação em cadeia, dispõe-se, então, a esse ponto, de um bem inestimável, cujo efeito se propaga através da própria organização, dos elementos que a compõem e dos seus públicos. Trata-se de uma força que interfere sobre a vida das comunidades, reequilibrando-as, retirando-as temporariamente de seu estado de desordem e desarmonia, instigando-as a desacomodarem-se constantemente e a comporem, com moral elevada, liberdade e poder de criação, a face estética da vida.

Parafraseando Nietzsche, para concluir, quando diz que "somente como fenômenos estéticos podem justificar-se eternamente a existência e o mundo", crê-se possível afirmar que: somente se pode justificar a existência das organizações e das Relações Públicas quando estas estiverem impregnadas das funções ética e estética.

Capítulo 17

A UTILIDADE DO PARADIGMA

Uma revisão de todo o texto anterior, analisando sua estrutura e sua proposta, comparando-o com os pré-paradigmas existentes, permite ousar dizer que, além de uma rede teórica, esta tese contém uma outra ótica e pragmática do fenômeno Relações Públicas, contida nos conceitos e princípios relatados quanto à explicação dos fenômenos e quanto à maneira de investigá-los, e inclusive quanto à maneira tecnológica de controlá-los. Esta tese, em seu âmago, apresenta uma proposta de alteração da "ciência normal" de Relações Públicas até agora existente. Assim sendo, este projeto apresenta um novo paradigma para Relações Públicas.

O termo "paradigma", para aqueles que tratam com ciência, correlaciona-se intuitivamente com Kuhn[1]: "... um conjunto integrado de lei, teoria, aplicação e instrumentação... que provêm modelo para a solução de problemas da ciência em questão". Caso não existissem paradigmas, todos os fatos seriam importantes para o desenvolvimento de uma ciência. O paradigma estabelece critérios e a busca dos dados deixa de ser aleatória. A mudança de paradigmas não significa o desprezo total pelo anterior. O antigo permanece com muitos resquícios, apenas que o enfoque apresentado, pelo novo, é diferente.

Em síntese, esta tese apresenta um modelo (a ser submetido à apreciação da comunidade científica de Relações Públicas), envolvendo uma interação entre teoria e pesquisa, como fundamento para sua prática.

Este capítulo pretende ser o espaço de inferir a aplicabilidade do paradigma, até aqui deduzido, à prática profissional e ao ensino da mesma.

---

1. KUHN, T. *The Structure of Scientific Revolution, cit.*, p. 10 e 175.

Quanto ao profissional

O profissional de Relações Públicas é o executivo das atividades referentes ao "discurso" da organização e o assessor quanto à "ação" organizacional. Por executivo entende-se aquele que gerencia pessoas, capital e materiais, visando a consecução de objetivos, não se confundindo, portanto com o fazedor, o executante de técnicas (embora, circunstancialmente, possa ocupar-se desse trabalho). Nesse papel, possui um espaço próprio dentro das fronteiras da organização, contíguo ao das lideranças organizacionais, e seu cargo, no organograma funcional, liga-se diretamente ao de maior poder na escala hierárquica. Isto se deve ao fato de o profissional estar investido de autoridade para propor modificações de políticas e para avaliar a implementação de programas cuja finalidade seja a de criar, manter ou alterar relações de influência.

São indícios seguros desta importância, entre outros: a versatilidade do papel desse profissional; a tendência a qualificá-lo como assessor de diretoria; a proposta de que seus estudos mínimos sejam em nível de pós-graduação; as exigências de alto grau de relacionamento na vida em sociedade.

O fato de nem todos os profissionais de Relações Públicas terem ainda atingido o *status* proposto não desautoriza as considerações anteriores. Sabe-se que tal atraso é circunstancial, uma decorrência do estágio presente das organizações, do mundo, quando o poder dos donos, dos diretores, é hegemônico, isto é, supremo. A concessão de autoridade para certas pessoas no desempenho de certas funções objetiva apenas garantir a preponderância de uma vontade maior.

Executivos de outras áreas também já enfrentaram esse problema e só vieram a definir seu espaço através da divulgação de novas teorias de administração e de uma certa pressão sobre as instituições que se modernizam mais ou menos lentamente.

A divulgação de uma teoria coerente de Relações Públicas permitirá, entre outros pontos, que os donos do poder percebam o profissional como mais um membro da equipe, ao qual cabe a tarefa de coordenar o programa de Relações Públicas, em nível de linha e em nível de *staff*, assessorar as lideranças organizacionais.

A história da teoria das organizações, que é parte da história dos direitos do homem, demonstra perfeitamente como foi lenta a chegada à compreensão de que é necessário delegar-se autoridade para que as alçadas de poder se tornem funcionais. Talvez se explique, por esse temor de se distribuir o poder, o fato de o profissional de Relações Públicas ter tido suas funções desviadas, até agora, pela e para a ideologia da comunicação social, restando-lhe o papel de mero executante.

Tomá-lo como administrador da função de relação de poder supõe alinhá-lo junto aos executivos das outras áreas e permitir-lhe, pelo menos, pareceres sobre tudo o que se refira à comunicação social. Este posicionamento é algo difícil, fato comprovado por Lawrence e Lorsch[2] em pesquisa sobre organizações, quando detectaram que os executivos, em lugar de viabilizar o objetivo global da organização, normalmente centravam-se nos objetivos específicos de suas áreas, dando orientação pessoal aos trabalhos e agindo em ritmo diferenciado dos demais por não pretenderem alcance maior, para suas iniciativas e seus gestos, do que o atendimento dos interesses de cada um deles, donde cada vez mais vitaliza-se a idéia de que a liderança organizacional funciona como coordenadora das visões particulares de cada área.

Enfim, o profissional de Relações Públicas é um administrador de uma função organizacional e para tanto deve estar formado em conhecimentos teóricos e habilitado no exercício da prática, segundo um referencial orientador que lhe encurte caminhos na busca de tal qualificação.

Quanto ao plano de carreira

Considerando que nenhum profissional, em nenhuma profissão, após a conclusão de seu curso universitário, torna-se um perito em sua atividade da noite para o dia, tem-se que todo esse perfil certamente deverá ser moldado segundo um plano de carreira flexível, que permita um avanço mais ou menos rápido, com queima de etapas, sempre que as qualificações pessoas o recomendarem. Um modelo poderia ser:

1) Auxiliar

É o cargo normalmente exercido quando se é aluno e estagiário. Seu ocupante realiza tarefas primárias e mecânicas de escritório, tais como atender telefone, *clipping*, arquivo, quadros murais, entrega e recolhimento de mensagens e correspondência, serviço de rua. Começa a conhecer o processo da atividade e sua linguagem específica, familiarizando-se com o meio profissional. Muitas vezes, este lugar é preenchido por pessoas que não fazem carreira na profissão.

---

2. LAWRENCE, Paul & LORSCH, Jay. *Organization and Environment. Managing Differentiation and Integration, cit.*, p. 9.

2) Assistente

De certo modo, este cargo é muito semelhante ao anterior, mas seu ocupante deve ser mais experiente e mais qualificado, pois já realiza tarefas mais específicas, entre elas redação de informação para a imprensa; organização de eventos; coletas de dados, reuniões, contatos. Está mais próximo do gerente e, por vezes, o substitui, quando este precisa ausentar-se. Para tanto participa das reuniões do setor e emite pareceres no decurso das mesmas. Este cargo pode ser ocupado tanto pelo aluno-estagiário, como pelo profissional recém-formado.

3) Gerente

Cargo bem definido, sobretudo nas grandes empresas. Seu ocupante administra recursos para a consecução de objetivos contidos no plano de Relações Públicas. No entanto, ainda pouco participa das decisões da diretoria contra as quais não há, habitualmente, apelação possível.

4) Assessor

Cargo restrito às grande organizações, cuja função é, permanentemente, dar pareceres às pessoas investidas de poder, sobre a conduta social da instituição.

É raro permanecer exclusivamente com as tarefas de conselheiro. Normalmente implementa também os programas, exercendo de fato as funções de um gerente.

5) Diretor

Os profissionais que atingem este cargo são os que desenham as estratégias e políticas de relacionamento da organização. A área que dirigem é abrangente, pois compreende subdivisões e outros profissionais que operacionalizam os planos.

6) Consultor

Não obrigatoriamente o último na ordem hierárquica, o profissional assim designado não se vincula empregaticiamente à empresa. Trabalha tanto assessorando quanto executando projetos.

Nesta última posição, normalmente, constitui uma empresa com vários colaboradores, para a pesquisa das informações e a implementação dos projetos sugeridos.

Para se chegar a este cargo ou ao de diretor, supõe-se, pelo menos, uma vivência de dez anos de atividade a fim de atingir um bom nível de competência. Esse transcurso de tempo provê o profissional de uma agudo sentido histórico dos problemas, orientando-o ampliando-lhe a percepção, para que possa prognosticar em base firme, com boas chances de sugerir as melhores alternativas.

Quanto ao perfil do profissional

O exercício das funções prescritas para o papel do profissional requer que o mesmo se qualifique, no decorrer do tempo, através de cursos e da vivência profissional para:

1) conhecer a teoria de Relações Públicas e as noções básicas das ciências sociais, com atenção especial para política, administração e comunicação;

2) conhecer a metodologia da pesquisa pura e aplicada e saber realizá-la;

3) conhecer as técnicas de comunicação social, executar algumas e atualizar-se quanto às inovações;

4) diagnosticar e prognosticar com precisão sobre a relação organização-público;

5) criar alternativas estratégicas e técnicas para evitar e solucionar problemas de sua esfera de atuação;

6) decidir quanto às alternativas para evitar ou solucionar problemas de sua área:

7) negociar sua decisão e pareceres com as lideranças organizacionais e pares;

8) exercer as funções administrativas que lhe cabem, a fim de gerenciar sua área;

9) ter conduta ética.

Estes nove pontos, com toda a certeza não explicitam todas as perspectivas que se pode ter do perfil de um profissional e tampouco delineiam todos os aspectos a serem introjetados em uma personalidade a fim de que a mesma seja possuidora de talento e obtenha êxito na profissão.

Quanto à formação profissional

O conceito "formação" é polêmico entre os educadores. É aceito quando seu significado implica formação geral e rejeitado quando se restringe à formação profissional. Diz Cabaña[3] que o termo surgiu

---

3. CABAÑA, José Maria Quintana. *Teoría de la educación: Concepción antinómica de la educación.* Madri: Dykinson, 1988, p. 21.

229

em educação na metade do século XVIII no pensamento alemão (*bildung*), vindo a coincidir naquela época com o termo grego *paidéia* e com o latino *humanismus*, pois tinha sido tomado no seu sentido etimológico de configuração, dar forma. Ocorreu uma evolução do significado do termo até os dias atuais e persiste a distinção com o termo educação.

Cabaña[4] aceita definir formação como "aquela capacidade, conferida pela educação, em levar o desenvolvimento do indivíduo até um ponto em que ele seja capaz de compreender o natural e o histórico entorno vital e de atuar no mesmo".

Serve à profissão, à universidade e ao formando a confiança da comunidade quanto à aptidão e à qualidade dos novos profissionais a serem absorvidos pelo mercado de trabalho. No mínimo, deles se espera que estejam conscientes e instrumentados para suas responsabilidades, através da prática, por breve que seja, de todas as funções que possam vir a exercer um dia.

Em parte, tal resultado decorre das qualidades e do empenho de cada pessoa, mas a universidade deve contribuir de modo planejado para que isso aconteça, por intermédio de um currículo eficaz. Por currículo, entende-se o que prescreve Phenix[5]: "O padrão organizado do programa educacional da escola". O conceito é muito amplo, cabendo, portanto, maior explicação. Assim sendo, verifica-se em Taba[6] que o currículo contém elementos-chaves:

"1) Os objetivos e metas (geral e específicos) a serem atingidos;
"2) os conteúdos das várias áreas a serem incluídos;
"3) a seleção e organização das atividades de aprendizagem a serem proporcionadas;
"4) a seleção e organização das estratégias de ensino e procedimentos a serem empregados;
"5) a seleção e o desenvolvimento das medidas avaliativas a serem usadas".

Vê-se, então, que o currículo é muito mais que a simples listagem de matérias e disciplinas. É algo complexo e totalmente operativo. Um projeto efetivo mostra claramente os critérios de seleção de objetivos gerais e conteúdos, indo até aos problemas de organização curricular. Esta organização envolve o agir, desde a análise de objetivos gerais, até a fixação altamente específica de:

---

4. CABAÑA, J. M. Q.,*Teoría de la educación: Concepción antinómica de la educación*, *cit.*, p. 23.
5. PHENIX, Philip. *Philosophy of Education*. Nova York: Holt, Reinehart and Winston, 1958, p. 121.
6. TABA, Holda. *Curriculum Development; Theory and Practice*. Nova York: MacMillan, 1982, p. 53.

1) abrangência (quais os conteúdos a dominar e os processos mentais a adquirir);

2) seqüência (ordenação de conteúdos, de competência e da habilidades dos alunos);

3) integração (relações entre as aprendizagens nas várias áreas do currículo, as quais têm lugar ao mesmo tempo).

De modo geral, a maioria dos projetos de currículos contém estes elementos, mas muitos os têm num balanço defectivo, principalmente porque são pobremente identificados ou têm um inadequado *rationale*. Tais aspectos palpáveis, observáveis, não são determinados ao acaso. Sejam quais forem as condições culturais e as experiências dos organizadores de um currículo, reconhecem-se como condicionantes expressivas as seguintes forças:

1) a filosofia de vida do grupo, no caso, a comunidade de Relações Públicas;

2) a legislação nacional, ou seja, caso a formação profissional esteja regulamentada, o currículo mínimo estabelecido pelo órgão competente;

3) a idéia da escola quanto à atividade de Relações Públicas.

Todo este cuidado para organziar e integrar as etapas do processo de ensino-aprendizagem deve resultar na formação de um novo profissional. Segundo Gouguelin[7]:

"A palavra 'formar' evoca intervenções profundas e globais que produzem na pessoa um desenvolvimento no campo intelectual, físico e moral, como também modificações nas estruturas correspondentes a esses domínios, de tal maneira que esse desenvolvimento não seja um acréscimo transportado à estrutura existente, senão uma interação a novas estruturas mais gerais que qualquer um possa alcançar, segundo seus aptidões, num nível cultural pluridisciplinário, capaz de fazer compreender melhor os fenômenos da vida".

Em outras palavras, a formação não é simples fenômeno de oferta e absorção de conhecimentos, pois pressupõe transformações da personalidade e, como conseqüência dessa metamorfose, facilita a interação do futuro profissional com o meio.

Assim, tem-se que o currículo para a capacitação em Relações Públicas, levando em consideração todos esses princípios e o referencial do perfil do profissional, estará atendendo a essa necessidade, ser for estruturado de tal modo que contemple:

---

7. GOUGUELIN, P. *et alii. La formación psicosocial en las organizaciones.* Buenos Aires: Paidós, 1971, p. 9.

1) Informações sobre as teorias de Relações Públicas, de política, de administração e de comunicação, em nível profundo e abrangente, dando condições ao formando de exercer seu senso crítico e de localizar as fontes de novos conhecimentos.

2) Informações sobre teorias das demais ciências sociais de modo que o formando venha a dominar conceitos básicos e identificar suas fontes.

3) Informações e prática sobre métodos de pesquisa pura e aplicada a fim de que o futuro profissional tenha condições de buscar novos dados para seu processo decisório ou, pelo menos, saiba interpretar pesquisas e, em casos específicos, gerar novos conhecimentos sobre o tema.

4) Teoria e prática das técnicas de comunicação, mais usuais para que o formando esteja apto a executá-las ou, no mínimo, saiba a que profissionais recorrer, quando necessário produzi-las.

5) Treinamento do processo decisório, através de estudos de casos, em que se exercitem análise, seleção e escolha final de alternativas de soluções de problemas de Relações Públicas.

6) Métodos e técnicas de planejamento para ter condições de elaborar seu plano de trabalho e contribuir com o plano geral da organização.

7) Exercícios de negociação de pareceres, também através do método de casos, fazendo o formando compreender que a decisão final do empresário ou governante não é algo unilateral e imposto, mas uma ação co-participativa.

8) Prática da administração de um órgão de Relações Públicas, realizada por intermédio de projetos experimentais ou estágio que, idealisticamente, deveria englobar todo um programa e não apenas um ou outro projeto parcial. Se possível, tal prática teria a duração do período de um exercício fiscal, isto é, de todo um ano.

9) Prática de avaliação e controle da aprendizagem que permitem ao aluno tomar consciência do seu avanço, da medida de suas forças e fraquezas, de suas condições de competitividade no futuro mercado de trabalho.

10) Debates sobre a destinação do ser humano e sobre a conjuntura da sociedade e a contribuição que a atividade poderia dar segundo a ótica da ética e da estética, conscientizando o futuro profissional das realidades cultural, econômica, política e moral da sociedade.

Maneira esquemática e simplificada de apresentar-se os diversos pontos, relacionados com os semestres letivos, poderia ser expressada pela distribuição de matérias, segundo quadro X, adiante.

Inseridos neste contexto e fazendo parte do dia-a-dia da estrutura curricular estarão intrínsecos a todas as matérias: língua portuguesa, estudo de casos e, por fim, o estágio prático. Adicional a este

Quadro X — Esquema das matérias.

Sem.	Complementares	Básicas	Complementares
1º	Administração I	Teoria RRPP I	Comunicação I
2º	Micropolítica I	Teoria RRPP II (Que são RRPP)	Comunicação II
3º	Pesquisa I	Tecnologia de RRPP I	Planejamento I
4º	Pesquisa II	Tecnologia de RRPP II (Como se faz RRPP)	Planejamento II
5º	Ciências Sociais I	Instrumentos I	Ciências Sociais I
6º	Ciências Sociais III	Instrumento II (Com que se faz RRPP)	Ciências Sociais IV
7º	Direito	Campos de ação I	Marketing I
8º	Ética e Estética	Campos de Ação II (Onde se faz RRPP)	Marketing II

Quadro XI — Alinhamento das políticas da estrutura curricular.

1) Filosofia e políticas do Ministério de Educação, da universidade e do curso em si.

2) Relação das disciplinas de acordo com as leis educacionais (caso existam) e segundo o *rationale* de uma Teoria de Relações Públicas.

3) Programas das disciplinas, contendo ementas, ordem dos conteúdos, objetivos da disciplina e das aulas, além de técnicas didáticas e de avaliação.

4) Integração dos conteúdos das várias disciplinas, realizada através de encontros periódicos do corpo docente, ouvindo o corpo discente e a administração da escola.

5) Utilização do método de estudo de caso em todas as disciplinas.

6) Estágio externo supervisionado nas organizações públicas e privadas que solicitarem, ou onde os alunos abrirem espaços.

7) Incentivo à participação em congressos e seminários externos;

8) Pesquisas científicas, segundo uma linha de interesse do curso sobre o processo, a função e a atividade de Relações Públicas.

9) Produção científica de artigos e obras sobre Relações Públicas e ciências afins, por professores e alunos e suas devidas documentação e publicação.

10) Encontros periódicos entre os corpos administrativo, docente e discente.

11) Calendário de eventos culturais e científicos, tais como recepção aos novos alunos com a apresentação dos professores, lideranças estudantis e entrega do manual do curso; jantar do diretor; homenagens a membros da equipe que se destacaram na sociedade; palestra anual por um professor ou profissional de destaque na atividade, etc. Tudo buscando a integração e gerando tradição na cultura do curso.

Esta relação é dinâmica, podendo e devendo sofrer alterações com o desenvolvimento da cultura organizacional.

acervo de informação, é aconselhável que o futuro profissional habilite-se, de preferência fora da universidade, na proficiência, no trato com línguas estrangeiras e no manejo do computador.

Isto tudo ocorrendo, possivelmente o profissional lançado no mercado de trabalho terá pelo menos a condição de visualizar o esquema básico de sua atividade. A operacionalização mais ou menos satisfatória deste conhecimento dependerá da força de vontade do profissional e das oportunidades que surgirem. Pelo menos, a universidade terá cumprido sua parte. Outra disposição de sugerir os elementos constitutivos de uma estrutura curricular e da dinamicidade da inter e intra-relação das mesmas é a apresentada no quadro XI.

Sintetizando: a proposição de um currículo para a formação em Relações Públicas implica a operacionalização de idéias, baseadas em um *rationale* sobre como transformar as personalidades dos iniciantes nos cursos, a fim de que, no momento de ingressarem nas organizações, possam comportar-se como profissionais, segundo o perfil exigido, em uma sociedade. Esse *rationale* é fornecido pelo presente paradigma.

Quanto à Explicação para o Leigo

Outra utilidade prática da teoria aqui proposta é que ela pode e deve ser explicada aos leigos, informando-os, em terminologia da linguagem usual, sobre a origem e o objeto da atividade de Relações Públicas.

Segue-se "uma" das alternativas de se realizar este intento, ao dizer-se a um leigo: "Nós vivemos em uma sociedade de tensões. Os fatos que nela se processam o são, na maioria das vezes, em razão do entrechoque de forças de interesse das pessoas e dos grupos. Nesse contexto, trocando bens, estão inseridos a organização e os públicos da mesma".

Quando os públicos percebem o centro de poder organizacional decidindo de maneira adequada quanto aos interesses legítimos de ambas as partes, o intercâmbio se processa ao natural. Os públicos ficam motivados pela ação organizacional. A produtividade é elevada. Os clientes adquirem produtos e serviços. Os bancos e os fornecedores dão seu crédito. As leis favorecem as propostas de negócio e de produção. A mídia divulga notícias positivas. Tudo, em sinergia, faz o lucro.

Contudo, nem sempre é assim. Há a probabilidade de ocorrerem problemas na relação organização-públicos, quer porque a direção descuida-se e toma decisões contrárias às expectativas dos públicos, quer porque decida apropriadamente, mas os públicos não a entendam assim, quer pelo desconhecimento da ação organizacional de parte dos públicos, e estes são surpreendidos por alguma decisão inesperada, mesmo que seja de seu interesse.

A reação das pessoas, componentes dos públicos, é, no mínimo, de má vontade para com a organização, gerando boatos contra a mesma. Os clientes podem até deixar de comprar o produto ou o serviço. Além disso, quanto mais democrático for o país e participativo o seu povo, os outros públicos podem se organizar e enfrentar o poder da empresa. Contam, para isso, com a colaboração da imprensa.

Se as partes envolvidas não conseguem, por si mesmas, resolverem o conflito, chegando a um impasse, o governo, seguramente, intervém através de algum setor do judiciário. Ao suceder a crise, as decisões de cúpula se tornam de difícil implementação. A produção pára, as vendas caem, a concorrência ocupa mais espaço e o lucro desaparece.

Quando a organização era pequena (se isso ocorreu), alguém, normalmente, tomava conta de tudo e, com habilidade política, evitava esses tipos de impasses.

Por outro lado, se a organização cresceu, ou se sempre foi média ou grande, seus dirigentes sabem, ou deveriam saber, que não é possível cuidar de tudo e decidir, pessoalmente, sobre todas as questões. Os que assim o fizeram, fracassaram. As empresas, por natureza, se impõem uma divisão de trabalho. Aos dirigentes máximos cabem as decisões sobre as políticas estratégicas, enquanto a parte operacional diz respeito aos gerentes.

Por estas razões, aquele que detém o poder de decisão contrata uma série de colaboradores, entre os quais o economista e o contabilista, para administrarem a área econômico-financeira; o engenheiro, para cuidar da produção; o psicólogo, para recursos humanos; o homem de marketing, para tratar das questões de mercado.

Este quadro, entretanto, não está completo. Falta alguém especial na equipe diretiva. A organização necessita de um perito dedicado exclusivamente a evitar e solucionar problemas de integração com os públicos. Este perito é o profissional de Relações Públicas.

O trabalho desse profissional é pesquisar e analisar a dinâmica organizacional, seus públicos, como estes a vêem, quais suas expectativas e em que conjuntura tudo isso tem lugar.

Em outros termos, procura saber o que está ocorrendo no âmbito sócio-cultural-econômico-político, na organização, na cidade, no estado, no país e no mundo. Faz isso diuturnamente. É os "olhos e ouvidos" da organização.

Ao conhecer esses fatos, certamente capacita-se a acompanhar as tendências da tríade organização-público-conjuntura e prever as possibilidades de colisão entre os dois primeiros.

Então, oportunamente, demonstra ao poder de decisão da organização, sua previsão da situação-problema. Concomitantemente, para evitá-la ou minimizá-la, dá pareceres sobre o que poderá ser feito, em termos de filosofia, políticas e normas organizacionais justas para as partes envolvidas.

Além disso, apresentar um plano anual de atividades, contendo programas de informação e integração para com os públicos, iniciando pelos diretores e gerentes, estendendo-o aos funcionários e, por fim, chegando aos públicos externos. Os projetos neles contidos são as "vitaminas" da organização e os "remédios" para as situações problemáticas. Estão eles caracterizados por objetivos, cronogramas, responsabilidades, critérios de avaliação de resultados e, obviamente, recursos financeiros necessários.

Se, e somente se, o diretor concordar, haverá implementação. O profissional administra o plano e executa alguns projetos. Periodicamente, presta contas à diretoria. Deixa bem claro que a decisão é sempre do diretor. Jamais se suscetibiliza, se a mesma for contrária ao seu ponto de vista. Mesmo porque, na maioria das vezes, debatem-se seus enfoques e, ao natural, brota uma terceira alternativa, nem do diretor, nem do profissional, que será posta em execução. Por outro lado, espera que o diretor compreenda que, por vezes, precise retornar à carga, com novos argumentos, quando estiver convicto de que a decisão do mesmo deva ser alterada.

Trabalha diretamente subordinado ao poder máximo. Juntos, em estreita cooperação, sintonizados, dificilmente são surpreendidos, interna e externamente. Nunca têm que "apagar incêndios".

Os públicos, percebendo a ação organizacional em benefício do bem comum da sociedade, certamente confiam na organização. Estão imbuídos de boa vontade e, vez por outra, até perdoam um lapso fortuito. Há credibilidade e a organização, além do seu estatuto legal, também se encontra amparada pela legitimidade conquistada em seu entorno.

Tudo acontecendo dentro do previsto e, havendo entendimento entre as partes, todos ganharão. Os interesses são integrados e há trocas, há vendas, há desenvolvimento.

É por isso que se deve acreditar e investir em Relações Públicas.

236

Quanto ao estudo de caso e seu papel no paradigma

A proposta aqui apresentada se consubstancia, na maioria dos seus pontos, em conceitos, constructos e princípios já consolidados ou, pelo menos ainda não falseados no contexto das várias ciências particulares coadjuvantes deste discurso. Cada uma delas chegou a esses componentes do conhecimento científico através de seus métodos específicos de investigação, submetidos à apreciação crítica por suas correntes epistemológicas correlatas.

Este discurso não supõe ecletismo científico, apenas entrelaça as diversas ciências particulares naquilo que elas têm a colaborar para a sua sustentação. Em absoluto afasta-se a crítica epistemológica, mesmo porque a metodologia de pesquisa de cada uma já a pressupõe.

Contudo, em etapa futura esta rede proposta deverá ser testada e, se corroborada, até poderá ser desenvolvida, tanto por mim como por outros. A testagem de suas proposições poderá ser realizada tanto no campo acadêmico como na prática profissional. Especificamente, na esfera acadêmico-científica, todos os métodos de investigação estarão à disposição no arsenal de cada corrente epistemológica à qual o pesquisador está vinculado. Contudo, tanto em uma como em outra das esferas, o estudo de caso poderá contribuir para o desenvolvimento científico das Relações Públicas.

O termo "estudo de caso" é tomado aqui com dois significados:

1) Um método de investigação, para a descoberta de novos elementos para uma ciência particular, onde predominam os dados qualitativos, segundo a metodologia característica do mesmo na prática de pesquisa. O autor, nesta situação, normalmente é um pesquisador acadêmico.

2) Um método de relato de determinadas situações no espaço e no tempo. O documento produzido, neste caso, é útil, tanto para cotejar a teoria, como para treinamento do processo decisório, inserido no estudo da administração, modelo que se tornou notório através da proposta de Harvard. O produtor do documento, na maioria das vezes, é um profissional, relatando sua vivência em uma organização.

Tanto em uma como em outra situação, o estudo de caso é uma intensiva análise empreendida numa única ou em algumas organizações reais, cujo objetivo pode ser exploração, monografia, diagnóstico ou avaliação. Serve também, conforme Bruyne[8], "para testar a validade empírica de um sistema de hipóteses".

---

8. BRUYNE, P. HERMAN, J.; SCHOUTEETE, M. *Dinâmica da pesquisa em ciências sociais, cit.*, p. 230.

A utilização do estudo de caso pelas comunidades de acadêmicos e profissionais formará uma coleção de quadros variados e intensos de informações, configurando e organizando o mundo teórico das Relações Públicas e levando as duas comunidades à melhor compreensão desta atividade profissional e dos princípios que regem sua operacionalização.

Ressalta-se, todavia, que os estudos de caso, qualquer que seja o sentido tomado, em absoluto servem de modelo para a aplicação prática em outras situações. Deve-se lembrar que cada estudo de caso refere-se a uma situação particular sócio-histórica, quando intervieram causas necessárias e suficientes, algumas detectadas e outras tantas que escaparam do crivo do observador. Eles, em absoluto, servem para generalizações.

CONSIDERAÇÕES FINAIS

Se este ensaio contribuiu para a elucidação de seu tema, então ele não está concluído, pois, se assim o fosse, se constituiria em negativa de si mesmo, em refutação final de sua proposta aberta e criativa.

Ao longo de vários itens, procurei manter a flexibilidade das idéias pelo artifício dos esquemas que foram apresentados — não como uma quadratura rígida, uma estratificação das informações disponíveis, mas como modelos dinâmicos que podem ser lidos de diversas maneiras, gerando, a cada novo exercício de apreensão, visões diferenciadas de um mesmo problema.

Essa disposição prismática e multiplanear dos conhecimentos já existentes sobre Relações Públicas e dos criados por mim gera inúmeros pontos de conexão no referencial teórico que se tem oferecido, de modo disperso e até contraditório, ao interessado no assunto. Para sustentar a nova estrutura, optei por uma base teórica multidisciplinar, já que se está no território das ciências humanas e não se pode desprezar nada que contribua para iluminar uma das áreas do conhecimento, pelo homem identificada como necessária, ocupável, significativa.

Por sucessivas aproximações, cheguei à compreensão de que, por Relações Públicas, não se entende, ademais de um termo, uma profissão, um profissional, uma atividade, uma função, um processo, mas, principalmente, uma ciência particular. Este enfoque sistêmico implica uma noção de funcionamento e de interdependência de todos os constituintes deste processo.

A este olhar mais atento e mais inquiridor revelaram-se, também, as diferentes medidas em que as Relações Públicas se funcionalizam, no interior das sociedades. Saiu-se da esfera quase que estritamente psicossociológica, na qual se realizava este tipo de análise, para um território mais amplo, mais condizente com a nova e instigadora situação de crise em que vive o homem moderno. Trata-se da dimensão política das Relações Públicas, como administradora do conflito e, de certo modo, provedora da condição mínima de existência, legitimação e sobrevivência das organizações em face dos seus públicos.

Acredito ter atingido, assim, um novo ponto de observação do qual se podem divisar as diferentes teorias numa relação dialética, aproveitando a energia que se gera pelo contato de suas faces mais definidas para iluminar os ângulos menos expostos da realidade que é preciso incessantemente decodificar e descrever.

REFERÊNCIAS BIBLIOGRÁFICAS

ARGYRIS, Chris. *Personality and Organization: The Conflict Between System and the Individual*. Nova York: Harper and Brother, 1957.

ARENDT, Hannah. *Between Past and Future*. Nova York: The Viking Press, 1961.

AUSUBEL, D. P. *Psicologia educativa*. México: Trillas, 1976.

BACHRACH, Peter & BARATZ, Morton. *Power and Poverty: Theory and Practice*. Nova York: Oxford University Press, 1970.

BAILEY, F. G. *Morality and Expediency*. Oxford: Basil Blackwell, 1977.

BALL, Stephen J. *La micropolítica de la escuela — Hacia una teoría de la organización escolar*. Barcelona: Paidós, 1989.

BARNARD, Chester. *The Funtion of the Executive*. Cambridge: Harvard University Press, 1938.

BARTHES, Roland. *Mitologias*. São Paulo: Difel, 1980.

BATESON, Gregory & RUESCH, Jurgen. *Comunicación: La matriz social de la psiquiatría*. Barcelona: Paidós, 1984.

BELINCHON, Julian C. *Manual de organización y métodos*. Madri: Instituto de Estudios de Administración Local, 1977.

BERELSON, B. P. L.; LAZARSFELD, P.; McPHEE, W. N. *Voting*. Chicago: University of Chicago Press, 1954.

BERGER, Peter L. & LUCKMAN, Thomas. *The Social Construction of Reality*. Middlesex: Penguin Books, 1971.

BERLE, JR. A. *Power*. Nova York: Harcourt, Brace and World, 1969.

BERNAYS, Edward L. *Relaciones Públicas*. Buenos Aires: Troquel, 1966

BIERSTEDT, Robert. *Power and Progress: Essays on Sociological Theory*. Nova York: McGraw-Hill, 1974.

BLACK, Sam. *Relações Públicas — teoria e prática*. Lisboa: Portugália, 1966.

BLASE, Joseph (org.). *The Politics of Life in School — Power, Conflict, and Cooperation*. Newbury Park: Sage, 1991.

BLAU, Peter M. *Exchange and Power in Social Life*. Nova York: Harcourt Brace Jovanovich, 1974.

BOBBIO, Noberto; MATTEUCI, Nicola; PASQUINO, Gianfranco. *Dicionário de política*. Brasília: Universidade de Brasília, 1986.

BOORTIN, Daniel J. *The Image. A Guide to Pseudo-Events in America*. Nova York: Harper, Colophon Books, 1964.

BOULDING, Kenneth E. *The Image*. Ann Arbor: University of Michigan Press, 1956.

BRAITHWAITE, Richard B. *La explicación científica*. Madri: Tecnos, 1965.

BRIDGMAN, P. W. *The Logic of Modern Physics*. Nova York: McMillan, 1927.

BRIMO, A. *Les méthodes des ciences sociales*. Paris: Montechrestien, 1972.

BRISON, J. (org.). *The Communication of Ideas*. Nova York: Harper and Brothers, 1948.

BRUYNE, Paul; HERMAN, Jacques; SCHOUTEETE, Marc. *Dinâmica da pesquisa em ciências sociais*. Rio de Janeiro: Francisco Alves, 1977.

BUNGE, Mario. *Teoria e realidade*. São Paulo: Perspectiva, 1974.

BURBULES, Nicholas. "Uma teoria de poder em educação". *In*: *Educação e Realidade*, Vol. 12, n? 2, jul/dez, 1987.

CABAÑA, José Maria Quintana. *Teoria de la educación: Concepción: Concepción antinómica de la educación*. Madri: Dykinson, 1988.

CAILLOIS, Roger. *El mito y el hombre*. México: Fondo de Cultura Económica, 1988.

CALMON, Eduardo. "*Issues management* no Brasil". *In*: *Anais do Public Relations International Seminar*. Brasília, 6-8 novembro/85.

CAMPBELL, Joseph. *O poder do mito*. São Paulo: Palas Athenas, 1990.

CANFIELD, Bertrand. *Relações Públicas: Princípios, casos e problemas*. São Paulo: Pioneira, 1961.

CASSIRER, Ernst. *Linguagem, mito e religião*. Porto: Rês, 1980.

CHASE, Howard. 1? Seminário Internacional de Comunicação 29 e 30 setembro/83, Rio de Janeiro. *In*: *Revista Meio e Mensagem*, 2ª quinzena de outubro/83.

CHAUÍ, Marilena. *O que é ideologia*. São Paulo: Brasiliense, 1981.
CHAUMELY, Jean e HUISMAN, Denis. *As Relações Públicas*. São Paulo: Difusão Européia do Livro, 1964.
CHAVES, Silla M. *Aspectos de Relações Públicas*. Rio de Janeiro: Serviço de Documentação DASP, 1966.
CHILDS, Harwood. *Relações Públicas, propaganda e opinião pública*. Rio de Janeiro: Fundação Getúlio Vargas, 1967.
COOK, John. "Past and future terms, myths and premises in Public Relations". *In: Public Relations Quarterly*. Nova York, Primavera, 1974.
COUTO E SILVA, Golbery do. *Planejamento estratégico*. Brasília: Universidade de Brasília, 1981.
CUTLIP, Scott M. & CENTER, Allen. *Relaciones Públicas*. Madri: Rialp, 1975.

DAHL, Robert. "The Concept of Power". *Behavioral Science*, 2, 1975.
DAHRENDORF, Ralph. *Class and Class Conflict in industrial Society*. Stanford: Stanford University Press, 1973.
DANCE, F. *et alii*. *Teoria da comunicação humana*. São Paulo: Cultrix, 1973.
DeFLEUR, M. L. *Theories of Mass Communication*. Nova York: David MacKay, 1966.
DeJOURS, Christophe. *A loucura do trabalho*. São Paulo: Cortez, 1987.
DÉLANO, Bárbara, *Las Relaciones Públicas en Chile*. Santiago: Universitária, 1990.
DRUCKER, Peter F. *Uma era de descontinuidade*. Rio de Janeiro: Zahar, 1974.

EDWARDS, Elwin. *Introdução à teoria da informação*. São Paulo: Cultrix, 1971.
EMERY, F. E. & TRIST, E. L. "The causal texture of organization environment." *In: Human Relations*. Vol. 18, fevereiro de 1965, pp. 21-32.
EPSTEIN, Isaac. *Teoria da informação*. São Paulo: Ática, 1986.
ESCARPIT, Robert *Teoría general de información y de la comunicación*. Barcelona: Icaria, 1981.
ETZIONI, Amitai. *Organizações modernas*. São Paulo: Pioneira, 1978.

FAYOL, Henri. *Administração industrial geral*. São Paulo: Atlas, 1954.

FEIGENBAUM, A. V. *Total Quality Control*. Nova York: McGraw-Hill, 1961.

FESTINGER, Leon. *A Theory of Cognitive Dissonance*. Stanford: Stanford University Press, 1957.

FREUND, Julien. "Observaciones sobre dos características de la dinámica polemógena. De la crísis al conflito". *In: Communications*, n? 25.

FIRTH, Raymond. "Function". *In: Yearbook of Anthropology*, 1955.

FROMM, Erich. *El miedo a la liberdad*. Buenos Aires: Paidós, 1959.

GALBRAITH, John K. *Anatomia do poder*. São Paulo: Pioneira, 1984.

GEMELLI, Agostinho & ZUNINI, Giorgio. *Introdução à psicologia*. Rio de Janeiro: IberoAmericana, 1962.

GERBNER, George. "Toward a general model of communication." *In Audiovisual Communication Review*, n? 4, 1962.

GOUGUELIN, P. *et alii*. *La formación psicosocial en las organizaciones*. Buenos Aires: Paidós, 1971.

GORDON, George. *Persuasion*. Nova York: Hastings House, 1971.

GRAY, Robert K. "Politics and PR, a natural pair". *In: Advertising Age,* January, 1981.

GREIG, A. M. *Princípios e objetivos de gerência para direção de empresa*. Salvador: Desenvolvimento de Executivos do Brasil, 1970.

GRIFFITHS, Daniel E. *Teoria da administração*. São Paulo: Nacional, 1971.

HABERMAS, Jürgen. *Knowledge and Human Interests*. Boston: Beacon Press, 1972.

_____. *Communication and the Evolution of Society*. Boston: Beacon Press, 1979.

_____. *Historia y crítica de la opinión pública*. Barcelona: Gustavo Gilli, 1981.

_____. *Teoría de la acción comunicativa*. Madri: Taurus, 1987.

_____. *Teoría de la acción comunicativa: complementos y estudios previos*. Madri. Catedra, 1989.

HAIAKAWA, Samuel. *Símbolo, status y personalidad*. Barcelona: Sagitário, 1969.

HAYES, Roger. "Issue management". *In: Anais do Public Relations Internationl Seminar*. Brasília, 6-8 novembro/85.

HEGEL, Georg. "Estética, a idéia e o ideal". *In: Os pensadores.* São Paulo: Abril Cultural, 1980.

HEIDER, Fritz. Attitudes and Cognitive Organizations. *In: Journal of Psychology,* n? 21, 1946.

_____. *The Psychology of Interpersonal Relations.* Nova York: John Wiley and Sons, 1958.

HEMPEL, C. G. "Fundamentals of concept formation in empirical science". *International Encyclopedia of Unified Science.* Vol. II, n? 7, University of Chicago, 1976.

HERZBERG, Frederick. *Work and the Nature of Man.* Nova York Publishing Co., 1966.

HOLLOWAY, R. J. & HANCOCK, R. S. *Marketing para o desenvolvimento.* Rio de Janeiro: Livros Técnicos e Científicos, 1973.

HOMANS, George. *The Human Group.* Nova York: Harcourt, 1950.

HUME, David. *A Treatise of Human Nature.* Vol. II, parte II, Seção II. Darmstadt: Sciencia Verlag Allen, 1992.

JANIS, Irwing. *Victims of Groupthink: A Psychological Study of Foreign Decisions and Fiascos.* Boston: Houghton Mifflin, 1967.

JONES, Edward E. & GERARD, Harold B. *Foundations of Social Psychology.* Nova York: John Wiley and Sons, 1967.

KATZ, Daniel & KAHN, Robert. *Psicologia social das organizações.* São Paulo: Atlas, 1979.

KATZ, Elihu & LAZARSFELD, Paul. *Personal Influence: The Part Played by People in the Flow of Mass Communication.* Glencoe: Free Press, 1955.

KELLEY, E. L. "Consistency of adult personality". *American Psychologist,* 10, 659-681, 1955.

KENDALL, Robert. "Research of organizational culture: A mythic history of A.T.&T." *In: Organizational Division of Speech Communication Association,* em convenção, Chicago, novembro 13-16, 1986.

KENNEDY, Gavin; BENSON, John; McMILLAN, John. *Managing Negotiations.* Londres: Hutchinson Business, 1988.

KOLB, David; RUBIN, Irwin; McINTIRE, James M. *Psicologia Organizacional — uma abordagem vivencial.* São Paulo: Atlas, 1978.

KOTLER, Philip & SIDNEY, Levy. "Broading the concept of marketing". *Journal of Marketing.* Vol. 33, Chicago, American Marketing Association, 1969.

KORZIBSKY, Alfred. *Science and Sanity.* Hakeville: The International Non-Aristotelian Library, 1958.

245

KRECH, David; CRUTCHFIELD, Richard; BALLACHEY, Egerton. *O indivíduo na sociedade*. São Paulo: Pioneira, 1969.

KUHN, Thomas. *The Structure of Scientific Revolution*. Chicago: The University of Chicago Press, 1974.

LASSWELL, Harold & LAPLAN, Abraham. *Power and Society*. New Haven: Yale University Press, 1950.

LAWRENCE, Paul & LORSCH, Jay. *Organization and Environment, Managing Differentiation and Integration*. Boston: Harvard University Press, 1976.

LE BON, Gustave. *Psychologie des foules*. Paris: Olean, 1985.

LEWIN, Kurt. *Resolving Social Conflicts: Selected Papers on Group Dynamics*. Nova York: Harper and Row, 1948.

LINDZEY, Gardner and ARONSON, Elliot. *The Handbook of Social Psychology*. Nova York: Addison-Wesley, 1969.

LITTLEJOHN, Stephen. *Fundamentos teóricos da comunicação humana*. Rio de Janeiro: Zahar, 1982.

LODI, João Bosco. *História da administração*. São Paulo: Pioneira, 1981.

LONG, Larry W. & HAZELTON Jr. Vincent. Public Relations: A theoretical and practical response. *In: Public Relations Review*. Vol. XIII, n? 2, verão de 1987.

LUBBEN, Richard, *JUST-IN-TIME: Uma estratégia avançada de produção*. São Paulo: McGraw-Hill, 1989.

LUKES, Steven. *El poder — un enfoque radical*. Madri: Siglo XXI, 1985.

_____. (org.). *Power*. Oxford: Basil Blackwell, 1986.

LUHMANN, Niklas. *Legitimação pelo procedimento*. Brasília: Universidade de Brasília, 1980.

MACCOBY, Eleanor E. *et alii* (orgs.). *Readings in Social Psychology*. Nova York: Holt, 1958.

MAINGUENEAU, Dominique. *Novas tendências em análise do discurso*. Campinas: Pontes, 1989.

MARCH, James & SIMON, Herbert. *Teoria das organizações*. Rio de Janeiro: Fundação Getúlio Vargas, 1972.

MARROW, Alfred J. *The Practical Theorist — The Life and Work of Kurt Lewin*. Nova York: Basic Books, 1969.

MARSHALL, Catherine e SCRIBNER, Jay D. "It's all political." *In: Education and Urban Society*, Vol. 23, n? 4, agosto de 1991.

MARX, Melvin & HILLIX, William A. *Sistemas e teorias em psicologia*. São Paulo: Cultrix, 1976.

MATURANA, Humberto & VARELA, Francisco. *El árbol del conocimiento*. Santiago: Universitária, 1984.

MAY, Rollo. *La necesidad del mito*. Barcelona: Paidós, 1992.

MAYO, George E. *The Human Problems of an Industrial Civilization*. Boston: Harvard University Press, 1933.

McCARTHY, Jerome. *Marketing básico, uma visão global*. Rio de Janeiro: Zahar, 1976.

McGREGOR, Douglas. *The Human Side of Enterprise*. Nova York: McGraw-Hill, 1960.

McLEOD, J. M. & CHAFEE, S. M. "Interpersonal approaches to communication research". *In: American Behavioral Scientist*, n? 16.

McQUAIL, Denis & WINDAHL, Sven. *Communication Models For the Study of Mass Communication*. Londres: Longman, 1981.

MERA, Alejandro Sáenz de. "Relaciones Públicas en México". *In: XI Conferencia Internacional de Relaciones Públicas*. 10-13 outubro/73, Bogotá.

MERTON, Robert *et alii* (orgs.). *Sociology Today*. Nova York: Basic Books, 1959.

MILLER, Georg. *Psicologia de la comunicación*. Barcelona: Paidós, 1980.

MILLS, Charles Wright. *The Power Elite*. Nova York: Oxford University Press, 1956.

MINOGUE, Kenneth. *O conceito de universidade*. Brasília: Universidade de Brasília, 1981.

MOREIRA, Marco A. "Aspectos relevantes en la enseñanza y aprendizaje de las ciencias y la matemática". Conferência na Faculdade de Filosofia, Humanidades y Artes de la Universidad de San Juan, Argentina, 1992.

MORGAN, G. *Images of Organization*. Bervely Hills: Sage, 1986.

MOULY, George. *Psicologia educacional*. São Paulo: Pioneira, 1966.

MOSQUERA, Juan. *O humano — Uma antropologia psicológica*. Porto Alegre: Sulina, 1975.

MUKAROVSKY, Jan. *Escritos de estética y semiótica del arte*. Barcelona: Gustavo Gilli, 1977.

NEWCOMB, Theodore. "An approach to the study of communicative acts". *In: Psychological Review*, n? 60.

NIELANDER, William & MILLER, Raymond. *Relaciones Públicas*. Barcelona: Hispano-Europea, 1961.

NOGUEIRA, Nemércio. "Issues management". *In: Anais do Public Relations International Seminar*. Brasília, 6-8 novembro/85.

NOVAK, Joseph D. & GOWIN, D. Bob. *Aprendendo a aprender*. Barcelona: Martinez Roca, 1988.

OSGOOD, Charles & TANNENBAUM, Percy H. "The principle of congruity in the prediction of atitude change". *In: Psychological Review*, n? 62, 1955.

OSGOOD, Charles E.; SUCI, G. J.; TANNENBAUM, Percy H. *The Measurement of Meaning*. Urbana: University of Illinois Press, 1957.

PARSONS, Talcott. *Structure and Process in Modern Society*. Nova York: The Free Pres, 1969.

PAVLOV, Ivan. *Los reflejos condicionados aplicados a la psicologia*. Montevideu: Pueblos Unidos, 1960.

PHENIX, Philip. *Philosophy of Education*. Nova York: Holt, Reinhart and Winston, 1958.

PONTE PIERRE, Francisco E. "O relações-públicas como intelectual: considerações sobre a formação universitária". Palestra na Universidade de Goiás, 1992.

POPPER, Karl. *A lógica da pesquisa científica*. São Paulo: Cultrix, 1974.

PORTER, Lyman W. & ROBERTS, Karlene H. (orgs.). *Communication in Organizations*. Harmondsworth: Penguin Books, 1977.

POULANTZAS, Nicos. *Political Power and Social Classes*. Londres: New Left Books, 1973.

RADCLIFFE-BROWN, Alfred R. *Structure and Function in Primitive Society: Essays and Address*. Londres: Methuen, 1952.

REARDON, Kathleen K. *La persuasión en la comunicación*. Barcelona: Paidós, 1991.

RETHORST, John C. "Myth and morality". *Journal of Moral Education*. Vol. 20, n? 3, 1991.

REYNAUD, Pierre-Louis. *La psicologia económica*. Buenos Aires: Paidós, 1966.

RIESMAN, Daniel. *La muchedumbre solitaria*. Buenos Aires: Paidós, 1968.

RODRIGUES, Aroldo. *Psicologia social*. Petrópolis: Vozes, 1971.

ROETHLISBERGER, F. J. & DICKSON, R. *Management and the worker*. Cambridge: Harvard University Press.

ROGERS, Everett & SHOEMAKER, Floyd F. *Communication of Innovations, a Cross-cultural Approach*. Glencoe: Free Press, 1973.

ROKEACH, Milton. *Beliefs, Attitudes and Values*. San Francisco: Jossey-Bass, 1969.

ROWE, M. "The corporate ombudsman". *In: The Industrial Relations Research Seminar*. Sloan School, MIT, Cambridge, 1986.

RÜDIGER, Francisco R. *Paradigmas do estudo da história*. Porto Alegre: Instituto Estadual do Livro, 1991.

SCHANNON, Claude & WEAVER, Warren. *Teoria matemática da comunicação*. Rio de Janeiro: Difel, 1975.

SCHILLER, *The Aesthetic Letters, Essays and the Philosophical Letters*. Boston: Little Brown, 1985.

SCHRAMM, Wilbur (org.). *The Process and Effects of Mass Communication*. Urbana: University of Illinois Press, 1960.

SELLTIZ, Craire; JAHODA, Marie; DEUTSCH, Morton; COOK, Stuart W. *Métodos de pesquisa nas relações sociais*. São Paulo: Herder e Universidade de São Paulo, 1971.

SEMAMA. Paolo. *Linguagem e poder*. Brasília: Universidade de Brasília, 1981.

SHEPHERD, Clovis, *Small Groups: Some Sociological Perspectives*. San Francisco: Chandler, 1964.

SHAPIRO. Stephanie A. ''The feature story as mythological artifact''. *In: Annual Meeting of the Association for Education in Journalism*. Atenas, julho 25-28, 1982.

SHARPE, Melvin. ''Recognitions comes from consistently high standards.'' *In: Public Relations Review*. Vol. XII, nº 4, inverno de 1986.

SLOTKIN, Richard. *Regeneration Through Violence: The Mythology of the American Frontier, 1660-1860*. Connecticut: Wesleyan University Press, 1973.

SOUZA CAMPOS, Dinah. *Psicologia da aprendizagem*. Petrópolis: Vozes, 1972.

TABA, Hilda. *Curriculum Development: Theory and Practice*. Nova York: MacMillan, 1982.

TAYLOR, Frederick. *Princípios de administração científica*. São Paulo: Atlas, 1963.

TRINDADE, Helgio. As ciências sociais nas Relações Públicas. *In: Anais do 1º Ciclo de Integração de Relações Públicas*. Porto Alegre: PUCRS, 1974.

WATZLAWICK, Paul; BEAVIN, Janet; JACKSON, Don D. *Pragmática da comunicação humana*. São Paulo: Cultrix, 1973.

WEBER, Max. *The Theory of Social and Economic Organization*. Nova York: Oxford University Press, 1947.

_____. *Economy and society*. Los Angeles: University of California, 1978.

WECHSLER, David. *La medición de la inteligencia del adulto*. Havana: Cultural, 1955.

WILLOWER, Donald J. "Micropolitics and the sociology of school organizations". *In: Education and Urban Society*. Vol. 23, n? 4, agosto de 1991.

WRONG, Dennis H. *Power, Its Forms, Bases and Uses*. Oxford: Basil Blackwell, 1979.

ZEMAN, I. *et alii* (orgs.). *O conceito de informação na ciência contemporânea*. Rio de Janeiro: Paz e Terra, 1970.

NOVAS BUSCAS EM COMUNICAÇÃO
VOLUMES PUBLICADOS

1. *Comunicação: teoria e política* — José Marques de Melo.
2. *Releasemania — uma contribuição para o estudo do press-release no Brasil* — Gerson Moreira Lima.
3. *A informação no rádio — os grupos de poder e a determinação dos conteúdos* — Gisela Swetlana Ortriwano.
4. *Política e imaginário nos meios de comunicação para massas no Brasil* — Ciro Marcondes Filho (organizador).
5. *Marketing político e governamental — um roteiro para campanhas políticas e estratégias de comunicação* — Francisco Gaudêncio Torquato do Rego.
6. *Muito além do Jardim Botânico — um estudo sobre a audiência do Jornal Nacional da Globo entre trabalhadores* — Carlos Eduardo Lins da Silva.
7. *Diagramação — o planejamento visual gráfico na comunicação impressa* — Rafael Souza Silva.
8. *Mídia: o segundo Deus* — Tony Schwartz.
9. *Relações públicas no modo de produção capitalista* — Cicilia Krohling Peruzzo.
10. *Comunicação de massa sem massa* — Sérgio Caparelli.
11. *Comunicação empresarial/comunicação institucional — Conceitos, estratégias, planejamento e técnicas* — Francisco Gaudêncio Torquato do Rego.
12. *O processo de relações públicas* — Hebe Wey.
13. *Subsídios para uma Teoria da Comunicação de Massa* — Luiz Beltrão e Newton de Oliveira Quirino.
14. *Técnica de reportagem — notas sobre a narrativa jornalística* — Muniz Sodré e Maria Helena Ferrari.
15. *O papel do jornal — uma releitura* — Alberto Dines.
16. *Novas tecnologias de comunicação — impactos políticos, culturais e socioeconômicos* — Anamaria Fadul (organizadora).

44. *Pragmática do jornalismo — buscas práticas para uma teoria da ação jornalística* — Manuel Carlos Chaparro.
45. *A bola no ar — o rádio esportivo em São Paulo* — Edileuza Soares.
46. *Relações públicas: função política* — Roberto Porto Simões.
47. *Espreme que sai sangue — um estudo do sensacionalismo na imprensa* — Danilo Angrimani.
48. *O século dourado — a comunicação eletrônica nos EUA* — S. Squirra.
49. *Comunicação dirigida escrita na empresa — teoria e prática* — Cleuza G. Gimenes Cesca.
50. *Informação eletrônica e novas tecnologias* — María-José Recoder, Ernest Abadal, Lluís Codina e Etevaldo Siqueira.
51. *É pagar para ver — a TV por assinatura em foco* — Luiz Guilherme Duarte.
52. *O estilo magazine — o texto em revista* — Sergio Vilas Boas.
53. *O poder das marcas* — J. B. Pinho.
54. *Jornalismo, ética e liberdade* — Francisco José Karam.
55. *A melhor TV do mundo — o modelo britânico de televisão* — Laurindo Lalo Leal Filho.
56. *Relações públicas e modernidade — novos paradigmas em comunicação organizacional* — Margarida Maria Krohling Kunsch.
57. *Radiojornalismo* — Paul Chantler e Sim Harris.
58. *Jornalismo diante das câmeras* — Ivor Yorke.
59. *A rede — como nossas vidas serão transformadas pelos novos meios de comunicação* — Juan Luis Cebrián.
60. *Transmarketing — estratégias avançadas de relações públicas no campo do marketing* — Waldir Gutierrez Fortes.
61. *Publicidade e vendas na Internet — técnicas e estratégias* — J. B. Pinho.
62. *Produção de rádio — um guia abrangente da produção radiofônica* — Robert McLeish.
63. *Manual do telespectador insatisfeito* — Wagner Bezerra.
64. *Relações públicas e micropolítica* — Roberto Porto Simões.
65. *Desafios contemporâneos em comunicação — perspectivas de relações públicas* — Ricardo Ferreira Freitas, Luciane Lucas (organizadores).
66. *Vivendo com a telenovela — mediações, recepção, teleficcionalidade* — Maria Immacolata Vassallo de Lopes, Silvia Helena Simões Borelli e Vera da Rocha Resende.
67. *Biografias e biógrafos — jornalismo sobre personagens* — Sergio Vilas Boas.
68. *Relações públicas na internet — Técnicas e estratégias para informar e influenciar públicos de interesse* — J. B. Pinho.
69. *Perfis — e como escrevê-los* — Sergio Vilas Boas.
70. *O jornalismo na era da publicidade* — Leandro Marshall.
71. *Jornalismo na internet* – J. B. Pinho.

17. *Planejamento de relações públicas na comunicação integrada* — Margarida Maria Krohling Kunsch.

18. *Propaganda para quem paga a conta* — *do outro lado do muro, o anunciante* — Plinio Cabral.

19. *Do jornalismo político à indústria cultural* — Gisela Taschner Goldenstein.

20. *Projeto gráfico* — *teoria e prática da diagramação* — Antonio Celso Collaro.

21. *A retórica das multinacionais* — *a legitimação das organizações pela palavra* — Tereza Lúcia Halliday.

22. *Jornalismo empresarial* — Francisco Gaudêncio Torquato do Rego.

23. *O jornalismo na nova república* — Cremilda Medina (organizadora).

24. *Notícia: um produto à venda* — *jornalismo na sociedade urbana e industrial* — Cremilda Medina.

25. *Estratégias eleitorais* — *marketing político* — Carlos Augusto Manhanelli.

26. *Imprensa e liberdade* — *os princípios constitucionais e a nova legislação* — Freitas Nobre.

27. *Atos retóricos* — *mensagens estratégicas de políticos e igrejas* — Tereza Lúcia Halliday (organizadora).

28. *As telenovelas da Globo* — *produção e exportação* — José Marques de Melo.

29. *Atrás das câmeras* — *relações entre cultura, Estado e televisão* — Laurindo Lalo Leal Filho.

30. *Uma nova ordem audiovisual* — *novas tecnologias de comunicação* — Cândido José Mendes de Almeida.

31. *Estrutura da informação radiofônica* — Emilio Prado.

32. *Jornal-laboratório* — *do exercício escolar ao compromisso com o público leitor* — Dirceu Fernandes Lopes.

33. *A imagem nas mãos* — *o vídeo popular no Brasil* — Luiz Fernando Santoro.

34. *Espanha: sociedade e comunicação de massa* — José Marques de Melo.

35. *Propaganda institucional* — *usos e funções da propaganda em relações públicas* — J. B. Pinho.

36. *On camera* — *o curso de produção de filme e vídeo da BBC* — Harris Watts.

37. *Mais do que palavras* — *uma introdução à teoria da comunicação* — Richard Dimbleby e Graeme Burton.

38. *A aventura da reportagem* — Gilberto Dimenstein e Ricardo Kotscho.

39. *O adiantado da hora* — *a influência americana sobre o jornalismo brasileiro* — Carlos Eduardo Lins da Silva.

40. *Consumidor* versus *propaganda* — Gino Giacomini Filho.

41. *Complexo de Clark Kent* — *são super-homens os jornalistas?* — Geraldinho Vieira.

42. *Propaganda subliminar multimídia* — Flávio Calazans.

43. *O mundo dos jornalistas* — Isabel Siqueira Travancas.

IMPRESSO NA
sumago gráfica editorial ltda
rua itauna, 789   vila maria
02111-031   são paulo   sp
telefax 11 **6955 5636**
sumago@terra.com.br

------- dobre aqui -------

CARTA-RESPOSTA
NÃO É NECESSÁRIO SELAR

O SELO SERÁ PAGO POR

AC AVENIDA DUQUE DE CAXIAS
01214-999 São Paulo/SP

------- dobre aqui -------

RELAÇÕES PÚBLICAS: FUNÇÃO POLÍTICA

CADASTRO PARA MALA-DIRETA

Recorte ou reproduza esta ficha de cadastro, envie completamente preenchida por correio ou fax, e receba informações atualizadas sobre nossos livros.

Nome: _____ Empresa: _____
Endereço: ☐ Res. ☐ Coml. _____ Bairro: _____
CEP: _____-____ Cidade: _____ Estado: ____ Tel.: ( ) _____
Fax: ( ) _____ E-mail: _____ Data de nascimento: _____
Profissão: _____ Professor? ☐ Sim ☐ Não Disciplina: _____

1. Você compra livros:
☐ Livrarias ☐ Feiras
☐ Telefone ☐ Correios
☐ Internet ☐ Outros. Especificar: _____

2. Onde você comprou este livro? _____

3. Você busca informações para adquirir livros:
☐ Jornais ☐ Amigos
☐ Revistas ☐ Internet
☐ Professores ☐ Outros. Especificar: _____

4. Áreas de interesse:
☐ Educação ☐ Administração, RH
☐ Psicologia ☐ Comunicação
☐ Corpo, Movimento, Saúde ☐ Literatura, Poesia, Ensaios
☐ Comportamento ☐ Viagens, *Hobby*, Lazer
☐ PNL (Programação Neurolinguística)

5. Nestas áreas, alguma sugestão para novos títulos? _____

6. Gostaria de receber o catálogo da editora? ☐ Sim ☐ Não
7. Gostaria de receber o Informativo Summus? ☐ Sim ☐ Não

Indique um amigo que gostaria de receber a nossa mala direta

Nome: _____ Empresa: _____
Endereço: ☐ Res. ☐ Coml. _____ Bairro: _____
CEP: _____-____ Cidade: _____ Estado: ____ Tel.: ( ) _____
Fax: ( ) _____ E-mail: _____ Data de nascimento: _____
Profissão: _____ Professor? ☐ Sim ☐ Não Disciplina: _____

Summus Editorial
Rua Itapicuru, 613 7º andar 05006-000 São Paulo - SP Brasil Tel. (11) 3872-3322 Fax (11) 3872-7476
Internet: http://www.summus.com.br   e-mail: summus@summus.com.br